いつも喜びをもって

エフェソの信徒への手紙・
フィリピの信徒への手紙講解説教

加藤常昭［編］

教文館

まえがき

今からもう三〇年前になりますが、一九八六年秋、西ドイツのハイデルベルク大学神学部は、創立六〇〇年記念の年を迎え、国際説教学シンポジウムを開催しました。一四か国から三〇名の説教学者が迎えられ、神学部の他学科の教授たちも参加し、意欲的な講演を聴き、賑やかな討論をしました。主題は「説教への道としての説教分析」。ルードルフ・ボーレン教授率いるハイデルベルクの若い説教学者たちが積極的に活躍しました。ドイツ語で報告書も刊行されています。終わりにいくつかの協議をしました。ひとつは、これを機会に二年ごとに開催される世界規模の説教学の学会（ソキエタス・ホミレティカ）をすることになりました。これは現在も行われています。大きな規模の学会になりました。ホームページも持っています。それとともに、説教振興運動を起こそうという話題も出ました。それに促され、学会後、ドイツ語圏では、信徒からも献金がなされ、ハイデルベルクの実践神学研究所に説教研究室を作り、説教研究の拠点としました。興味深い資料も集め、ホームページを設け、広報活動も活発でしたが、今は活動が衰え、メールアドレスを公表しているだけになりました。残念です。もうひとつ、各国で、現役説教者たちの説教の力が向上するように、それぞれに工夫しようということになりました。そこで翌年の一九八七年、帰国してすぐに私が始めたのが説教塾です。

既に私の周辺で、若い説教者たちが、自発的な説教セミナーを不定期で行い始めていたので、それを母体にして、多少組織的に活動を始めました。

その後の詳細な経緯は省きます。曲折はありましたが、今は、最初には想像することもできなかった成長を続けております。二〇一八年度に五月までに塾生として登録した者は、ほぼ二二〇名、所属教派数は三〇を超えます。毎年度、自発的にいくばくかの会費を払い、登録を申し出れば塾生になれます。毎年、そのために説教塾塾生名簿は更新されます。塾生はメーリングリストに登録され、連絡網を作っています。北海道から沖縄まで、また韓国でも、各地でセミナーを開催、合宿して説教作成を学びます。毎月のように、各地で例会、研究会を開き、さまざまな共同の学びをしています。一年に一度、論文集「紀要」を刊行します。説教塾ブックレットと称する論集も刊行しています。何年かに一度、海外から講師を招いたりしてシンポジウムも開催してきました。このような説教者の自発的な学習集団は、私の知る限り、世界のどこの国にもないと思います。大きなホームページを持っており、公開されています。塾生ですと、更に多くの資料を利用することができます。

昨年、二〇一七年秋、説教塾は、およそ一〇〇名の説教者たちが四日間、代々木の地で共に過ごし、シンポジウムを開催しました。このときの特色は、説教塾主宰である私が全く何の役割も果たさず、最終日の信徒も招いた説教塾創塾三〇年の記念礼拝で説教をしただけであったことです。それ以外の三つの主題講演、多くの研究発表を塾生たちが担当しました。この三〇年間、主宰として指導の任に当たってきた私が退場したのです。米寿を迎えた私がやがて地上を去る日も近いと思われるとき、新しい時代を迎えることを考えて、説教塾の姿勢を改めたのです。そして、今ここに、その説教塾の新しい歩みのしるしとして、この説教集を出すことになりました。遅ればせながら、三〇年の歴史を記念し、感謝しての企画のひとつです。三〇年記念のとき、礼拝で、改めて決意を表明しました。伝道に献身する、と。この説教集もまた伝道のお役に立ちたいと願っての刊行です。新しい道に踏み出したからには、私がまえがきを書くのは趣旨に反しますが、編集に当たった方たちは、私に最後の舞台を提供してくださり、あとがきをこの説教集の編集者の三浦陽子牧師が書くことにしたのです。なお執筆者は、自発的に説教を寄稿すると申し出た塾生です。それに、私が加わったのです。

説教塾の学びにおいて、使徒パウロの手紙は特別な働きをしてきました。説教が説くべき聖書の言葉として与えられ、黙想で味わい、使徒と対話し、説教の言葉を与えられてきました。その中で獄中の手紙と呼ばれる手紙は、私どもの歩みを常に導く、伝道のこころ、伝道者のこころを慰め、支える言葉でした。特に、エフェソの信徒への手紙第三章一四節以下の祈りは、いつも深く、確かな祈りでありました。それをこころに記します。説教集を手に取り、読み始めてくださる読者の方たちと一緒に膝をかがめます。私どもに先立ってひざまずいて祈ってくれているパウロの言葉とこころに、私どものそれをもひとつにしましょう。

まえがき

こういうわけで、わたしは御父の前にひざまずいて祈ります。御父から、天と地にあるすべての家族がその名を与えられています。どうか、御父が、その豊かな栄光に従い、その霊により、力をもってあなたがたの内なる人を強めて、信仰によってあなたがたの心の内にキリストを住まわせ、あなたがたを愛に根ざし、愛にしっかりと立つ者としてくださるように。また、あなたがたがすべての聖なる者たちと共に、キリストの愛の広さ、長さ、高さ、深さがどれほどであるかを理解し、人の知識をはるかに超えるこの愛を知るようになり、そしてついには、神の満ちあふれる豊かさのすべてにあずかり、それによって満たされるように。わたしたちの内に働く御力によって、わたしたちが求めたり、思ったりすることすべてを、はるかに超えてかなえることのおできになる方に、教会により、また、キリスト・イエスによって、栄光が世々限りなくありますように、アーメン。

二〇一八年聖霊降臨の祝いの日に

加藤常昭

目次

目次

フィリピの信徒への手紙

装丁　桂川　潤

エフェソの信徒への手紙

第一章一―一四節

神の選びと私たちの選択

香西　信

神の御心によってキリスト・イエスの使徒とされたパウロから、エフェソにいる聖なる者たち、キリスト・イエスを信ずる人たちへ。わたしたちの父である神と主イエス・キリストからの恵みと平和が、あなたがたにあるように。

わたしたちの主イエス・キリストの父である神は、ほめたたえられますように。神は、わたしたちをキリストにおいて、天のあらゆる霊的な祝福で満たしてくださいました。天地創造の前に、神はわたしたちを愛して、御自分の前で聖なる者、汚れのない者にしようと、キリストにおいてお選びになりました。イエス・キリストによって神の子にしようと、御心のままに前もってお定めになったのです。神がその愛する御子によって与えてくださった輝かしい恵みを、わたしたちがたたえるためです。わたしたちはこの御子において、その血によって贖われ、罪を赦されました。これは、神の豊かな恵みによるものです。神はこの恵みをわたしたちの上にあふれさせ、すべての知恵と理解とを与えて、秘められた計画をわたしたちに知らせてくださいました。

これは、前もってキリストにおいてお決めになった神の御心によるものです。こうして、時が満ちるに及んで、救いの業が完成され、あらゆるものが、頭であるキリストのもとに一つにまとめられます。天にあるものも地にあるものもキリストのもとに一つにまとめられるのです。キリストにおいてわたしたちは、御心のままにすべてのことを行われる方の御計画によって前もって定められ、約束されたものの相続者とされました。それは、以前からキリストに希望を置いていたわたしたちが、神の栄光をたたえるためです。あなたがたもまた、キリストにおいて、真理の言葉、救いをもたらす福音を聞き、そして信じて、約束された聖霊で証印を押されたのです。この聖霊は、わたしたちが御国を受け継ぐための保証であり、こうして、わたしたちは贖われて神のものとなり、神の栄光をたたえることになるのです。

（エフェソの信徒への手紙第一章一―一四節）

神の選びと私たちの選択

今日共に読む聖書の箇所はエフェソの信徒への手紙の冒頭部になります。

著者は手紙の書き出しに際して、一つの大切な前提を述べています。それは、神はあらかじめ定め計画されて、私たち人間一人一人を選んで、神の救いの歴史の中に招き入れてくださったというものです。この神の救いの歴史の事実こそが手紙において一貫した重要なテーマになっていて、この事実に対して私たち一人一人に自覚的になるように促していると思われます。四節を見ると「天地創造の前に、神はわたしたちを愛して、御自分の前で聖なる者、汚れのない者にしようと、キリストにおいてお選びになりました」とあります。つまり神は私たちを「天地創造の前から」救おうと「選んで」

計画しておられました。これが神の救いの歴史の計画であります。神が天地を創造された目的とは私たち人間の救いのために他ならなかった。私たち人間の救済を意図して神は歴史を計画され、その中に私たちを導き入れてくださった。誤解を恐れずに言うと、こういうことになると思います。

⑴神の事業計画

また五節には「イエス・キリストによって神の子にしようと、御心のままに前もってお定めになったのです」とあります。私たちがキリストにおいて神の子とされることは神によって「前もって定められていた」計画であることが明らかになります。

ここで注意すべきなのは、この「前もって定められていた」という言葉のニュアンスです。よく、キリスト教以外の宗教においては、人間の運命とはあらかじめ定められている、前世からの宿命であるといったことが言われたりします。けれどもこの五節で言われている「前もって定められた」という言葉にはそのような意味はありません。そうではなく、この語はむしろ「事業を前もって計画する」、つまり起業の時にあらかじめ立てる企画書、計画書のような意味を持つ非常に実用的、実務的な言葉であるのです。それがさらに分かるのは一〇節に新共同訳では分かりにくいですが、「経綸」（オイコノミア）という言葉が出てきます。これは「経済」（エコノミー）のもとになった言葉で、家の経営という意味の言葉です。つまり神の宇宙的支配を家の経済として表現している。これもこの箇所の重要な特徴になっています。

また、その計画は「キリストによって」実現された、そのような計画であったということが分かります。ここにも、多くのパウロの手紙に見られるように、「キリストにおいて」という言葉の特徴が見られますが、著者が強調しているのはやはり神が計画の遂行に用いられたのは御子イエス・キリストであったという事実以外ではないでしょう。それは九節にも、秘められた計画（啓示が与えられる）が私たちに知らされることは、神がキリストにおいてお決めになっていた、あらかじめ計画されていたことが敷衍されていることからも分かります。さらに「私たちに」という言葉も、ここには実に多く使われています。これらをまとめると神の救いの計画とは「キリストにおいて」私たちが「神の子」とされる、恵みにあずかることを目的としている。そのように言えると思います。

⑵秘められた神の計画

このように私たちが神にあらかじめ「選ばれている」ことは歴史の事実である。しかしその救いの計画は同時に「秘められた計画」である。九節で聖書はそう語っています。「ミステリー」という語、あるいは「ミステリアス」という言葉は現代語にもなっていますが、この語は「ミュステーリオン」というギリシア語が使われています。つまり神があらかじめ計画されていることは「神の御心の神秘」に他ならない。秘められた計画であるというのです。この神秘という言葉とそこから派生する問題をしばらく共に考えてみたいと思います。

まず「神秘」という言葉、これは私たち人間の考えの及ばない驚くべきことであるという意味を持ちます。「人間の思いを超えた」と言えるかもしれません。この「神秘」の意味をイエスさまは種蒔きの譬え（マコ四・二六―二九）で次のように言われています。「神の国は次のようなものである。人が土に種を蒔いて、夜昼、寝起きしているうちに、種は芽を出して成長するが、どうしてそうなるのか、その人は知らない。土はひとりでに実を結ばせるのであり、まず茎、次に穂、そしてその穂には豊かな実ができる。実が熟すと、早速、鎌を入れる。収穫の時が来たからである」。このことは、植物、野菜などを育てられている方々には本当に実感できることでしょう。本当に小さい一粒の種から新芽が出てやがて思いもよらない成長を遂げて花を咲かせやがて収穫されるべき実が結ばれる。現代を生きる私たちの目にもこのような植物の成長は人間の思いを超えた神秘的なものであると映りますから、古代ではなおさらだったと想像することができます。

また、目に見えないけれども確かにその存在を実感できる。そのような存在を代表する息、風も古代においては神秘と考えられていました。「風は思いのままに吹く。あなたはその音を聞いても、それがどこから来て、どこへ行くかを知らない。霊から生まれた者も皆そのとおりである」（ヨハ三・八）とあります。このように古代において風（霊も同じ言葉＝プネウマといいます）という目に見えない、けれども確かにそれを感じることができるものの存在ほど不思議なものはないと考えられていた。この事実がこの箇所からよく分かります。これらのことから、神秘とは人知では計り知れない行為、存在に対する驚き、驚異の念に近い感覚であると指摘できます。

(3)キリストによる啓示

それとともに「秘められている」、「隠されている」、「覆いを取り除かない限り、真の姿は、顕わにならない」、それが神秘です。神の救いの計画は、誰にでも理解できるものではない。逆にいうとすぐに願いが叶うご利益的な巷にあふれている宗教は、ここでいう神の計画ではない。神の計画とはそのようなものとはっきり一線を画しており、私たちが労苦して覆いを取り去らない限り顕わにならないと思います。そして九節で既に指摘したように、それはイエスさまによらなければ、取り除くことはできない覆いなのです。私たちの信仰ではキリストにおいて与えられる啓示が大切な意味を持ちますが、神秘を明らかにすることが啓示であるイエスさまの大切な役割であるのです。

「啓示」とは覆いを取り除いて真理を「開き」「示す」ことです。私が好きな詩編の言葉で「御言葉が開かれると光が射し出で／無知な者にも理解を与えます」（一一九・一三〇）があります。この詩編の言葉で強調したいのは、神の秘められた救いの計画、真理とは御言葉が開かれる、つまり啓示が与えられることによって初めて明らかになるということです。「秘められた計画」を開き示す鍵はキリストの手にあるわけです。

約束された神の救いの計画は一〇節にあるように成就します。一〇節を読むと「こうして、時が満ちるに及んで、救いの業が完成され、あらゆるものが、頭であるキリストのもとに一つにまとめられます。天にあるものも地にあるものもキリストのもとに一つにまとめられるのです」。イエスさまが再臨される終末（歴史の終わり）において私たちの救いの歴史は完成する。そのことを言っています。私たちは神の現実を理想としてこの世を歩んでいるわけですが、終末において理想としていた神の現実が私たちのそれと一致する。それが終末における歴史の完成です。この終末思想、終末に希望を抱いて生きることはパウロの手紙や福音書に馴染み深い救いの考えとなっています。この意味において、私たちキリスト者の大切にしている信仰とは終末を待ち望むことであり、そこに救いの希望を置いて人生を走り続けている。何より大切な目標であると言えます。

(4)今をどう生きるか

それでは神にあらかじめ選ばれている私たちはこの世をどのように生きていけばよいか。終末を仰ぎつつ今を大切に生きるには何が必要なのでしょうか。ここから表題に掲げた私たちがすべき選択とは何かという点について触れていこうと思います。

実は、終末とは時間的にいつの時点を指しているかということについて、議論があります。今まで述べてきたのは歴史の終わりとしての終末、救いの完成としての終末でした。その一方で、終末とは今現在、ここに来ている、という考え方があります。終末とは文字どおり時間的な世の終わりであるという一般的な考え方とは対照的に、イエスの言葉を聴いて、それに直面した私たちは今信じるか否かという信仰の決断を常に求められている。終末とは現在を生きる（現世的と言ってもいいかもしれません）私たち自身の選択「選び」であり、「神の言葉を聴き従うことができるかどうかの決断」の問題である。だから惰性的に何となく生きているのでなく、緊張感をもって人生を歩むべきであるというのです。

もう少し詳しく言いますと、私たちにはイエスさまの言葉を聴くと、将来に二つの可能性を持った生き方が開かれてきて、そのどちらの道を選ぶかという選択に常に直面することになります。一つ目の可能性とはイエスさまの言葉を聞いたにもかかわらずこの世的な生き方に固執し続けるという道。もう一つはこの世においてイエスさまを信じてひたすら愚直に信仰の道に留まり続けるという道。この二つの道が御言葉を聴くことによって私たちの前に提示されてくるわけです。前者を選んだ者、世に留まることを選んだ者は滅びの道に至り、信仰の道を歩む選択をした者には永遠の命が約束されるのです。今日はさらに今イエスさまを信じるかの選択について、現在の問題に焦点を当てて話を続けていきます。

⑸啓示が与えられる場所とは

それでは啓示が与えられ、秘められた計画が明らかになるのはいつ、どこでか。それについて著者は「霊的な祝福で満たされる」（三節）ときであると言っています。また多くのパウロの手紙と同じように「満たされる」「満ちあふれる」という言葉を、聖霊が豊かに注がれることで恵みは満ちあふれるという意味で特徴的に用いています。つまり真理を開く鍵は聖霊であるというのです。そしてそれは「キリストにおいて、真理の言葉、救いをもたらす福音を聞き、そして信じて、約束された聖霊で証印を押された」とき（一三節）であると論を展開していきます。

聖霊の注ぎによって神秘が明らかになる、啓示が与えられる経験のことをある哲学者（M・ハイデガー）は「信仰の事実的生経験」という言い方で説明しています。ちょっと難しい言い方ですが、これは簡単に言うと「生きて働くキリストと出会う経験を持つ」ことです。それでは、生きて働くキリストとの出会い、豊かな聖霊の注ぎを私たちは具体的にいつ、どこで経験することができるのでしょうか。テサロニケ信徒への手紙一第一章五節から七節を読んでみます。

わたしたちの福音があなたがたに伝えられたのは、ただ言葉によらず、力と、聖霊と、強い確信とによったからです。わたしたちがあなたがたのところで、どのようにあなたがたのために働いたかは、御承知のとおりです。そして、あなたがたはひどい苦しみの中で、聖霊による喜びをもって御言葉を受け入れ、わたしたちに倣う者、そして主に倣う者となり、マケドニア州とアカイア州にいるすべての信者の模範となるに至ったのです。

この箇所が聖霊が注がれる場についての大切なヒントを与えてくれています。この箇所を読むと、パウロが考える伝道とは知識によらず聖霊経験によって与えられる確信によって支えられるものであることが分かります。そしてその経験とは大いなる苦しみの中で、苦しみと同時に聖霊からやってくる喜びである。これがパウロの経験に基づくイエスさまとの出会いの特徴であって、彼の重要な確信であると思われます。

異論もあるかもしれませんが、生きて働くイエスさまとの出会い方（それはあくまで自分固有の動機から与えられたものではなく神の贈り物であります）がこのような苦しみの中で与えられる、逆説的な状況で与えられる神の賜物であるということ。これこそがパウロの主張の中心であり、コリントの信徒への手紙二第一二章七節において彼は、聖霊体験に伴い与えられる苦難を「とげ」と言っています。私は「とげ」こそが聖霊によって押される証印である（一三節）と理解して読みました。パウロにとってイエスさまとの出会いの経験は、苦悩の内に入り込むことで与えられる賜物であった、あるいは彼の聖霊体験には必ず苦難が伴ったから「とげ」と言ったのではないか。「証印」とは「とげ」によってできた痛みを伴う「傷」であります。パウロ自身、弱いということ、「傷の痛み」に耐えているということにおいてのみ、神との密接な関わりを持つことができました。そして苦しみの中で与えられた神と出会う経験が、彼の大きな喜びとなり、宣教の原動力となったのでした。これこそが「キリストに倣う者」として信仰者に与えられた経験、生きた神との出会いの経験であります。イエスさまの教えに従って自分をすべて明け渡して、自分以外背負うことのできない十字架の重荷を黙々と背負って生きる。そのような実験を続けていくときに、その場がいつ、どこであるかを問わず私たちにとって生きた神との出会いの場に変えられ、その場所で、私たちは神の恵みに満たされるのではないでしょうか。

(6)信仰を持ったがゆえの苦しみ

少し方向を変えて話を続けます。この苦しみのさなかにおいて聖霊が注がれる経験とは、キリスト者として歩むことを選択したのちに、信仰を持ったときにこそ直面する状況なのかもしれない。私自身の経験からそう思うのです。

そもそも私たちは洗礼を受けてクリスチャンになったからといって、すぐ完全なものになったとは到底言えません。イエスさまを信じて罪を悔い改めて洗礼を受けたので、すべての問題が解決済みというふうにすぐさま清算されて新しく生まれ変わることはできないのではないでしょうか。

かえって信仰を持ったからこそ、今まで意識してこなかった自分の罪深さが迫ってきて私たちをどうしようもなく苦しめる。これがむしろ現実ではないかと思います。信仰を持って、年齢を重ねればそれだけ一層自分の罪深さが実感として私たちに迫ってくるわけです。

私事ですが、私自身も、信仰をもってからの方が「大いなる苦しみ」の経験、罪の意識はとっても深くなりました。言い換えると信仰を持つまでは、何十年も、罪の問題などに全く無自覚に、ただ何となく生きていました。けれども信仰を持ったとたん、罪の問題は大きく私を苦しめるようになりました。それはパウロがローマの信徒への手紙で律法について指摘しているとおりの状況でした。いささか大袈裟に言うと、それは私の中で、自分というものを含めた人間すべてに絶望してしまう結果すら招きかねなかった。それはとても逼迫した状況でまさに行き詰まりでした。そこでやっと信仰を持つとだんだん良い人になっていくであるとか、聖人のようになることでクリスチャンとして完全になるということでは全くないことが腑に落ちてきました。その反対で、信仰と罪の関係が一層くっきりと浮かび上がって苦しいものとなる。まさにそのような現実に直面しました。

「出口が全く見えない」行き詰まりの状況を生き続けるのはつらいものです。しかし、パウロの経験を信じるならば、かえって、そのような時こそが生きた神と出会うことのできるチャンスである。その場所においてこそ、私たちにはキリストとの出会いが約束されているということなのです。行き詰まった時にこそ、わたしたちには、初めてキリストの十字架に縋る他には救いの道はないという真理が腑に落ちてくる。これが「キリストにある」啓示が与えられる。秘められた計画が明らかになることであると思うのです。

(7)不信仰の信仰

私たち無教会の偉大な先達である関根正雄先生は、ローマ書の註解書の中で「不信仰の信仰」という言葉を使われています。最近、私はこの言葉に出会い、本当に目が開かれた思いがしました。

私たちは自分の罪深さに絶望すればするほど、イエスさまの十字架がなければ、イエスさまがいなければ私たちは救われて生きていくことができない、キリスト以外では救われないという事実が見えてくる。そのような場所で響く主の言葉「エロイ、エロイ、レマ、サバクタニ（わが神、わが神、なぜわたしをお見捨てになったのですか）」を聞くことから私たちの信仰は始まる。自分なりにこう解しました。私は、このような場所に立つ（あるいは降る）ことを望み、キリストを仰いで歩みたいと思っています。今日の箇所でも見られますが、私には、パウロが好んで使う「キリストにあって」という言葉が指すのは、このような地平を指していると思われてなりません。

関根正雄先生のロマ書註解をさらに引用すると、「自分の信仰すら無いような自分を見せられて、自分がどん底に下っていくような一面がありまして、だからこそキリストがわれわれのすべてなのだということが年とともに深い感謝になってくること、そのことがわたくしはプロテスタントの信仰、パウロの信仰ではないかと思います」とあります。この言葉に出会うことによって、精神的に疲労していた私は随分と救われた気持ちになりました。

(8)神の選びと私たちの選択の関係

最後に神の選びと私たちの選択の関係について簡単に触れて話を終わりたいと思います。この神の選びと私たちの選択の関係を考えるのにはイエスさまの次の言葉がヒントになります。「わたしがあなたがたを愛したように、互いに愛し合いなさい。これがわたしの掟である」（ヨハ一五・一二）。

私たちは、人に愛される喜びによって人を愛する大切さを知ります。人は愛される喜びを知っているから、人に愛を与えるときに、その人が受ける喜びの大きさを想像できるわけです。家族、異性、友人関係など、愛のかたちは異なれども原理として、このイエスさまの愛についての掟には素直に納得がいきます。

しかし、この掟を、神に愛されること（神によって選ばれていること）と神を愛すること（信仰を持つことを選択すること）の関係にまで広げて考えることによって、神と私たちとの関係がさらに開かれてくると思われます。これは類比を用いた説明ですが、神から選ばれていることは信じるという決断によってのみ明らかになるのではないでしょうか。だから聖書の真理は終末の希望と共に今現在、信仰を持つかどうかの決断をもって自覚的に生きることを私たち一人一人に問いかけていると思います。このことも私たちに実に多くの示唆を与えてくれるものと思ったので最後に一言付け加えておくことにしました。

（二〇一八年一月二一日　岡山聖書集会（無教会）聖書講話）

第一章一五―二三節

死に瀕した世界でいのちの歌を歌おう

青木　豊

こういうわけで、わたしも、あなたがたが主イエスを信じ、すべての聖なる者たちを愛していることを聞き、祈りの度に、あなたがたのことを思い起こし、絶えず感謝しています。どうか、わたしたちの主イエス・キリストの神、栄光の源である御父が、あなたがたに知恵と啓示との霊を与え、神を深く知ることができるようにし、心の目を開いてくださるように。そして、神の招きによってどのような希望が与えられているか、聖なる者たちの受け継ぐものがどれほど豊かな栄光に輝いているか悟らせてくださるように。また、わたしたち信仰者に対して絶大な働きをなさる神の力が、どれほど大きなものであるか、悟らせてくださるように。神は、この力をキリストに働かせて、キリストを死者の中から復活させ、天において御自分の右の座に着かせ、すべての支配、権威、勢力、主権の上に置き、今の世ばかりでなく、来るべき世にも唱えられるあらゆる名の上に置かれました。神はまた、すべてのものをキリストの足もとに従わせ、キリストをすべてのものの上にある頭として教会にお与えになりました。

教会はキリストの体であり、すべてにおいてすべてを満たしている方の満ちておられる場です。

（エフェソの信徒への手紙第一章一五―二三節）

エフェソの信徒への手紙第１章15－23節

パウロは、挨拶、神への賛美に続けて、エフェソの教会員たちへの自分の祈りを語っています。なぜでしょうか。祈りは神に向かって語る言葉のはずです。それを、なぜエフェソの人たちへ紹介するのでしょうか。おそらく、エフェソの教会員たちを慰め励まそうと願ったからだろうと思います。自分たちのために、いつも祈っていてくれる人がいる。それだけで、慰められ励まされます。まして「祈りの度に、あなたがたのことを思い起こし、絶えず感謝しています」（一六節）と聞けば、大いに励まされたに違いありません。

しかし、それ以上に、パウロはエフェソ教会の人たちに「わたしと共に祈ってほしい」と願ったのではないでしょうか。そして今、わたしたちにも、パウロは共に祈ることを願っていると思います。パウロの後に続いて、その言葉をなぞるようにして、一緒に祈るようにと促していると思います。

パウロは、何よりも先に、神に感謝しています。すぐわたしが思い起こしたのは、ボンヘッファーの『共に生きる生活』（新教出版社、一九九一年）に書かれていることです。ボンヘッファーは、感謝の大切さを語り「小さなものをも感謝して神のみ手から受けようとしない者に、神はどうして大きなものを委託することができるだろうか」（一八頁）と言っています。だからわたしたちは、自分のことについて神に感謝することを学ばなければなりません。それは、自分自身を喜び、神に感謝することを学ぶということです。しかも、パウロの後に続いて祈ることによって、体で学ぶのです。

パウロが神に感謝するのは、エフェソ教会の人たちが「主イエスを信じ、すべての聖なる者たちを愛している」ことを聞いたからです（一五節）。わたしたちもまた主イエスを信じています。だからこそ、今ここにいて礼拝しているのです。しかし、「すべての聖なる者たちを愛している」とは言い難い気がします。教会の中で愛し合うだけでなく、教会の壁を越えて「すべての聖なる者たちを愛している」と祈っているからです。ならば、どうしたら良いでしょうか。わたしは「神さま、あなたがお働きくださって、教会の仲間を愛し始めていることを感謝します。わたしたちの愛が教会の壁を越えて少しでも広がりますように、あなたがお働きください」と祈ろうと思います。

死に瀕した世界でいのちの歌を歌おう

パウロは感謝に続いて、エフェソ教会の人たちのためにとりなしの祈りをしています。エフェソ教会の人たち、そしてわたしたちに先んじて神に願っています。その第一の、そして唯一の願いは「神を深く知ることができるように」ということです（一七節）。

このパウロの願いは、今わたしたちの心の中にある思いに相応しくないように感じられるかもしれません。わたし自身、そう感じていました。わたしたちの教会は、どうしたら良いか分からないほどの困難に直面しています。わたしたちの日本キリスト教会近畿中会は四二の教会と伝道所のうち、一〇教会・伝道所に専任の牧師がいません。しかも、牧師がいない状態が解消される見通しは立たず、むしろ増える可能性が高いのです。今は、引退なさった教師たちや、近隣教会の牧師たちが応援していますが、それをいつまでも続けられないことは明らかです。また個々の教会の教勢も衰え続けています。それを口に出して言うか言わないかにかかわらず、わたしたちの心には不安があるのではないでしょうか。「わたしたちの教会は存続し続けることができるのだろうか、無くなってしまうのではないだろうか」という不安です。だからこそ、パウロの後に続いて「神を深く知ることができるように」と祈らなければならないと思います。今のわたしたちに最も必要な祈りだと、改めて思うのです。

なぜなら、パウロはすぐに続けて「神の招きによってどのような希望が与えられているか、聖なる者たちの受け継ぐものがどれほど豊かな栄光に輝いているか悟らせてくださるように」と祈っているからです（一八節）。「神を深く知る」とは、神を「希望をお与えくださる方」として知ることです。言い換えれば、希望は神がお与えくださるのです。聖書が語る「希望」は、普段わたしたちが考える「希望」とは違っています。わたしたちは、過去から現在に至る状況を観察し、それに基づいて未来を予測して「希望があるとか、ないとか」と考えます。だから、状況の良し悪しに依存します。しかし、聖書が語る「希望」は「神がお約束くださったことを実現してくださると信頼すること」です。状況の良し悪しには左右されず、神に対する信頼に根ざします。だからこそ、パウロは「わたしたち信仰者に対して絶大な働きをなさる神の力が、どれほど大きなものであるか、悟らせてくださるように」と祈っています（一九節）。そして続けて「神は、この力をキリストに働かせて、キリストを死者の中から復活」させたと言います（二〇節）。「神の力が、どれほど大きなものであるか」は何よりも「キリストを死者の中から復活させた」ことに示されていると言うのです。確かに、マルコによる福音書によれば、この神の力に触れた女性たちは、かつて経験したこともない恐ろしさに震え上がり、正気を失い、天使たちから告げられたことも忘れ、誰にも何も言えなくなってしまいました（マコ一六・八）。それは、この世を超絶した「聖なるもの」に触れた恐ろしさです。しかし、神の力は、ただわたしたちを恐怖に震え上がらせるだけではありません。わたしたちと同じ人間となり、罪人として死んでくださった主キリストを復活させた力であり、それゆえに、主キリストと共にわたしたちを復活させてくださる力です。すなわち、神の恵みの力、愛の力です。だから、パウロは神を賛美せざるを得なかったのだと思います。なぜ「賛美」と言うのかといえば、二〇節から二三節までは当時歌われた賛美歌の一節であろうと推測されているからです。そうすると、パウロの祈りは、主キリストにおける神のお働きへの賛美となり、わたしたちにも「共に声を合わせて歌おう」と促していることになります。

わたしたちの教会は衰えつつあるように思われ、教会に属するわたしたち一人一人も年老いて衰えつつあり、ともすれば意気阻喪しがちになります。それに抗して、パウロに声を合わせて、神を賛美する歌、希望の歌、いのちの歌を歌おうではありませんか。神をほめたたえることこそ「神を深く知る」ために相応しいわたしたちの態度です。神は、単なる頭の知識として知ることはできないからです。

しかも、パウロが引用している神の力をほめたたえる賛歌は、キリストの復活で終わってはいません。更に「天において御自分の右の座に着かせ、すべての支配、権威、勢力、主権の上に置き、今の世ばかりでなく、来るべき世にも唱えられるあらゆる名の上に置かれました」と続いています（二〇―二一節）。ここで「すべての支配、権威、勢力、主権」と言われているのは、この世の「支配者たち」のことではなく、この世を越えた「諸霊」のことです。この手紙の第六章では、パウロは「わたしたちの戦いは、血肉を相手にするものではなく、支配と権威、暗闇の世界の支配者、天にいる悪の諸霊を相手にするものなのです」と言っています（六・一二）。「悪の諸霊」との戦いがこの賛歌でも意識され、主キリストが既に支配者となっていることを告げて、パウロはわたしたちを励まそうとしています。この世を支配しているかに思われる「悪の諸霊」は、わたしたちの時代を覆っている「時代精神」と理解することができます。「戦争の世紀」と言われる二〇世紀を過ぎ、二一世紀は「平和の世紀」になることが期待されましたが、今なお戦争は終わっていません。むしろ、排外主義的傾向が強くなり、わたしたちの心はささくれ立って、とげとげしい空気に覆われているように思われます。グローバルな経済競争の中で、ひとりひとりが「勝ち組になりたい、損はしたくない」と駆り立てられて、ますます孤立化し、それゆえにこそ偽りの連帯である「排外主義」が跋扈しているのではないかと思います。そこに、真のいのちを奪い、死へと引きずり込む「悪の諸霊」の働きを見ることができるのではないかと思います。そのただ中でパウロは、神が主キリストを既に支配者としてくださっていることをほめ歌うよう求めています。パウロと声を合わせて歌うことによって、わたしたちは自らの弱って意気阻喪する心に抵抗するのと同時に、「悪の諸霊」の働きに抵抗するのです。

更にパウロは、キリストが教会の頭であり、教会はキリストの体であると言っています（二二―二三節）。ここで語られていることは、ローマの信徒への手紙やコリントの信徒への手紙で「教会はキリストの体」と言っていることと、ややニュアンスを異にしています。ローマの信徒への手紙やコリントの信徒への手紙では「信仰者の共同体」という面が強調されているのに対して、エフェソの信徒への手紙では「キリストが教会の頭」という面が強調されています。それによって、「キリストの体」である教会は「頭であるキリスト」と特別な関係にあり、キリストによって満たされている場であることを語っています。わたしたちは、キリストの体である教会の一員として、キリストのいのち、キリストの愛の力に満たされています。だからこそ、「キリストの体」として生きる使命があります。否、わたしたちは既にその使命に生き始めています。

ここで改めて気づくのは、冒頭の感謝の祈りに帰っていることです。キリストに満たされているからこそ、わたしたちは「主イエスを信じ、すべての聖なる者たちを愛し」始めています。その感謝に根ざし、わたしたちの歩みがますます確かなものとなるために「神を深く知ることができるように」祈ろうではありませんか。死に取り囲まれているような世界の中で、死からいのちへと救い出してくださった神の愛の力をほめ歌い、その歌に導かれて生きる群れが存在することが、どれほど大きな意味を持っていることであろうかと思います。

（未発表）

第二章一―一〇節

私たちは神の作品

本城仰太

神は言われた。

「地は、それぞれの生き物を産み出せ。家畜、這うもの、地の獣をそれぞれに産み出せ」。

そのようになった。神はそれぞれの地の獣、それぞれの家畜、それぞれの土を這うものを造られた。神はこれを見て、良しとされた。神は言われた。

「我々にかたどり、我々に似せて、人を造ろう。そして海の魚、空の鳥、家畜、地の獣、地を這うものすべてを支配させよう」。

神は御自分にかたどって人を創造された。

神にかたどって創造された。

男と女に創造された。

神は彼らを祝福して言われた。

「産めよ、増えよ、地に満ちて地を従わせよ。海の魚、空の鳥、地の上を這う生き

私たちは神の作品

物をすべて支配せよ」。

神は言われた。

「見よ、全地に生える、種を持つ草と種を持つ実をつける木を、すべてあなたたちに与えよう。それがあなたたちの食べ物となる。地の獣、空の鳥、地を這うものなど、すべて命あるものにはあらゆる青草を食べさせよう」。

そのようになった。神はお造りになったすべてのものを御覧になった。見よ、それは極めて良かった。夕べがあり、朝があった。第六の日である。


（創世記第一章二四―三一節）

さて、あなたがたは、以前は自分の過ちと罪のために死んでいたのです。この世を支配する者、かの空中に勢力を持つ者、すなわち、不従順な者たちの内に今も働く霊に従い、過ちと罪を犯して歩んでいました。わたしたちも皆、こういう者たちの中にいて、以前は肉の欲望の赴くままに生活し、肉や心の欲するままに行動していたのであり、ほかの人々と同じように、生まれながら神の怒りを受けるべき者でした。しかし、憐れみ豊かな神は、わたしたちをこの上なく愛してくださり、その愛によって、罪のために死んでいたわたしたちをキリストと共に生かし、――あなたがたの救われたのは恵みによるのです――キリスト・イエスによって共に復活させ、共に天の王座に着かせてくださいました。こうして、神は、キリスト・イエスにおいてわたしたちにお示しになった慈しみにより、その限りなく豊かな恵みを、来るべき世に現そうとされたのです。事実、あなたがたは、恵みにより、信仰によって救われました。このことは、自らの力によるのではなく、神の賜物です。行いによるのではありません。それは、だれも誇ることがないためなのです。なぜなら、わたしたちは神に造られたものであり、しかも、神が前もって準備してくださった善い業のために、キリスト・イエスにおいて造られたからです。わたしたちは、その善い業を行って歩むのです。

（エフェソ信徒への手紙第二章一―一〇節）

エフェソの信徒への手紙２章１－10節

問　あなたは誰ですか？

答　わたしは神さまの子どもです。

この問答は『はじめてのカテキズム』（アメリカ合衆国長老教会、一麦出版社、二〇〇二年）という小さな本の中に書かれているものです。カテキズムというのは、多くの場合は問いと答えを重ねながら、信仰教育を目的として書かれたものです。その最初の問一とその答えが、今ご紹介したものになります。

この本が日本に紹介された頃、私は今のように牧師ではありませんでしたが、教会学校の教師としての奉仕をしていました。この本を、教会学校の教師会で学びました。「あなたは誰ですか？　わたしは神さまの子どもです」というテーマで夏期学校が行われたこともあります。子供たちに『はじめてのカテキズム』を用いて、信仰を伝えていくわけですが、最初のところで「あなたは誰ですか？」と問うところから始まっていくのです。

あなたは誰か？　私はいったい何者なのか？　この問いに対して、私たちはどう答えるでしょうか。

一般的に答えるならば、私たちは自分の名前をまず言います。「私は○○という名前です」と答えるところから始まるでしょう。その次に、出身地や生まれや育ち、家柄なども言うかもしれません。あるいは、会社に入るための面接などでは、私にはこんな能力があります、こんなことができます、あんなこともできますと答えるかもしれません。私は何者なのか、私たちはいろいろと言葉を尽くして、自分が誰であるかを示そうとします。

しかし聖書が語っているのは、もっと根本的なことです。この人とあの人の表面に浮かび上がってきているようなことではありません。私とあの人で比べたりするようなものでもありません。私たち皆に関わる、それも存在そのものに関わる、もっと深みにあることを、聖書は語っているのです。

『はじめてのカテキズム』では、問二がこのように続いていきます。「神さまの子どもであるとはどういうことですか?」「わたしが、わたしを愛してくださる神さまのものだということです」。こういう問二があり、それ以降も問答が続いていきます。『はじめてのカテキズム』で語られているのは、私たちは神さまによって造られたけれども、神さまから離れて罪を犯してしまい、それでも救っていただいた。そのような自分を神さまの子どもとして受け取り直すことです。

私たちは神の作品

本日、私たちに与えられた聖書箇所の最後のところには、こうあります。「なぜなら、わたしたちは神に造られたものであり、しかも、神が前もって準備してくださった善い業のために、キリスト・イエスにおいて造られたからです」(一〇節)。ここに「わたしたちは神に造られたもの」という言葉があります。かつての口語訳聖書では「わたしたちは神の作品であって」と訳されていました。もとの言葉は「被造物」であるということですが、それを「作品」と訳した。とても素敵な訳だと思います。聖書が語っているのは、まさにそういうことなのです。私たちは何者か、自分で自分の作品を造り上げたと答えるのではない。私たちは神の作品だと答えることができるのです。

先ほど、聖書朗読として、一節から一〇節までをお読みしました。最初のところに書かれているのは、かつての私たちの姿です。過去の言葉で語られています。改めて一―三節をお読みします。

さて、あなたがたは、以前は自分の過ちと罪のために死んでいたのです。この世を支配する者、かの空中に勢力を持つ者、すなわち、不従順な者たちの内に今も働く霊に従い、過ちと罪を犯して歩んでいました。わたしたちも皆、こういう者たちの中にいて、以前は肉の欲望の赴くままに生活し、肉や心の欲するままに行動していたのであり、ほかの人々と同じように、生まれながら神の怒りを受けるべき者でした。

一節のところでは、すごい表現ですが「あなたがたは死んでいた」とさえ語られます。二節のところには、この世を支配する諸霊のことが挙げられています。聖書が書かれた二〇〇〇年前の当時の考え方として、こういう考え方があったようです。哲学者たちにしても、旧約聖書を読んでいる人たちにしても、こういう考え方を明瞭に出している人が多くいるそうです。人間を悪の道へ引っ張ろうとしている力がある。特定の人たちだけを引っ張るのではなく、人間誰もがその力の影響を受けている。場合によって、その力に引っ張られるようにして誘惑され、堕落してしまう。そういう世界観があったようです。

これは二〇〇〇年前の考え方であって、今の私たちには無関係なのだ、そう言い切れるのでしょうか。昔の人たちとまったく同じようには考えないかもしれませんが、かつての自分たちの姿を思い起こすならば、確かにそうだったと言わざるをえないところが、私たちにはあります。神から離れさせようとする、そういう力の影響を私たちも受けたからです。私たち自身が一番よくそのことを知っているはずです。

三節のところに、「以前は肉の欲望の赴くままに生活し、肉や心の欲するままに行動していたのであり……」とあります。ある聖書学者がここで使われている「肉」という言葉を解説して、こう言っています。「肉という意味は、十人十色である」。ある人にとって、肉はもっと欲しい、もっと欲しいと思ってしまう貪欲と結び付きます。ある人にとって、肉は食欲に結び付きます。健全な食欲ならよいのでしょうが、不健全な食欲になってしまう場合もあります。ある人にとって、肉は性欲と結び付きます。性的な誘惑の力に負けてしまう場合もあるのです。肉によって、そういうあらゆる欲の支配下に置かれてしまうことが起こってしまうのです。

これに関することですが、ある人がこんな文章を書いています。「かつての私はある種の物足りなさを感じていた。そこで何をしたか。意識的に新しい刺激を受けることができるものを探した。だんだんとそれにのめり込んでいった。そうすると、私は次第に他人の生活に無頓着になっていった。一緒に生きている隣人がいたはずだった。しかし私は、自分が楽しみたい場所で楽しみ、楽しみたい時間で楽しみ、私の振る舞いがどのような評価を受けるかなど気にしなくなった。私はもはや、自分の体や魂の頭ではなかった。私は欲望に支配されるままになった。しかしそのことを気付いたのは、自分が破たんしたずっと後になってからであった」。

この人はかつての自分を振り返って言うのです。かつての自分はこうだった。気ままに好き勝手に生きていた。それが自由だと思っていた。そういうことをしている時は、まったく気付かなかったけれども、後から振り返ってみると、その時の自分は欲望の奴隷であった。聖書では「罪の奴隷」という表現も出てきますが、まさにそのことです。自分で自分をコントロールしているのではなく、罪にコントロールされているだけだった。しかしその時はまったく気付いていなかった。気付いたのは、ずっと後だった。私たちもそうだったでしょう。

旧約聖書にダビデという王様が出てきます。ダビデは優れた王として知られていますが、ある時、大きな罪を犯してしまいます。美しい人の妻に目をかけ、その女性を自分のところに召し抱え、夫を激しい戦場に送り込んで戦死させてしまうのです。そのことを咎めるため、預言者ナタンがダビデ王のところにやってきます。ナタンはダビデに譬え話を語ります。ダビデはナタンの譬え話を聴いて激怒します。大金持ちが貧しい人の物を取り上げた話だったからです。ところがナタンはその大金持ちをダビデに譬えて語っていたのです。「その男はあなただ」（サム下一二・七）、ナタンは言います。ダビデはその時、初めて気付いたのです。自分が罪を犯したということを。「わたしは主に罪を犯した」（サム下一二・一三）、ダビデがそのように罪の告白をすることができたのも、後になってからのことだったのです。

エフェソの信徒への手紙に戻りますが、今日の聖書箇所の一節から三節で語られているのも、すべて過去の話です。過去の自分を振り返って、思い起こしながら、ああ、そうだったと言っているのです。

私たちには、罪の過去があります。しかし時計を逆に回すわけにはいきません。過去は過去として、変えるわけにはいきません。しかも私たちは「怒りを受けるべき者」（三節）だったと言われています。別の翻訳では「怒りの子」となっています。「神さまの子ども」どころではなく、神の怒りを受けてしかるべき子だったと言うのです。

しかしその怒りを免れた、赦された、その事実が語られていきます。四節から六節のところです。

しかし、憐れみ豊かな神は、わたしたちをこの上なく愛してくださり、その愛によって、罪のために死んでいたわたしたちをキリストと共に生かし、――あなたがたの救われたのは恵みによるのです――キリスト・イエスによって共に復活させ、共に天の王座に着かせてくださいました。

ここには驚くべきことが語られています。なぜ「怒りの子」から「神さまの子ども」になることができたのか。最初の四節に「愛」という言葉があります。愛が出発点です。それ以上の説明はありません。同じエフェソの信徒への手紙の第一章四節から五節にも、「天地創造の前に、神はわたしたちを愛して、御自分の前で聖なる者、汚れのない者にしようと、キリストにおいてお選びになりました。イエス・キリストによって神の子にしようと、御心のままに前もってお定めになったのです」とあります。この箇所でも、愛してくださった、それ以上の理由はありません。私たちに優れたところがあったから、愛されるにふさわしい理由があったから、というわけではないのです。ただ、神が愛してくださったから、それがすべての始まりです。

五節には「キリストと共に生かし」とあります。六節には「キリスト・イエスによって共に復活させ」とあります。もう天国にまで行ってしまったという表現ですが、続く七節にこうあります。「こうして、神は、キリスト・イエスにおいてわたしたちにお示しになった慈しみにより、その限りなく豊かな恵みを、来るべき世に現そうとされたのです」。キリスト者は既に天の座に就いているというのが六節の表現です。しかし七節では、キリスト者が実際に天の座に就くのは「来るべき世」と言っています。ですから七節から考えると、既に私たちに天の座が用意されていると言った方がよいかもしれません。しかし、もう、既に、天の座に就いているのだ、そこまで言い切ってしまっているのです。

八節から九節にかけて、こう続いていきます。

事実、あなたがたは、恵みにより、信仰によって救われました。このことは、自らの力によるのではなく、神の賜物です。行いによるのではありません。それは、だれも誇ることがないためなのです。

行いではなく信仰によって救われた、新約聖書の中でもしばしば出てくる言葉遣いです。それが神からの賜物ということです。

『はじめてのカテキズム』の問一と問二をご紹介しました。問三はこのように続いていきます。「あなたはなにによって神さまの子どもになりましたか」「恵みという『神さまの自由な愛の贈り物』によってです。わたしはそれにふさわしくありませんし、自分の努力で勝ち取ることができません」。『はじめてのカテキズム』は、これから成長していく子供たちに対して用いられます。子供たちにこういう言葉を教えていくのです。子供たちはどんどん成長していきます。体も心も成長していきます。昨日までできなかったことが、今日はできるようになっていきます。明日はもっとたくさんのことができるようになるでしょう。教育の世界では、子供には無限の可能性が秘められているなどと言われます。子供たちを成長させることによって、伸ばすことによって、子供たちも勝ち取っていくものがたくさんあるでしょう。しかし今日の聖書箇所で語られていることは、決して勝ち取ることができないものです。神からいただかなければ得られないものです。神の賜物なのです。

誰も誇ることができない、と記されています。私たちの誰もが、かつては罪の奴隷だったからです。一節から三節で語られている通りです。そして四節から七節のように救われた。これは行いによるのではなく神の賜物だ、八節から九節にかけて、そのように語られていきます。

そして一〇節です。


なぜなら、わたしたちは神に造られたものであり、しかも、神が前もって準備してくださった善い業のために、キリスト・イエスにおいて造られたからです。わたしたちは、その善い業を行って歩むのです。

エフェソの信徒への手紙2章1－10節

私たちは「神の作品」なのです。そのことを神からの賜物として受け取り直し、もう一度、思い起こし、そこから新たに始めていくことができるのです。

最後にどうしても触れなければならないのは、「善い業」についてです。一〇節の後半に「善い業」という言葉が出てきます。「善い業」とはいったい何でしょうか。エフェソの信徒への手紙の後半部分には、かなり具体的な生活のこと、倫理のこと、生き方のことが記されています。後半部分をすべてお読みできればよいのですが、今は一箇所だけに留めておきたいと思います。「だから、偽りを捨て、それぞれ隣人に対して真実を語りなさい。わたしたちは、互いに体の一部なのです。怒ることがあっても、罪を犯してはなりません。日が暮れるまで怒ったままでいてはいけません。悪魔にすきを与えてはなりません。盗みを働いていた者は、今からは盗んではいけません。むしろ、労苦して自分の手で正当な収入を得、困っている人々に分け与えるようにしなさい。悪い言葉を一切口にしてはなりません。ただ、聞く人に恵みが与えられるように、その人を造り上げるのに役立つ言葉を、必要に応じて語りなさい」（四・二五―二九）。この後もまだ続いていきますが、こういう「善い業」、「悪い業」が語られているところを読んでいきますと、当たり前のことに気付きます。このような「善い業」も「悪い業」も、他者との関係においてなされるということです。

ある人がこのことに関して、こんなことを言っています。「善い業を行うためにはどうすればよいか。善い業というのは、神や隣人に対してなされるものである。したがって、善い業をなそうと思うならば、神や隣人との正しい関係を構築することがまず大事である。関係が正しければ、そこには必ず善い業が生じるのだから」。この人が言うように、「善い業」を考える前に、神との関係が、隣人との関係が大事です。関係が良好であれば、そこには必ず「善い業」が生まれているわけですから。

少し前のことになりますが、教会の中学生、高校生たちと一緒に、創世記の第一章を読みました。天地創造の物語をじっくり読んで、中学生、高校生たちに、どんなことを感じたか、どんなことを疑問に思ったか、そのことを尋ねてみました。ある人は、学校で進化の話を聞いたけれども、創世記の話と進化論をどう考えたらよいのか、と言いました。ある人は、神が七日間かけて世界を造られたけれども、神さまならばもっと短時間でできるはずだったのに、どうして七日もかけたのか、と言いました。とても面白い会になりましたが、ある高校生がこう発言しました。神さまがとても恵み深いお方だということがよく分かった。なぜかと言うと、神さまは私たち人間が生きていくために、あらゆる舞台を整えてくださった上で、最後に人間を造ってくださったから、神さまが恵み深いお方だということがよく分かった。その高校生はそう発言したのです。

私もこれを聞いて、本当にその通りだと思いました。最初に造られた人間は、極めて良かったと記されています。人間が特に何か「行い」をしたからではありません。何よりも、神との関係が良好だった。その高校生はそのことを見抜いたのです。

私たち人間は神との関係が良好だったはずでしたが、神を離れ、罪を犯してしまいました。神なしでやっていけると思い込んでしまい、しかしうまくいきませんでした。ところが、そういう過去が過去として退けられました。今日のエフェソの信徒への手紙の箇所のように、私たちは救われたのです。私たちは何もなしませんでした。ただ、神が憐れみと愛によって、私たちを救ってくださったのです。これが今日の聖書箇所が語っていることです。これによって神との関係が回復されました。このことを本当に受け止め直すならば、必ず「善い業」が実を結ぶことになるのです。

私たちの生き方は変わったのです。今日の聖書箇所に「歩む」という言葉が二度、出てきます。一つ目は、二節のところです。「この世を支配する者、かの空中に勢力を持つ者、すなわち、不従順な者たちの内に今も働く霊に従い、過ちと罪を犯して歩んでいました」。これはかつての私たちの姿です。この「歩む」という言葉は、日本語でもそうですが、「振る舞う」「生きる」と訳すことができます。同じ意味なのです。私たちのかつてはこう歩んでいた、こう振る舞っていた、こう生きていた。「歩む」が出てくるもう一つは、一〇節のところです。「なぜなら、わたしたちは神に造られたものであり、しかも、神が前もって準備してくださった善い業のために、キリスト・イエスにおいて造られたからです。わたしたちは、その善い業を行って歩むのです」。ここでは、もう私たちの姿は変わっています。かつてはああだったけれども、今は、そして、これからは、このように歩む、振る舞う、生きていくのです。

私たちは、どのように生きたらよいのか、そういう悩みを抱えているかもしれません。どのように考え行動したらよいのか、そういう迷いを抱えているかもしれません。どのように隣人と接すればよいのか、分からなくなっているかもしれません。しかし私たちは既に新しい生き方を教わりました。もう既に、かつての罪の私たちの姿が過ぎ去ったのです。神との新しい関係が始まっています。その関係の中で、もう既に新しい歩みが、生き方が始まっているのです。その意味で、今日の聖書箇所は非常に大事です。エフェソの信徒への手紙の後半に、具体的な生活や倫理のことが出てくると申し上げましたが、そういう聖書箇所のすべてを支えている土台が、今日の聖書箇所であると言っても過言ではありません。私たちの生き方そのものを支える土台でもあるのです。

『はじめてのカテキズム』の問一は、「あなたは誰ですか?」という問いで始まりました。私たちはこのように答えることができます。「わたしは神に造られた作品です」。今の私たちの姿こそが、「神の作品」なのです。

（二〇一八年二月四日　日本基督教団松本東教会夕礼拝説教）

第二章一一―二二節
キリストにおいてひとつ

久下倫生

だから、心に留めておきなさい。あなたがたは以前には肉によれば異邦人であり、いわゆる手による割礼を身に受けている人々からは、割礼のない者と呼ばれていました。また、そのころは、キリストとかかわりなく、イスラエルの民に属さず、約束を含む契約と関係なく、この世の中で希望を持たず、神を知らずに生きていました。しかしあなたがたは、以前は遠く離れていたが、今や、キリスト・イエスにおいて、キリストの血によって近い者となったのです。

実に、キリストはわたしたちの平和であります。二つのものを一つにし、御自分の肉において敵意という隔ての壁を取り壊し、規則と戒律ずくめの律法を廃棄されました。こうしてキリストは、双方を御自分において一人の新しい人に造り上げて平和を実現し、十字架を通して、両者を一つの体として神と和解させ、十字架によって敵意を滅ぼされました。キリストはおいでになり、遠く離れているあなたがたにも、また、近くにいる人々にも、平和の福音を告げ知らせられました。それで、このキリストによってわたしたち両方の者が一つの霊に結ばれて、御父に近づくことができるのです。従って、あなたがたはもはや、外国人でも寄留者でもなく、聖なる民に属する者、神の家族であり、使徒や預言者という土台の上に建てられています。そのかなめ石はキリスト・イエス御自身であり、キリストにおいて、この建物全体は組み合わされて成長し、主における聖なる神殿となります。キリストにおいて、あなたがたも共に建てられ、霊の働きによって神の住まいとなるのです。

（エフェソの信徒への手紙第二章一一―二二節）

キリストにおいてひとつ

エフェソは今のトルコにあたる、当時小アジアと呼ばれた地方にあった大きな港町です。パウロが三年も留まって伝道し、教会を造ったところとしても有名です。後にテモテが牧師をした町でもあります。場所を考えていただきますとすぐ分かりますように、これはユダヤの町ではありません。この当時、小アジアの人口の五―一〇％がユダヤ人であったと言われております。キリスト教の信仰は、ユダヤ教がベースになっておりますから、教会の中では人口比よりはユダヤ人が多かったと思いますが、それでもやはり、教会の信徒の多数派はユダヤ人ではない異邦人だったことは間違いありません。

律法には関係なく新たにイエス・キリストの福音を受け入れ、神の御前に義とされたと信じた人々と、律法をずっと守り続け自分たちは祝福された神の民だと思っていたユダヤ人との間の違いは小さくなかったでしょうから、ユダヤ人と異邦人が混ざり合った教会でいろいろな行き違いがあったのは当然のことです。些細なことではなく信仰上の根本的な行き違いをそのままにしておきますと、ギリシアの豊かな文化や哲学を身に付けていた知識人たちの影響で、彼らの理想とする信仰のあり方にどんどん傾いていく恐れがあったことが容易に想像できます。信仰に関する基本的理解がどんどん逸れていき、やがてはキリスト教とは言えない別の教えになってしまう危険性さえありました。パウロはそのことに心を痛め、本当のキリスト信仰とは何かを懸命に語ることによって、ユダヤ人が信じてきた教えとキリストを信じる信仰との間には分離がなく、両者が同じ信仰を共に生きることができると説きます。これまで律法で規定されてきた神の義と、新たにキリストによって与えられる神の義は別物ではなく同じなのだ、区別がないのだとキリストの中に留まる同じ一つの信仰を語っています。

異邦人とは、今日一般的に使われています単に外国人という意味ではなく、「割礼のない者……キリストとかかわりなく、イスラエルの民に属さず、約束を含む契約と関係なく、この世の中で希望を持たず、神を知らずに生きて」いた者（一一―一二節）という意味で、ユダヤ人が外国人を差別して使った表現です。「この世で希望がない、神知らずに生きる愚か者」という強い否定です。馬鹿にしていると言ってもいいのです。ですから一一節で「あなたがたは」と呼びかけているのも、「皆さんは」とわたしたちが言うのとは全く違う特別な響きがあります。「あなたがたユダヤ人でない者は」と、多数派である異邦人に少数派のユダヤ人とは区別して呼びかけているのです。この一言だけでも教会の中に無視できない対立があったことがうかがわれます。異邦人の方からすれば、ユダヤ人は古くさい民族固有の伝統や戒めを引きずっており、自分たちユダヤ人でない者こそがキリストの教えを正しく実践しているという自負があったに違いありませんが、ユダヤ人の側からすれば、今や多数派となった異邦人キリスト者は形だけの、あるいはギリシア流の知的ではあっても頭でっかちの、律法の実践を伴わない信仰者なのだという意識があったでしょう。ユダヤ人には根深い民族意識、選民思想がありました。わたしたちには昔から神との契約があるという強い誇りがあり、ユダヤ人キリスト者は少数派ではあるけれども本物の「お勤めをする」律法に忠実なキリスト者であるという意識を持っていたのです。これらの意識すべては律法のもたらしたものですが、説教しているパウロ自身もそういう気持ちを否定しておりません。「わたしたちは生まれながらのユダヤ人であって、異邦人のような罪人ではありません」（ガラ二・一五）と、ユダヤ人の気持ちを代弁しながら、エフェソと同じ小アジアの信徒に宛てた別の手紙で語っております。そんな異邦人に向かってパウロは言います。

あなたがたは、以前は遠く離れていたが、今や、キリスト・イエスにおいて、キリストの血によって近い者となったのです（一三節）。

キリストにおいてひとつ

これはわたしたちの信仰生活に深く関わる重大な問題をはらんでいます。信じたらいいのだ、人は信仰によって救われるのだと教えられてきました。教会の教えや、牧師のすすめ、教団の議長の言うことなどとは関係ない、お前がどう信じ、どう生きるかだという意識がすごく強いからです。わたしは正直に言いますが、教団の議長や教区の議長が公に何か発言しても、カトリック信者が、教皇や司教の発言に敬意をもって耳を傾けるような姿勢を持っておりません。よく考えてみると果たしてそれでいいのかどうか。プロテスタントがずっと誇りにしてきた、「教会や人の教えではなく、聖書の教えだ」という姿勢と、今エフェソ書でパウロが問題にしている異邦人の信仰理解は、明白に重なっています。エフェソ書を読むと、わたしたちの信仰の根本である教会理解を問われることになります。少し本題から離れますが、エフェソ書にはイエス・キリストではなく、キリスト・イエスという言い方がよく出てきます。聖書を注意深く読んでおられる方のためにひとこと説明しておきますと、この二つの違いは、その前にある単語が子音で始まるか母音で始まるか、単に発音上の問題だけで根本的な差はありません。子音で始まる場合は、「ディア・イエスー・クリストゥー」「イエス・キリストを通して」のようになりますが、母音で始まる場合は「エン・イエスー」とは母音が重なって言いにくいので「エン・クリストー・イエスー」「キリスト・イエスにあって」という語順になるのです。あらかじめ質問をなさった役員がありましたので、皆さんにもお分かちしておきます。

続けてパウロは言い切ります。

> 実に、キリストはわたしたちの平和であります。二つのものを一つにし、御自分の肉において敵意という隔ての壁を取り壊し、規則と戒律ずくめの律法を廃棄されました（一四―一五節ａ）。

敵意があるところで対立する両者に向かって、あなたはこういう点が悪い、先方はこういう点がよくない、お互いに反省し譲り合って仲良くしなさいという勧告は機能しません。キリストはご自分の肉を裂き、血を流すことによって、二つのもの、ユダヤ人と異邦人、その間にあった「敵意という隔ての壁」を取り壊して平和を実現なさったのです。対立する両者の間に割って入り、ご自分の命を捨てることによってお互いが赦し合えることを実際に示し、決して仲直りのできない両者を「御自分において一人の新しい人に造り上げて平和を実現し、十字架を通して、両者を一つの体として神と和解させ、十字架によって敵意を滅ぼされた」（一五b—一六節）のです。

キリストはご自分において、対立する両者を一つにし平和を実現してくださった、これは実に重い言葉です。旧約聖書に約束されたメシア、つまりキリストは、「平和の君」（イザ九・五）です。戦争がないとか、休戦状態を意味する平和とは全く次元が違います。平和とは、何といっても神との平和です。神と和解し、神と新しい関係、正しい関係「義に生きる」ことができるようになることです。それが平和の第一の意味です。へブライ語のシャローム、ギリシア語のエイレーネーは深い意味があります。そしてこの平和が次の平和をもたらします。それが、文化や宗教の分断を超えて対立する二つの物を結びつける平和です。いつもわたくしが申します「神と人との上下の、垂直関係の平和」と、「人と人との横の、水平関係の平和」です。律法の有無による、深刻に対立する二つが一つに結び合わされるのは、神の新しい民となったキリスト者が、神の家族として一緒に住む、生活する場所において見いだされます。わたしたちで言えば教会、この当時の人にとってはエクレシアと呼ばれる信仰共同体です。

わたしたちが一つになれるというのは、何か精神的なことではありません。「キリストの中」でのことです。キリストにおいて、ご自分において、キリストによって、と訳されている言葉は、すべてエン・クリストーです。イン・クライスト、「キリストの中にあって」なのです。この「中にある」という言い方は新約聖書のパウロ書簡を読むときには、鍵となる実に大切な言葉です。よく理解せねばなりません。「マラナ・タ教会は枚方にあります」という時、英語では「イン・ヒラカタ」と言いますが、それははっきり境界線の中にあることを意味します。寝屋川でもない、高槻でもない、枚方にあるのだ、とはっきりと区別されています。キリストにあってと言うとき、何か精神的なことや、価値観の一致を謳っているのではないのです。このことが信仰者によく理解されておりません。キリストの中とは教会の中というに等しいのです。ある老牧師が「俺は信仰のことばかりを考えてきたが、教会が分かってなかった。それはキリストが分かってなかったのだ」と感慨深くおっしゃったことをよく覚えております。教会はキリストの体です。

キリストはおいでになり、遠く離れているあなたがたにも、また、近くにいる人々にも、平和の福音を告げ知らせられました。それで、このキリストによってわたしたち両方の者が一つの霊に結ばれて、御父に近づくことができるのです（一七―一八節）。

キリストは人となってこの世に来てくださり、神の国が近づいたと福音を知らせてくださったのです。パウロはユダヤ人です。イエス様もペトロもユダヤ人です。神との関係や律法を大切に思っていることは今も以前も変わりありません。パウロには大変な誇りがあり、異邦人を心の中で馬鹿にしていたことは彼の言葉から明らかです。しかし、異邦人とユダヤ人がキリストを通して、キリストを媒介として一つとなるとき、律法にこだわる必要なく、共に神に近づくことができるのだとパウロは言うのです。

従って、あなたがたはもはや、外国人でも寄留者でもなく、聖なる民に属する者、神の家族であり、使徒や預言者という土台の上に建てられています。そのかなめ石はキリスト・イエス御自身であり、キリストにおいて、この建物全体は組み合わされて成長し、主における聖なる神殿となります。キリストにおいて、あなたがたも共に建てられ、霊の働きによって神の住まいとなるのです（一九―二二節）。

キリストにおいてひとつ

日本の大きな建造物には大黒柱と呼ばれる中心となる柱が真ん中にありますが、ユダヤでは神殿のようなしっかりした建物を建てるとき、日本とは異なって、四隅に大きなしっかりした検査済みの石を据えます。建物の最も大事な決め手になるのが、この隅の石です。隅の親石とも呼ばれます。この「かなめ石」が、キリスト・イエスご自身なのだとパウロは言います。その上に「使徒や預言者という土台」が積まれています。使徒とは新約聖書の教え、預言者とは旧約聖書の教えを指しております。福音と律法と思い切って言い換えてもよいでしょう。キリストの上に律法も福音も載っているとは、驚くべき言葉です。そしてさらに、その土台に支えられて、今や外国人でも寄留者でもなく、神の家族となったあなたがたが生きた石として積まれ建てられていると言うのです。ここに初めて、ユダヤ人と異邦人が一つにされうる根拠が明らかにされております。キリスト・イエスが「かなめ石」であって、キリストの中で、建物が組み合わされております。

学者によっては、土台である隅の親石のことを「かなめ石」と呼ぶのではなく、天上のアーチの頂点の石であるとする人もあります。一番上の頭石《かしら》、あたまの石と書きますが、この石がなくなれば、すべてが崩れ去る、これなしにはもはや建物があり得ない、そういう石のことです。いずれにしても「かなめ」となる大事な石です。パウロは少し前に「こうして、時が満ちるに及んで、救いの業が完成し、あらゆるものが、頭であるキリストのもとに一つにまとめられます」（一・一〇）とも言っています。すべての土台であるキリストは頭でもあります。

たくさんの違う石が、組み合わさって一つの家となります。家とは、人の住むところですが、もとの言葉には神の家という意味もあります。家「オイコス」は、現代でも大切な意味を持った言葉です。人の住むところという意味から、広く世界を指す場合もあるのです。現代神学の重要な言葉「エキュメニカル」は、オイコメニュカルです。家をやりくりすることをオイコノミー、経済と言います。対立していた違う者同士が、組み合わされて共に建てられる、家になる、神殿になるとパウロは言います。そのような神の家はどこか遠くにあるのではないのです。あなたがた異邦人とユダヤ人が共に建てられ、家になり、霊の働きによって、すなわちキリストによって、神殿、神の住まいとなるのです。神殿となる、わたしたちは自分が神殿だなどとは思わないでしょうが、そうなのです。人々から見捨てられ十字架にかけられ、神に復活させられ新しい神殿を建てるための「かなめ石」となられたイエス様。そのイエス様に寄り頼んで組み合わされ神殿とされる一つひとつの切り石こそ、わたしたちなのです。この大切なイメージは、ペトロも同じことを言っております。「あなたがた自身も生きた石として用いられ、霊的な家に造り上げられるようにしなさい」（Ⅰペトニ・五）。家ができますと、そこに住むのが家族です。神の家族は、神の家に一緒に住むのです。これは当時も今でも驚くべきことです。「キリストの中で」、対立している二つが一緒に住むことができる、真の平和に生きることができるのです。これが分かれば、異邦人キリスト者とユダヤ人キリスト者の対立はもちろん、カトリックとプロテスタントとの不要な対立は解消されるはずです。パウロは言います。「今や律法とは関係なく、しかも律法と預言者によって立証されて、神の義が示されました」と。これはローマの信徒への手紙に出てくる有名な言葉ですが、福音の中心主題です。律法と福音は一直線上にあります。旧約律法に立証されて、新約聖書にあるキリストの信実を介して、人は神の前に義に生きられることが示されたのですから。

わたしたちが形造っているのは、もちろん「霊的な家」ですから、建造物のことではありません。イエス様の弟子たちの時代から週ごとに各地に集まり礼拝を捧げていた信仰者の共同体。そして二〇〇〇年後の今、ここに集まっているわたしたち。それを神は「霊的な神殿」としてくださっているのです。キリストの中で、わたしたちは神殿を造る石として用いられて建てられ、今も霊の働きによって神の住まいとされています。霊の働きによって、教会は建て上げられ、教会として日々成長しています。そして、イエス・キリストこそがその建物の土台、なくてならない要の石なのです。この大事なことを、わたしたちは覚えておかなくてはなりません。「教会の教えではなく、聖書の教えだ」でも「信じたらいいのだ、信仰によって救われるのだ」でもありません。対立する者を一つにし、平和を実現してくださった、キリストの中に生きる、これこそがわたしたちの生き方であり、信仰生活なのです。祈ります。

父なる神、イエス様が平和をくださったゆえに、わたしたち異邦人であった者も、異なるとこ

エフェソの信徒への手紙第２章11－22節

ろがあっても皆同じように、使徒や預言者の上に積み上げられ、神殿を形成する切り石とされました。神の家族とされ、神の家に住まう者とされた、この恵みに深く感謝いたします。一つの霊によって結び合わされ、大きく造り上げられた世界の教会が、これからも豊かに成長し続けていくことができますよう導いてください。一人でも多くの人がキリストのお体にあずかる者となれますように。平和が実現しますように。主のみ名によって祈ります。アーメン。

（二〇一八年二月一一日　日本基督教団交野教会礼拝説教）

第三章一―一三節
最も小さい者に託された奥義

相原典之

こういうわけで、あなたがた異邦人のためにキリスト・イエスの囚人となっているわたしパウロは……。あなたがたのために神がわたしに恵みをお与えになった次第について、あなたがたは聞いたにちがいありません。初めに手短に書いたように、秘められた計画が啓示によってわたしに知らされました。あなたがたは、それを読めば、キリストによって実現されるこの計画を、わたしがどのように理解しているかが分かると思います。この計画は、キリスト以前の時代には人の子らに知らされていませんでしたが、今や〝霊〟によって、キリストの聖なる使徒たちや預言者たちに啓示されました。すなわち、異邦人が福音によってキリスト・イエスにおいて、約束されたものをわたしたちと一緒に受け継ぐ者、同じ体に属する者、同じ約束にあずかる者となるということです。神は、その力を働かせてわたしに恵みを賜り、この福音に仕える者としてくださいました。この恵みは、聖なる者たちすべての中で最もつまらない者であるわたしに与えられました。わたしは、この恵みにより、キリストの計り知れない富について、異邦人に福音を告げ知らせており、すべてのものをお造りになった神の内に世の初めから隠されていた秘められた計画が、どのように実現されるのかを、すべての人々に説き明かしています。こうして、いろいろの働きをする神の知恵は、今や教会によって、天上の支配や権威に知らされるようになったのですが、これは、神がわたしたちの主キリスト・イエスによって実現された永遠の計画に沿うものです。わたしたちは主キリストに結ばれており、キリストに対する信仰により、確信をもって、大胆に神に近づくことができます。だから、あなたがたのためにわたしが受けている苦難を見て、落胆しないでください。この苦難はあなたがたの栄光なのです。

（エフェソの信徒への手紙第三章一―一三節）

二〇一四年に一〇〇歳で亡くなられた斉藤タマイさんという方がおられます。この方は、日本聖公会の斉藤章二司祭（一九八七年に七三歳で逝去）と一九四〇年というキリスト教会の受難の時代に結婚され、約半世紀にわたり、主に群馬県で教会と附属の幼稚園で夫を支えて奉仕をされました。一九四三年からの五年間は、夫の満州への出征と戦後のシベリア抑留という苦難の中で、二人の幼児を育てながら一人で教会と幼稚園を守られました。この斉藤タマイさんは、短歌を愛され、ご自分の創作された短歌を朝日新聞の「朝日歌壇」という読者投稿欄に長年にわたり投稿を続けられ、多くの歌が秀歌として選ばれて掲載されました。評論家の佐高信さんが『人生のうた』（講談社、一九九四年）という著書の約半分を割いて、「人賢くて神を求めず」というタイトルで斉藤タマイさんの歩みを記しておられますので、ご存知の方もあるかもしれません。その「人賢くて神を求めず」とのタイトルは、斉藤タマイさんが一九七四年に発表された、次の短歌から取られています。

伝道者の寂しき極み夫《つま》に見ぬ　人賢くて神を求めず

伝道しても伝道しても、神を求める人は少ない。それは、人が、神がなくても自分の力で生きていけるとする賢さに生きているからでしょう。伝道者とその妻は、迫害の時代においても、飽食の時代においても、寂しさの極みをなめ尽くすようにして生きていきます。けれども、伝道することを止めません。「故斉藤タマイ姉の短歌」（日本聖公会東京教区資料保全委員会、二〇一六年）という本によれば、斉藤章二司祭は、定年後に神奈川県に帰郷されてからも、埼玉県の教会の嘱託として牧会活動をされました。毎主日には、早朝五時起きして神奈川から埼玉まで通われたそうです。なぜでしょうか。そこに、希望があるからではないでしょうか。神を必要とせず、神を求めぬ人間の賢さを砕いてくださるお方がおられる。神に造られながら神を拒んで生きる人間の罪のために十字架で死なれ、三日目に墓から復活された主イエス・キリストがおられる。このお方に、斉藤章二司祭もタマイ夫人も、自らの賢さを打ち砕いていただき、神を信じる者としていただいた。このお方が自分たちの伝道の働きに共におられて、神を求めぬ人間の頑なな賢さを砕いてくださる。だから寂しさの極みを覚える中でも、希望をもって、喜びをもって、伝道の働きにいそしまれたのだと思います。

使徒パウロという人も、かつては、自分の賢さの中に生きていた人でした。パウロは、フィリピの信徒への手紙第三章五―六節で、まだサウロと呼ばれていた時代の過去の自分を振り返ってこう述べています。

　わたしは生まれて八日目に割礼を受け、イスラエルの民に属し、ベニヤミン族の出身で、ヘブライ人の中のヘブライ人です。律法に関してはファリサイ派の一員、熱心さの点では教会の迫害者、律法の義については非のうちどころのない者でした。

パウロは神の祝福の約束が与えられたイスラエルの民に属していることを誇り、聖書が神の民が守るべき戒めとして定めている律法を非のうちどころのないほどに守ることのできる自分を誇り、その自分の正しさのゆえに自分は胸を張って神さまの前に立つことができると考えていたのです。サウロは、神の恵み、神の憐れみを求めない、人間の賢さの中に生きていたのです。

そんなサウロは、律法を守らない罪人・徴税人・遊女たちを救われがたい人々として見下して生きていました。だから罪人たちや徴税人たちを迎えて食事まで一緒にし、その結果、呪われた罪人として十字架で処刑されたナザレのイエスを、墓から三日目に復活したキリストと仰ぐ教会を熱心に迫害していたのです。ましてや、唯一真の神を知らず、神の律法を与えられていない異邦人たちは、神から最も遠い存在としか言いようがなかったのです。

ところが、そのサウロの賢さがある日粉々に砕かれてしまったのです。使徒言行録にその出来事が記されています。復活された主イエス・キリストがサウロに現れなさって、地面に倒れたサウロに

「サウル、サウル、なぜわたしを迫害するのか」「わたしは、あなたが迫害しているナザレのイエスである」とおっしゃったのです。しかも、復活の主はサウロを滅ぼされずに、異邦人に主イエスの福音を伝える使徒パウロとして立ててくださったのです。教会の迫害者パウロを赦し、彼に期待して、新しい使命を与えてくださったのです。パウロは知りました。自分は、神の御心である律法を熱心に実行しているという誇りに生きながら、実は、神が遣わされた神の御子を迫害していた。本当に神の御心を行われたのは、律法を成就されたのは、安息日であっても病んでいる人を癒し、社会から疎外されている罪人・取税人・遊女たちの友となられた主イエスだ。ご自身は罪のないお方なのに、父なる神の御心に従順に従って、この私をはじめすべての人の罪を赦すために十字架で死なれた主イエスだ。この主イエスを父なる神は甦らせ、私たちの救い主としてくださったのだ。このお方を信じる者を、神さまは義と認めてくださるのだ。パウロの人生は一八〇度変えられ、キリスト者を迫害する急先鋒であった者が、誰よりも熱心にイエス・キリストを宣べ伝える者となりました。しかも、今まで神を知らない罪人として蔑んでいた異邦人にキリストの福音を宣べ伝える者になったのです。このパウロの伝道によって、異邦の地に幾つものキリストの教会が生み出されました。このエフェソの信徒への手紙は、エフェソを中心とした小アジアの諸教会への回状であったとする説が有力ですが、そうした教会の一つひとつが異邦人への使徒パウロの働きの影響下に生み出されていったのです。

六章からなるエフェソの信徒への手紙は、神による新しい共同体である教会を主題として記されています。第一章から第三章は、「教会とは何か」という理論的側面、第四章から第六章は、「教会は何をすべきか。キリスト者はどう生きるべきか」という実践的側面が記されています。第二章でパウロは、おおよそ次のような内容を記しています。異邦人キリスト者も、ユダヤ人キリスト者も、かつてはそれぞれに神に背を向けて生きる罪の中に霊的に死んでいた者であるが、ただキリスト・イエスにおいて示された神の恵みと信仰によって救われたのだ。ユダヤ人は異邦人を割礼もなく律法もない者として蔑んできたが、両者は一つとなった。それは、異邦人がユダヤ教に改宗して割礼を受けて律法を守ることによってではなく、ユダヤ人と異邦人を隔てていた敵意がキリストの十字架によって滅ぼされ、ユダヤ人も異邦人もキリストの十字架によって救われて、両者がキリストにおいて一つとされるのだ。それが神の家族であるキリストの教会だ。

その内容を受けて、今朝の礼拝で与えられている第三章をパウロは「こういうわけで、あなたがた異邦人のためにキリスト・イエスの囚人となっているわたしパウロは……」と書き始めます。語り出します。しかし、多くの人は、一節の「こういうわけで」は、一四節の「こういうわけで、わたしは御父の前にひざまずいて祈ります」に直結すると理解しています。一四節以下には、教会に生きるキリスト者たちのために、パウロが祈った祈りが記されています。そこで、全体の流れからすると二―一三節で「脱線」してしまったので、一四節でもう一度軌道修正していると理解されます。そうであれば、ここには、本来の流れを損なってでも語りたい、パウロのあふれ出る思いが語られているのです。ある人は、「エフェソの信徒への手紙の中では珍しく著者の個人的な体臭のする所」だと言っています。そのパウロの個人的な体臭すらするあふれ出る思いとはどのような思いなのでしょうか。ご一緒に聴き取っていきましょう。

再度一節に耳を傾けましょう。

こういうわけで、あなたがた異邦人のためにキリスト・イエスの囚人となっているわたしパウロは……。

パウロは、異邦人に伝道したために、牢獄に入れられ、囚人とされているのです。しかし、「キリスト・イエスの囚人」という言葉にはそれ以上の意味があります。かつて、パウロは、非のうちどころなく律法を守っている自分の義、自分の正しさ、自分の賢さに捕らえられていた囚人だったのです。そこに真の自由はありませんでした。そのパウロを復活の主イエスが捕らえてくださり、自分の賢さの牢獄から引き出してくださり、キリストにのみ仕えるキリスト・イエスの囚人としてくださったのです。そこで初めてパウロは、神の御心を自分の願いとして行う真の自由を得たのです。そして、パウロに特に与えられた神の御心は異邦人に福音を伝えることだったのです。そのキリストとの圧倒的な出会いを思い起こしたときに、パウロは感謝からあふれ出る思いを語ったのではないでしょうか。「あなたがたのために神がわたしに恵みをお与えになった次第について、あなたがたは聞いたにちがいありません」（二節）と、自分がキリスト・イエスの囚人とされ、あなたがた異邦人に福音を伝えているのは、神の恵みによるのだ。それは、パウロが何度でも語り聞かせたいことだったのです。

パウロの思いがあふれた「脱線」は、さらに続きます。パウロは既に第二章で、異邦人もキリストの十字架によって救われ、ユダヤ人と共に神の家族とされていることを語ってきました。そのことを、同じく異邦人から救われた私たち日本のキリスト者は、あまり驚かないかもしれません。しかし、「神の民」として選ばれ、神と特別な関係に導き入れられている自負に生きているユダヤ人にとっては、全く予期せぬことでした。パウロは、そのことは、「秘められた計画」（三節）であったと語ります。「秘められた計画」と訳されている言葉は、原語のギリシア語ではミュステリオンという言葉で、英語ではミステリーと訳されます。四節と五節で「計画」、九節で「秘められた計画」と訳されているのは、いずれもこのミュステリオンという言葉です。「秘密」という意味の言葉で、この新教同訳は「秘められた計画」と分かりやすく訳していますが、文語訳、口語訳、新改訳等は、「奥義」と訳しており、こちらの訳にも心惹かれます。ここでパウロが心を躍らせて語っているのは、その「秘められた計画」、「奥義」が、「啓示」によって自分に知らされたということなのです。その知らされた内容は、六節では「異邦人が福音によってキリスト・イエスにおいて、約束されたものをわたしたちと一緒に受け継ぐ者、同じ体に属する者、同じ約束にあずかる者となるということです」と語り直されています。このことは、主イエス・キリストがお出でになるまでは、人々に知らされてはいませんでした。まさに、「秘められた計画」、「奥義」であったのです。しかし、神の御子イエス・キリストがクリスマスに私たちの世に来てくださり、十字架で救いのみわざを成し遂げてくださり、三日目に死の力を打ち破って墓から復活された。その復活の主イエスがパウロに現れてくださり、神がどのような救いのご計画をお持ちかという、人間の知恵では知り得ない「秘密」、「奥義」を明らかにしてくださったのです。そして、聖霊によって、一人パウロだけではなく、キリストに仕える使徒たちや預言者たちに啓示されました。今日の教会に生きる私たちも、聖霊による啓示によって記されたこの手紙によって、この「秘められた計画」、「奥義」を明らかにされているのです。
さて、先ほどこの箇所は、「エフェソの信徒への手紙の中では珍しく著者の個人的な体臭のする所」だとある人が言っていることを紹介しました。こういう言い方が許されるならば、私は最も強い著者パウロの体臭は、七―九節から臭ってくると思うのです。

神は、その力を働かせてわたしに恵みを賜り、この福音に仕える者としてくださいました。この恵みは、聖なる者たちすべての中で最もつまらない者であるわたしに与えられました。わたしは、この恵みにより、キリストの計り知れない富について、異邦人に福音を告げ知らせており、すべてのものをお造りになった神の内に世の初めから隠されていた秘められた計画が、どのように実現されるのかを、すべての人々に説き明かしています。

パウロは、神の力と恵みによって、自分が福音に仕える者とされたこと、ことに神から遠く神の祝福の外にあると考えられていた異邦人がイエス・キリストによって救われるという「すべてのものをお造りになった神の内に世の初めから隠されていた秘められた計画」を告げ知らせ、説き明かす使命を神から与えられたことを喜んでいます。神が、その恵みを「聖なる者たちすべての中で最もつまらない者であるわたし」に与えてくださったことに、恐れおののき、感謝があふれ出ているのです。この自己認識こそ、パウロの体臭が際立って匂い立つ表現ですし、脱線した川の流れが最も急になっている所です。

ここで、新共同訳が「つまらない」と訳している言葉を、他の多くの日本語訳聖書は「小さい」と訳しています。パウロは、キリストによって神の者とされた人々の中で、自分が最も「つまらない者」、「小さい者」だと言うのです。それは、言うまでもなく身体的特徴のことではありません。自分の知識や力量、あるいは出自や学歴のことを言ったのでもありません。サウロと呼ばれていた頃のパウロは、今挙げた事柄について自分を誇って生きていたのです。かつてサウロがキリストの教会を迫害していた急先鋒だったことは、彼の自己認識と深く関わっているに違いありません。しかし、それならば、パウロよりも多くの教会を迫害し多くのキリスト者を死に追いやった過去を持つ伝道者が現れるならば、パウロは「最もつまらない者」、「最も小さい者」を卒業してしまうのでしょうか。パウロは、そのような、他者と比較しての相対的なつまらなさ、小ささを述べているのではありません。パウロは別の手紙で、自分のことを「罪人の中で最たる者」と言っています（Ⅰテモ一・一五）。長らく親しまれてきた訳では、「罪人のかしら」と訳されています（口語訳、新改訳）。このことも、他者との相対的な比較で言っているのではありません。

長らく日本基督教団吉祥寺教会で牧会された竹森満佐一牧師は、その説教の中で、「罪人のかしら」という表現についてこう語っておられます。「パウロは、他の人に比べて、これを言っているのではありません。彼が罪人というのは、神の前において、自分が罪ある人間である、と言っているのであります。ですから、それは、何がどうあっても曲げることのできないことであったのであります。神の前に出て自分を見ると、パウロだけでなく、どの人も自分は罪人のかしらである、と告白しないわけにはいかないのであります」。そして竹森牧師は、「神の前において」ということは、「神の聖さの前に」ということではなく、「神の恵みを受けたので」ということだと語っておられます。本当にそうだと思います。パウロが自分のことを、「罪人のかしら」だと分かったのは、「最もつまらない者」、「最も小さい者」だと分かったのは、自分が教会を迫害していたことを神に断罪されたことによってではなく、そういう自分をキリストの十字架によって赦し、そういう自分に異邦人に福音を伝える使命を与えてくださった神の恵みを受けたからなのです。

その神の恵みは、私にも与えられました。神学校の卒業学年の時のことです。まもなく伝道者として立とうとしているのに、主イエス・キリストの十字架の恵みがよく分からずにいる自分がいました。すべての人の罪のために主イエスが十字架で死んでくださったことは分かるのですが、この私が主イエスを十字架につけた者の一人であることがよく分からずにいました。「神さま、十字架を分からせてください」と神学校の狭い個室の祈禱室で祈り続けました。祈りの中で、主イエスの受難の出来事を記す福音書の御言葉を聖霊が開いてくださいました。妬みと憎しみのゆえに主イエスを訴えたユダヤの指導者たちと同様に、私も妬み深く、憎しみの根を持っていることを。いざとなれば主イエスを見捨てて逃げ去ってしまった弟子たちと同じように、いざとなれば主イエスを否み、親しい人を裏切る自分であることを。主イエスに罪を認めなかったのに自己保身のために主イエスの十字架刑を決定した総督ピラトのように、自分も何度も真実を曲げて保身を図ったことを。「ホサナ、ホサナ」と主イエスを歓迎しながら、指導者たちに扇動され付和雷同して、主イエスを「十字架につけろ」と叫び続けた群衆のように、自分も何度も長いものに巻かれ、大勢に汲みして生きてきたことを。この私の罪が主イエスを十字架につけたのです。けれども、主イエスは十字架上で祈ってくださいました。「父よ、彼らをお赦しください。自分が何をしているのか知らないのです」（ルカ二三・三四）。その「彼ら」の中に、私も含まれ祈られていたのです。神の恵みはさらに深く、主イエスを十字架につけた私を赦してくださったばかりか、その私の内に信仰によってキリストが生きてくださるのです。私は、神がキリストによってこれほどの恵みを与えてくださったことを知ったときに、このお方キリストを十字架につけた自分の罪深さを知りました。神の恵みによって、私もまた「最もつまらない者」、「最も小さい者」、「罪人のかしら」と自分を言い表す恵みを与えられたのです。皆さんお一人お一人が今朝ご自分を、「最もつまらない者」、「最も小さい者」、「罪人のかしら」と告白されるとすれば、それはあなたが神の恵みを受けているからなのです。

「人賢くて神を求めず」という下の句を持つ短歌をご紹介しました。パウロは異邦人に福音を伝えたために、牢獄に入れられて囚人とされています。おそらく、ローマにある獄であろうと考えられています。パウロを投獄した異邦人たちは、律法の義を誇るユダヤ人たちとはまた違った自分の賢さに捕らえられていたのです。それは、自分たちの手で造った神々を都合の良いように拝んで、利用する賢さかもしれません。神の被造物である人間にすぎないローマ皇帝にひれ伏して、繁栄と保身を図る賢さかもしれません。パウロは牢獄の中で、孤独に陥り、落胆しても無理のない状況です。しかし、パウロは孤独なようでいて孤独ではありません。獄中にあってもキリストに結ばれ、キリストの囚人として大胆に神に近づくことができるからです。異邦の地の諸教会では、パウロが紹介した復活の主イエスによって自分の賢さを砕かれ、キリストのものとされた兄弟姉妹がパウロのために祈ってくれているからです。

だから、あなたがたのためにわたしが受けている苦難を見て、落胆しないでください。この苦難はあなたがたの栄光なのです（一三節）。

愛する皆さん。ユダヤから見れば異邦の地であるこの日本で、私たちは、自分の賢さに捕らえられている多くの人々に囲まれています。それは、天地万物を造られ、自分を造ってくださり、そして歴史を支配しておられる唯一真の神を必要とせずに、自分の力で生きていけるとする賢さです。生まれた時は神社の世話になり、結婚式は教会で挙げ、葬式は寺に任せるという賢い処世術の中で、実は本当に寄りすがるものを持たない賢さです。死の力に抗って勝利してくださった救い主を知らず、死の恐怖を口にできずに諦めて受容していく賢さです。そのような賢さに満ちたこの国で、私たち教会に生きるキリスト者は、この賢さを打ち砕いてくださる十字架と復活のキリストを人々に紹介します。神の恵みによって自分の賢さを打ち砕いていただいた「最もつまらない者」、「最も小さい者」、「罪人のかしら」として、神の奥義、キリストの福音を宣べ伝えるのです。その宣教は、天上の支配や権威にも届くのです。天使を賛美と喜びで満たし、悪しき諸霊を震え上がらせるのです。何と恐れ多いこと、何と感謝なことでしょうか。

（二〇一八年三月一一日　日本神の教会連盟佐賀神の教会礼拝説教）

第三章一四―二一節

獄中でひざまずくパウロの隣で

郷家一二三

こういうわけで、わたしは御父の前にひざまずいて祈ります。御父から、天と地にあるすべての家族がその名を与えられています。どうか、御父が、その豊かな栄光に従い、その霊により、力をもってあなたがたの内なる人を強めて、信仰によってあなたがたの心の内にキリストを住まわせ、あなたがたを愛に根ざし、愛にしっかりと立つ者としてくださるように。また、あなたがたがすべての聖なる者たちと共に、キリストの愛の広さ、長さ、高さ、深さがどれほどであるかを理解し、人の知識をはるかに超えるこの愛を知るようになり、そしてついには、神の満ちあふれる豊かさのすべてにあずかり、それによって満たされるように。

わたしたちの内に働く御力によって、わたしたちが求めたり、思ったりすることすべてを、はるかに超えてかなえることのおできになる方に、教会により、また、キリスト・イエスによって、栄光が世々限りなくありますように、アーメン。

（エフェソの信徒への手紙第三章一四―二一節）

こういうわけで、わたしは御父の前にひざまずいて祈ります。

伝道者のパウロはエフェソの信徒への手紙の中で、彼らのために祈った言葉を書き記しています。第一章の一五節から二三節までが「感謝ととりなしの祈り」です。そして三章の一節には、もう一度祈ろうとして、「こういうわけで、あなたがた異邦人のためにキリスト・イエスの囚人となっているわたしパウロは……」と始めます。

しかし、祈りが続けられないで、パウロは自分に啓示された神の奥義、「秘められた計画」について語り始めます。神は福音によって、キリスト・イエスにおいて、異邦人をユダヤ人と共に、約束されていたものを一緒に受け継ぐ者とし、さらに同じ体に属する者、同じ約束にあずかる者とされるという、全人類がキリストによって一つとされる奥義を語り出すのです。

パウロは自分が命をかけてしてきた異邦人伝道が、主キリスト・イエスによって実現された永遠の計画、奥義に沿っているものなのだと、エフェソの信徒たちに知ってほしかったのです。その壮大なご計画の中で、いまは捕らえられ囚人となっているが、「あなたがたのためにわたしが受けている苦難を見て、落胆しないでください。この苦難はあなたがたの栄光なのです」とパウロは一三節で語るのです。牢獄の外にいてパウロのために祈っているエフェソの人々を逆に励ますのです。

そうしてこの一四節から「こういうわけで、わたしは御父の前にひざまずいて祈ります」と祈りを再開します。これは一節に続く祈りであるとともに、神の秘められたご計画を獄中で賛美しつつ、御父の前にひざまずいて祈っている祈りなのです。

普通は立ち上がって両手をあげて祈るのですが、ここではひざまずいて、神の前にひれ伏すようにして祈っています。「御父の前にひざまずいて祈る」パウロは、父なる神がすべての人々と被造物を創造された創造主であると心から礼拝しつつ、「御父から、天と地にあるすべての家族がその名を与えられています」と祈り始めます。御父の原語は「パテール」であり、家族・氏族・民族という人の集合体が「パトリア」です。「御父・パテール」は、あらゆるものの家族や集合体・パトリアの源なる父です」との信仰告白から祈りは始まります。

この背景には使徒言行録第一九章が語る、エフェソ周辺一帯で広く信仰されていた偶像、アルテミスとの戦いがあると思います。現在のトルコにあるエフェソスに行きますと、当時拝まれていた偶像アルテミスが、市内の博物館に十数体も展示されています。大小さまざまなアルテミスは、当時は拝まれていた偶像でしたが、今は博物館の展示物にすぎません。しかし当時、熱狂的な信仰との激しい戦いをパウロは戦いました。

エフェソから去ったパウロは、その地においてキリストの体である教会を形成する戦いを戦っている信徒のことを、神の御前にとりなし、祈っているのです。その祈りは、自分がひざまずいている父なる神が、どんなに偉大な神であるかを賛美して始まります。神は唯一生きておられる神であり、天と地にあるすべてのものの創造者であり、すべてのものに名を与え、存在させておられるお方である。この手紙が届くときに、偶像との戦いの中にあるエフェソの信徒たちは、神の御手に守られている現実に目が開かれ、大きな励ましを受けたのです。祈られている人は決して滅びない。こういう祈りの根源には、ペトロの、パウロの、そしてわたしたちの信仰が無くならないように祈られた主イエス・キリストの祈りがあると思うのです。

この祈りは大きくは三つに区切ることができます。最初の祈りは、「内なる人を強めてください」との祈りです。

どうか、御父が、その豊かな栄光に従い、その霊により、力をもってあなたがたの内なる人を強めて……（一六節）。

「内なる人」とは信仰者の「霊性」を指しています。内なる人を強くするのは神の恵みです。わたくしたちは自分の内なる弱さに嘆くことが多いのです。心の弱さが自分の根本的な問題だと気づいています。何と惨めな人間なのだと嘆いている。その人にとって、この「内なる人を強くしてください」という祈りほど、慰めに満ちた祈りはありません。

エフェソの人々が、キリストを信じて生きようとするときに、世の力、悪の力、内から湧いてくる肉の思い、外から来る誘惑が、内なる人を弱らせます。偶像に誘われ、罪を犯した後の惨めさは、信仰の日々を重ねていく中で大きくなるのです。誰かに聞いてもらいたいと思いつつ、孤立していくのです。しかし、こんなわたしたちのために、なお愛し、赦してくださる神の恵みがある。事実、わたしたちのために、獄中で、なお祈っていてくれる伝道者がいるではないか。

さらにパウロは祈ります。

信仰によってあなたがたの心の内にキリストを住まわせ、あなたがたを愛に根ざし、愛にしっかりと立つ者としてくださるように（一七節）。

父なる御神が、信じる者の内にキリストを住まわせてくださり、キリストの愛に根を張りキリストの愛にしっかりと基礎づけられて立つ者としてくださる時に、内なる人は本当に強くされるのです。内にキリストが住むということが、あまりに神秘的な経験として受け止められてはならないと思います。「信じる者の内にキリストを住まわせてくださる」のは父なる神です。ですから祈り求めるなら、信じる者に、また求める者に、キリストを、そして聖霊をお与えくださり、キリストがわたしの内に生きておられると信じ告白できるのです。

ガラテヤの信徒への手紙第二章一九―二〇節にこうあります。「わたしは神に対して生きるために、律法に対しては律法によって死んだのです。わたしは、キリストと共に十字架につけられています。生きているのは、もはやわたしではありません。キリストがわたしの内に生きておられるのです。わたしが今、肉において生きているのは、わたしを愛し、わたしのために身を献げられた神の子に対する信仰によるものです」。内なる人が強められるためには、キリストが内に住んでくださり、キリストの愛がわたしたちのこころに満ちあふれてくることにより、わたしたちは強く生きることが始まるのです。

ですからパウロの祈りの二番目が、キリストの愛についての祈りになることは当然の順序なのです。

また、あなたがたがすべての聖なる者たちと共に、キリストの愛の広さ、長さ、高さ、深さがどれほどであるかを理解し、人の知識をはるかに超えるこの愛を知るようになり、そしてついには、神の満ちあふれる豊かさのすべてにあずかり、それによって満たされるように（一八―一九節）。

繰り返しこの言葉を読み、味わい、黙想してきました。「キリストの愛の広さ、長さ、高さ、深さがどれほどであるかを理解し」とあります。パウロはここで何を祈っているのか、主よ教えてくださいと祈りつつ黙想しました。ある説教者は、キリストの愛の広さ、長さ、高さ、深さを理解するためには、キリストの愛の中に入ってみなければ分からないと語っていました。確かにそうだと思います。愛するとは相互の関係において起こることですから、たとえば仲の良い夫婦を「愛し合っている」と外から言ったとしても、それは外から見えるだけのことであり、実際の夫婦の愛は本人たち以外には分からないのです。

「すべての聖徒たちと共に」と加えられてあるのは、教会に生きた人々のことであり、キリストの愛は、キリストの体である教会に加えられて、そこで初めて分かるのだ、というのです。キリスト・

エフェソの信徒への手紙第３章14－21節

イエスの囚人として、獄中でひざをかがめてパウロは祈ります。エフェソの人々の内なる人が強められるためには、何としても、キリストの愛がどれほどのものか分かってほしい、と。パウロは、キリストの愛は人知をはるかに超えている愛であると知りつつ、愛の広さ、愛の長さ、愛の高さ、愛の深さを具体的に取り上げて、理解できるようにと祈るのです。

キリストの愛は聖書全巻に満ちていると言ってしまえばそうなのですが、例えば、キリストの愛の広さは、ユダヤ人だけでなく異邦人にも広く伸ばされている救いの御手であり、秘められた計画とは、神の愛の広さ長さを示していると思うのです。愛の長さは、一章四―五節にある「天地創造の前に、神はわたしたちを愛して、御自分の前で聖なる者、汚れのない者にしようと、キリストにおいてお選びになりました。イエス・キリストによって神の子にしようと、御心のままに前もってお定めになったのです」という所に見いだされるでしょう。キリストの愛の高さは、わたしたち「生まれながら神の怒りを受けるべき者」であるのに、豊かに憐れみ、この上なく愛してくださり、共に生かしてくださり、「キリスト・イエスによって共に復活させ、共に天の王座に着かせてくださいました」（二・六）という所に見ることができます。高く引き上げてくださる愛です。そしてキリストの愛の深さは、いろいろに見出すことができるでしょうが、キリスト・イエスの囚人として牢獄に入れられ、あるいは殉教させられるこの時にあっても、エフェソの人々を深く思い、この執り成しの祈りを、主の囚人として、キリストの愛に囚われている憐れみの囚人として祈っている所に見出すことができるのです。キリストは低く降られて、この牢獄の中にもおられるお方です。

パウロは「キリスト・イエス」と「イエス・キリスト」とを区別して使っています。コリントの信徒への手紙一第一章の冒頭に、その違いを見出すことができます。「主イエス・キリスト」とは初代教会の礼拝における呼び方です。パウロはこの呼び方を手紙で使いつつも、「キリスト・イエス」という独特な言葉を用いて、私が迫害していたイエスはキリストであると目が開かれ、キリストが誰であるか啓示され、そのキリストからの個人的な恵みの中で、使徒とされ、信じる者とされ、選ばれていることを語っています。コリントの手紙からは、そう読み取れるのです。ですからここで、イエスの愛ではなく、「キリストの愛」と言っています。パウロが福音を伝えて実際に起こった恵みの出会い、救い主メシア、キリストとの出会いから、キリストの愛の中に入れられて、キリストの愛の広さ、長さ、高さ、深さが理解できるようにしてくださいと、神に祈るのです。愛が「内なる人を強くする」からです。さらにこの愛は、内なる人を強くするだけにとどまらず、神の満ちあふれる豊かさのすべてにあずからせてくださり、それによって恵みの充満（プレローマ）を与えてくださるのです。キリストの愛としてすべてが受け止められるなら、わたしたちはすべてにおいて、人知をはるかに超えて実現される恵みに満たされるようになるのです。

そこで、パウロの最後の第三番目の祈りは神をたたえる賛美です。

わたしたちの内に働く御力によって、わたしたちが求めたり、思ったりすることすべてを、はるかに超えてかなえることのおできになる方に、教会により、また、キリスト・イエスによって、栄光が世々限りなくありますように、アーメン（二〇―二一節）。

神の力、キリストの愛の力は、わたしたちに働きかける御力です。わたしたちを「教会」と言い換えています。この最後の賛美、頌栄は、「教会として」ささげられ、「キリスト・イエス」によって神にささげられる賛美です。エフェソ書の最初の、一章二三節に「教会はキリストの体であり、すべてにおいてすべてを満たしている方の満ちておられる場です」とあります。キリストの愛の広さ、長さ、高さ、深さを知るためには、その愛の中に入らなければ見えてこないと話しました。具体的には教会に加えられることです。教会での信仰生活を続けてみて分かることは、教会には集う個人の力が、神により一つにされるところに生まれる、すべてをはるかに超える働きがあるということです。

ある朝の礼拝。うなだれるようにして会堂に入り、一人座っています。前奏のオルガンが鳴り出し、だんだんと会衆の賛美に巻き込まれ、代表の祈りにアーメンと唱和し、聖書の説教に顔を上げる。わたしたちに働く神の力が教会の礼拝にはあるのです。そしてそれは、わたしたちが思ったり想像したりする限度を、はるかに超えて働かれる神の力なのです。

わたくしは説教者として弱さを感じる経験をしました。二月の末に私の母が召され、三月二日に教会で告別式をしました。父母の洗礼は本当に不思議な、わたくしの思いをはるかに超えた恵みとして、わたくしが施しました。母の葬儀の準備を、坂戸キリスト教会員の葬儀の準備のようにして普通にしました。しかし、告別式の最初の賛美、「主よみもとに近づかん」を歌い出した時に、急に耐えられなくなり、涙が止まらなくなりました。自分は混乱しました。式の中で顔を上げられなくなりました。説教も目をぬぐいつつ原稿を読むだけでした。講壇でこういう混乱は初めてでした。母を失うことを通じて、説教者として、永遠の命に生かされている確信が揺すぶられたのです。それからしばらく、足が地に着いていない日々を送りました。説教が語れない思いの中で、講壇に立つ日が近づいてくる。窮地に追い込まれていくのです。確信をもって語るメッセージが得られずにいるのです。そこでわたしが犯しやすい罪は、雄弁に頼ることです。言葉の勢いで押し切る説教をしようとすることです。その説教の後には、逃げ出したくなる惨めな思いが襲ってきます。そのようなわたしに与えられたのは、この聖書の言葉だったのです。

わたしは、牢獄のパウロの隣に導かれました。隣に座り込み、ひざをかがめて祈るパウロの声を聴き、このみ言葉を最初から黙想しました。パウロの隣で、キリストの愛の広さ、長さ、高さ、深さを味わい続けました。神が教会の群れを愛されていることを信じ、主イエス・キリストの体である教会の礼拝に、キリストの愛を豊に満ちあふれるまでに与えようとされていることを信じて祈りました。信頼しつつ、教会の主に祈り託しました。パウロの隣で、わたくしは、御霊なる聖霊の導きを求めて、もう一度、み言葉を辿り直したのです。教会員の顔を思い浮かべ、説教の聴き手である一人一人を黙想し、み言葉がどう届くか。その時にわたしには見えてきたのです。説教者であるこの私のために、教会員が祈っていてくれる姿が。その姿が見えた時に、み言葉の方から光が放たれ、み言葉が立ち上がってきたのです。説教者のために祈っていてくれる教会員に、神が語ろうとされる主のお言葉として、聞こえてきたのです。この箇所の説教をすることを通して、立ち直りが始まりました。パウロの傍らで、わたくしも、この祈りにアーメンと言える。そして皆さんと一緒に、声を揃えてたたえることができる。「教会により、また、キリスト・イエスによって、栄光が世々限りなくありますように、アーメン」。

（未発表）

第四章一―六節

あなたも一つの希望に招かれている

安井　聖

そこで、主に結ばれて囚人となっているわたしはあなたがたに勧めます。神から招かれたのですから、その招きにふさわしく歩み、一切高ぶることなく、柔和で、寛容の心を持ちなさい。愛をもって互いに忍耐し、平和のきずなで結ばれて、霊による一致を保つように努めなさい。体は一つ、霊は一つです。それは、あなたがたが、一つの希望にあずかるようにと招かれているのと同じです。主は一人、信仰は一つ、洗礼は一つ、すべてのものの父である神は唯一であって、すべてのものの上にあり、すべてのものを通して働き、すべてのものの内におられます。

（エフェソの信徒への手紙第四章一―六節）

体は一つ、霊は一つです。それは、あなたがたが、一つの希望にあずかるようにと招かれているのと同じです。

今ご一緒に聴いた聖書の言葉は、一つ、一つ、一つと言葉を重ねます。「体は一つ」。エフェソの信徒への手紙第一章二三節には、「教会はキリストの体であり」と語られています。ですからここで「体は一つ」と言った時に、それはキリストのからだである教会が一つだ、と言っているのです。それはただこの教会を指しているだけではなくて、世界中にある教会、どこの教会に属している人であっても、みんなが一つのキリストのからだを造らせていただいている一つの教会です。これはすばらしい言葉だと思います。教会がこの言葉の通りに一つとなって生き歩んでいく。なかなか人間というのは一つになれずに、互いに対立してしまうことに悩み苦しむものですから、一つとなって歩む教会の姿は、きっと周りの人たちに憧れを呼び起こすのではないかと思います。

ただ、今の言葉はこのようにも語られているんですね。「一つの希望にあずかるようにと招かれている」。わたしたちは一つの希望にあずかるようにと招かれている。希望ということから考えると、いやいや教会にこうして集まっているわたしたちは、皆それぞれに違う希望を抱いて生きている、と思われるかもしれません。それぞれに違った状況に置かれて生活しながら、それぞれがいろいろな希望を持っている。今仕事上の課題を抱えていて、この課題を乗り越えて前に進みたい、と思っているかもしれない。学生の皆さんなら、今取り組んでいる勉強の成果を出して、先に進んでいきたいと思うのではないでしょうか。また家庭内にいろいろな問題があり、その問題が解決することを望みとしながら生きている。そのようにわたしたちはそれぞれがいろいろな姿で生活をしていて、そこでそれぞれの望みを抱いている、というふうに言えると思います。けれどもこの手紙を書いたパウロは、わたしたちは一つの希望にあずかるようにと招かれていると語り、希望は一つということを強調します。

この言葉を説き明かしているある説教者の言葉に出会って、わたしはハッとさせられました。わたしたちは、誰もが希望を当然のように持っているというふうに考えているところがある。それはそうでしょう。だって今の状況に対する不満を誰もが抱えているだろうし、そうであればそれを乗り越えることができるようにという希望を当然持つようになるのではないか。その説教者は「希望」と言葉を、「欲望」というふうにも言い換える。わたしたちにはさまざまな欲望がある。自分は満たされていると思うよりも、満たされていないと思うことの方がずっと多いのではないか。それならば満たされたいという欲望を持つのは当然じゃないか。しかし希望、欲望ということを考える時に、さらに突き詰めて考える必要があるのではないか。人間は希望、欲望を持つことさえできなくなってしまうことがある。その事実をわたしたちはちゃんと見たほうがいい、と言うのです。希望が持てない。何を望んだらいいか分からない。人間の一番根本にある望み、それは「生きたい」という望みでしょう。でも、生きたいという望みすらなくなってしまう、ということが人生の中に起こってこないわけじゃない。ある人は言うかもしれない。自分は欲望の塊のような人間で、その欲望を自分の活力として生きています。でもその欲望は永遠のものなのでしょうか。やがて枯れ果ててしまうということは、起こらないのでしょうか。もし欲望が枯れ果ててしまったなら、どうやって生きていったらいいのでしょうか。わたしはその説教者の問いかけを、心に突き刺さるような思いで受け取り、自分自身を省みました。

さらにその説教者は語りかけます。わたしたちの本当の問題は、自分の願いや希望が叶うかどうかではなく、そもそも自分は希望を持っているか、希望を持っていないか、ということではないのか。そして、何を望んで生きればいいのか分からなくなってしまうようなところに立ち至ったとしても、一つの希望、まさに神が与えてくださる希望、わたしたちが何を望むかではなくて、神がわたしたちに決して揺らぐことのない望みを与えておられる。そのような希望を、パウロはここで語っている。そのように語りかける説教者の言葉に触れて、わたしは「一つの希望」という言葉が大変に輝いているように思えてきました。どんなことがあっても、神がわたしに、ある確かな望みを与えていてくださる。だからわたしたちは希望を失うことはないのです。

エフェソの信徒への手紙第一章一八節にこういう言葉があります。今ご一緒に聴いている言葉と同じことが、そこでも語られている。

　心の目を開いてくださるように。そして、神の招きによってどのような希望が与えられているか……。

わたしたちの心の目が開かれて、神に招かれて与えられている希望がどのようなものかが見えるようになる。第四章でも「一つの希望にあずかるようにと招かれている」と語られていましたけれども、ここでも同じことが言われていますね。ではいったいその希望とは何か。このように言葉が続きます。

聖なる者たちの受け継ぐものがどれほど豊かな栄光に輝いているか悟らせてくださるように。

また、わたしたち信仰者に対して絶大な働きをなさる神の力が、どれほど大きなものであるか、
悟らせてくださるように。

エフェソの信徒への手紙第4章1-6節

口語訳聖書では「聖なる者たちの受け継ぐもの」という言葉を、「聖徒たちがつぐべき神の国」と訳しています。「神の国」という言葉を補っています。つまりただ一つの希望とは、わたしたちが神の国を、豊かな栄光に輝いている神の国を受け継ぐことだ、と言うのです。神の国という言葉は、神の支配というふうにも訳し直されてよく説明されます。神が絶大な力をもって支配なさる。その支配の下にやがてわたしたちが置かれる。いや既にその支配のもとにわたしたちは置かれているのですが、その事実がはっきりと現れる時が来る。さらに第一章二〇節にこう言葉が続く。

神は、この力をキリストに働かせて、キリストを死者の中から復活させ、天において御自分の右の座に着かせ、すべての支配、権威、勢力、主権の上に置き、今の世ばかりでなく、来るべき世にも唱えられるあらゆる名の上に置かれました。

死からお甦りになったキリストが、すべてのものを支配しておられるお姿がここに描かれています。その支配のもとに、わたしたちが置かれる。これが希望です。いったい自分の持っている希望とは何か、と自分を見るのではなくて、キリストがすべてを支配なさるお方として完全に現れてくださることを待ち望む。いや、既にキリストは、死からお甦りになった。そうであれば、キリストは既に死を

支配なさるお方として、わたしたちに現れていてくださる。先ほど人間は希望を持つことさえできなくなると言いましたけれども、何と言っても死に向かって歩んでいく時にこそ、わたしたちはこの問題にぶつかると思うんです。いったい死を目の前にしたこのわたしが、何を希望とすることができるんだろうか。しかしまさにその時、キリストがわたしたちを支配していてくださる。死がすべての希望を奪っていくように思われるその時にも、わたしたちを力強い御手で捕らえていてくださる。

しばらく前に亡くなられた方ですが、キリスト者の詩人で島崎光正という方がおられます。この島崎さんは、車椅子の生活をずっと続けられた方です。障害を身に負っておられた。島崎さんはご自分と同じように障害を負い、そのような中で信仰に導かれた方々と、「せせらぎ会」というグループを作って長く交流を続けておられました。島崎さん自身がよくメンバーを訪問なさって、励ましておられました。ですからある意味では、せせらぎ会で牧師のような働きをしていたのかなというふうに思う。実はこのせせらぎ会は、わたしたち西落合キリスト教会にも深い関わりがありました。この教会の仲間がせせらぎ会のメンバーでしたし、毎年一二月に行なわれるせせらぎ会のクリスマス会には、この教会の青年会の有志が毎年参加して、クリスマスの賛美歌を歌わせていただいてきました。わたしも何度も参加して、そこで島崎さんにお会いしますと、「よく来てくださいました」と握手をしてくださった。その時の力強い手の感触を今でも覚えています。残念ながらせせらぎ会は、メンバーの方々が皆高齢になられて継続が難しくなったために、その後活動を休止なさいました。

その島崎さんが八〇歳になられた頃だったそうですが、同じく高齢のご友人の牧師さんに、友情のしるしとして一つの詩を送られました。その詩を紹介したいと思います。短いものです。

エフェソの信徒への手紙第4章1－6節

立ちはだかる山の形は
人の描いたまぼろし。
向うからイエスが近づいて来られる
せせらぎの響きと共に
小川のふちの一輪のアネモノの花は
踊《かが》んだ
朝の髪挿《かざし》のようだった

「立ちはだかる山の形は／人の描いたまぼろし」。この「山」というのは、島崎さんもその牧師さんも年を重ねて、自分の死を意識せざるを得ないような年齢になって、まさにそこで見ていたものなのだろうと思います。これから死ななければならない。それは立ちはだかる山のようです。けれどもそこではっきりと言ってのける。それは「人の描いたまぼろし」にすぎない。死は決してわたしたちの前に立ちふさがっている山なんかじゃない。なぜそう言えるのか。向こうからイエスが来てくださるからです。山よりも死よりも大きなお方、死からお甦りになり、死すらこのお方のご支配のもとにあるということを現されたキリストが、わたしたちのもとに来てくださった。このお方がわたしをご自分のもとに招いてくださった。「わたしのところに来なさい」と主が呼びかけてくださり、そのようにして島崎さんは主と出会い、信仰を与えられた。だからこそ死はもはや、立ちはだかる山ではない。

そういう心強い思いを、友に詩をもって語りかけているのだと思うんです。

この詩には、一輪のアネモネの花が出てまいります。アネモネの花というのは、島崎さんの詩の中では独特の花言葉を持っています。その花言葉とは、主イエスが与えてくださる甦りのいのちです。そのアネモネの花を、主が身をかがめて、かんざしのようにわたしの髪に挿してくださる。とてもすばらしいイメージだと思います。主イエスはわたしたちひとりひとりにアネモネの花を、復活の朝の光に輝くいのちのかんざしとして挿してくださる。そのようにしてように、わたしたちに甦りのいのちが与えられる。

これがわたしたちに与えられている希望です。揺るがない望みです。何が立ちふさがろうと、死を目の前にしても、主がわたしを死に勝ついのちに生かしていてくださる、と信じることができる。そのような一つの希望に生きるように、主が招いてくださった。そんなわたしたちひとりひとりが、キリストのからだである教会を形造っている。一つのキリストのからだを造らせていただいている。

パウロはいろいろな箇所で、教会はキリストのからだと言っています。パウロの書いた手紙にコリントの信徒への手紙一というものがあります。その第一二章では、とても楽しいイメージで教会を描いている。教会はキリストのからだであり、わたしたちひとりひとりはその手足だと言うのです。目や耳だと言うのです。わたしたちがキリストのからだを造る器官とされている。

わたしたちがそのように一つキリストのからだである教会を造る手や足とされている、器官とされている、というこのイメージから、わたしは二つの語りかけを聴くことができると思います。一つは、手や足はからだにつながっていないと生きていけない、単独では生きていくことができないということです。ですからわたしたちはキリストと出会い、教会に結び合わされることによって、自分は一人で生きていくことができない存在なのだということを、がっかりしてではない、心細くではない、心開いて、喜んで受け入れられる。具体的に、ここにいる教会の仲間の顔を思い浮かべてくださってもいいかもしれない。共に支え合い、補い合って歩ませていただいている。いや、何よりもわたしたちはからだであるキリストに結び合わされ、そのキリストのいのちと支えと導きをいただきながら生かされている。ですからわたしたちは謙遜にならざるを得ない。同時に、キリストの死に勝ついのちに支えられながら、仲間たちと共に生きるように招かれていることを、喜び感謝しながら生きていくことができる。

もう一つの語りかけは、わたしたちキリストのからだを造る器官のそれぞれが、かけがえのない存在だということです。わたしたちは誰一人として欠けてはならない者とされている。

先ほど、島崎さんがリーダーをしておられたせせらぎ会のことを紹介しました。せせらぎ会の休止が決まり、定期的に発行しておられた会報の最終号が出されて、わたしも読ませていただきました。その中に、せせらぎ会の責任を負っておられたひとりの方が、せせらぎ会とはどういう集まりであったかということを振り返って、大変に心打たれる文章を寄せています。その一部をご紹介します。『障害者』はたしかにみんな多かれ少なかれ痛み・悲しみ・寂しさなどの厳しい試練を通ってきており、それは必ずしも過去形ではありません。当人にとっては一生負っていかなければならないものです。ですからそこにこだわっているとすると、『障害者』の心に本当の平和は訪れないのです。けれども……今ここにいる私たちは全く次元の異なる価値観のあることを知らされております。どんなに自分の力が弱くてもこの世にひとつしかない大事な存在と認めてくださり、今のままのお前でいいんだよと言ってくださる方を知っております。どうにもならないとき、呼びかけに答えてくださる方を知っております。そしてその方は、誰でもがそれに気付くことを、待っていてくださいます。その意味において私たちはみんな『平等』なのだと私は思っています。そしてそういう人たちの集まりには、ほかにはない『平和』があるのだと思います。その平和が外の人にも伝わっていくのだと思います」。

この方の言う平和、それはまさに教会に与えられている平和そのものだと思うんです。この朝ご一緒に聴いたエフェソの信徒への手紙第四章三節にも、「平和のきずなで結ばれて」と語られている。この平和はどこから来るのか。今ここにいるわたしたちは、全く次元の異なる価値観のあることを知らされている。身に障害を負い、その痛み、悲しみ、寂しさは現在進行形で続いている。わたしたちもそれぞれに厳しい試練を知っている。しかし、そのつらい状況にこだわる心から解き放たれる新しい価値観が与えられた。それは何か。あなたはわたしのからだである教会に結び合わされている、そう主イエスが語りかけていてくださる。あなたはこの世にひとつしかない大事な存在なのだ。あなたは自分に与えられている人生を、かけがえのないものとして生きていってごらん。そう主が語りかけていてくださる。今紹介した文章に、「平等」という言葉が出てきました。障害を負っておられる方たちは、自分の身の上の不平等ということにこだわろうと思うならば、こだわる理由はいくらでもあったと思います。しかしそのような思いから自分たちは解き放たれた。なぜか。障害を負っていようが、負っていなかろうが、誰であっても、自分がキリストのからだを造らせていただいているかけがえのない存在として、キリストに呼ばれ、招かれ、召されている。キリストご自身が、誰もがその招きに気付くことを待っておられる。だからこそわたしたちはみんな平等なのだ。

わたしたちの教会の仲間で、せせらぎ会のメンバーでもあったKさんという女性がおられます。この方はもう数年前に亡くなられました。ご存知の方もいらっしゃるでしょうし、ご存知でない方も何人もいらっしゃると思います。電動車椅子を自在に乗りこなしながら生活しておられました。大変に明るくお元気な方、という印象がわたしにはあります。Kさんは教会の交わりを心から愛しておられました。Kさんの葬儀がこの教会で行われ、葬儀の後の会食の席で、Kさんの車椅子を造っておられた職人のご友人が思い出話をわたしにしてくださいました。その時に、こんなことをおっしゃったんです。「Kさんにとって障害を負っておられたということは、Kさん自身のミッションだった。自分はそう思っている」。「ミッション」という英語は、教会でもよく用いられる言葉です。これを日本語に訳すと「使命」という意味になる。自分自身の障害の身の上は、神から与えられ、託された使命だとKさんは思っておられた。確かにそうだと思いました。Kさんは杉並区に住んでおられましたけれども、区の要請で小学校によく出かけて行かれ、障害者としての自分の立場から子供たちに語りかけておられた。車椅子で生活している自分のからだを晒すようにしながら、こういう自分にとってはこんな小さな段差でも手助けをしてもらうとどんなに助かるか、まさに身をもって子供たちに語りかけた。また、やはりこれも区からの要請があったのだと思いますが、ピアカウンセラーというのをなさっておられた。自分と同じように障害を負っていて、そのことのゆえに特有の悩みや課題などを抱えておられる方と実際に会い、その方の悩みを聴き、共感をしながらアドバイスをする。これはまさにKさんでないとできない、かけがえのない働きです。でもわたしは、今日ご一緒に聴いている聖書の言葉は、「あなたも同じだよ」と語りかけているのだと思います。わたしたちはそれぞれに、まさに自分を省みるならば、どうしてわたしはこうなのかと思えてしまうような姿を抱えていると思います。しかもそんな自分の姿が動かしがたく、変えがたいと思う。しかし神は、あなたはその姿で、わたしのからだの器官、かけがえのない手足なのだ、と語りかけておられる。その神の語りかけを心開いて受け入れた時に、わたしたちには自分自身の人生を見る新しいまなざしが与えられたのだと思うし、与えられ続けるのだと思うのです。このわたしにも使命が与えられている。そんなわたしたちが、一つのからだである教会を形造っている。

先ほども紹介しましたが、パウロは三節で「平和のきずなで結ばれて、霊による一致を保つように努めなさい」と語りかけています。聖霊による一致を保ち続けなさい。そのことに努めなさい。なぜパウロはそう語りかけたのでしょうか。この手紙を解説しているある研究者は言います。これは実際にこの手紙を受け取った教会の中で、一致が保てないような状況があったからに違いない。えっ、教会って一つのキリストのからだに結び合わされたんでしょう。だからいつも一つになっているんじゃないんですか。そんなふうに思うかもしれませんけれども、罪人たちが罪赦されて呼び集められた、それが教会です。その教会の中に、お互い一つになることができないという姿があることを、わたしたちは周囲を見回すのではなくて、自分たちを省みながら気づかせられる、ということがあると思います。ではパウロはエフェソの教会に対しても、わたしたちに対しても、まるで叱りつけるように「一致を保たなきゃだめじゃないか」と言っているのかというと、わたしはそうではないと思うんです。お互いのどんな違いも乗り越え、実際に経験している対立も乗り越えて、あなたがたは一つになれる。そのために必要な賜物が、あなたがたに与えられている。わたしはパウロがこの言葉を、恵みに満ちた言葉として語っているのだと思うのです。どんな違いをも乗り越えて一つになることができる、そういう神の賜物が与えられている。その賜物とは何か。

二節にこういう言葉があります。「愛をもって互いに忍耐し」なさい。「忍耐する」というふうに聞きますと、結構多くの日本人が、それは「我慢する」ということでしょう、と思うかもしれない。でも我慢という言葉は、ここで使われている忍耐という言葉とは全く意味が違うのだ、とある説教者が語っています。我慢の「我」は、自我の「我」、「われ」という字です。すなわち自分というものにこだわって、こだわって、こだわり抜く。そして「慢」というのは、これは高慢の「慢」という字です。したがって自分にこだわって、固執して、高慢になる。これが我慢という言葉のもともとの意味です。おもしろいことに辞書を丹念に調べてみると、我慢という言葉には「刺青」という意味がある、という説明がありました。そんな意味があることをわたしは知りませんでした。でも考えてみると分かる気がします。大きな刺青をからだに彫るなんていうのは、それこそ「俺は我慢して、痛みに耐えて、ほら見てみろ、こんな刺青をからだに彫ったんだぞ」と自分を誇示する気持ちを表しているんでしょうね。まさに自分にこだわって、こだわって、我慢した挙句に高ぶってみせている。

さらにその説教者は「愛をもって互いに忍耐し」という言葉について、おもしろい説明をしています。お相撲さんが相撲を取る時に、やはりそこで我慢をします。どう我慢するのか。相手に入られないように、脇を絞って我慢する。ですから弱いお相撲さんというのは脇が甘い。簡単に脇に手を入れられて、不利な体勢になる。だから何とかそうならないように、我慢して、我慢して、脇を絞って、ということでしょう。ところがここで言う忍耐というのは、そうではなくて、つまり我慢して、脇を絞るのではなくて、脇を開いて相手を受け入れることだ、とその説教者は語ります。ああ、そうか、と思っていろいろな翻訳を調べてみると、この言葉を「互いに愛において受け容れ合い」と訳しているものがありました。でも相撲の場面を考えると、そんなふうに相手を受け入れるなんて、怖くてしょうがないですよね。だって相手を受け入れてしまって、からだを全部相手に抱きかかえられたら、簡単に転ばされてしまい、負けてしまうではないか。でもここで聖書は、あなたが何とか負けまいと自分の力で踏ん張らなくていいのだ、と語りかけているのではないでしょうか。相手のことを忍耐して、心とからだを開くようにして受け入れる。それはある意味では怖いことです。人を受け入れるというのは、確かに怖い。この人を完全に受け入れてしまって、その結果自分はどうにかなってしまうのではないか、という恐れや不安を覚える。でも聖書は語りかけている。そういう恐れや不安を、あなたは持たなくてよくなったのだ。それがあなたに与えられている賜物ではないか。なぜ恐れなくていいのか。あなたも、その人も、キリストの大きな御手によって捕らえられている。

　ですからここで求められている愛とは、踏ん張って、気張って、自分の力で何とか相手を受け入れようとすることではないのです。そんな力など、わたしたちにはありません。でも、それでいい。そういう自分が相手を受け入れて、そこでどんな姿を晒そうと、キリストがわたしを支えていてくださる。

　二節に「一切高ぶることなく」と語られています。「高ぶることなく」という言葉を、口語訳では「謙虚で」いなさいと訳していました。これも大変に味わい深い言葉です。新約聖書はもともとギリシア語で書かれているのですが、「高ぶることなく」、「謙虚で」と訳されているもとのギリシア語は、ギリシア人たちがおおよそ積極的な意味で用いることのなかった言葉なのです。日本人は謙虚、謙遜というと、美徳の一つに数えますけれども、当時のギリシア人はそうは考えなかった。なぜか。謙虚で、へりくだって、頭を下げて。これは奴隷の姿です。自由人であるわれわれギリシア人は、そんな奴隷のようなことを決してしてはならない。そんな卑屈で惨めな姿を、われわれが取ることはない、そう思っていた。ところがキリスト教会は、この謙虚という言葉を心から愛し、積極的に用いた。そうせざるを得なかったと言ってもいい。なぜか。キリストがそういう歩みをなさったからです。ですから同じくパウロが書いたフィリピの信徒への手紙第二章を見ますと、キリストは神のかたちであられたけれども、その姿に固執なさらないで、ご自分を低くし、へりくだって、謙虚になって、人となられた。僕となられた、とさえ言っている。キリストはまさに奴隷となってくださったのです。何のために。そうやってキリストはご自分の身を低くなさり、わたしたちを下から支えておられる。フィリピの信徒への手紙は、そのキリストの低く低く降られる歩みは、十字架の死にまで至るものだった、と語ります。わたしたちがどんなに罪深く弱かろうと、十字架の死にまで低く降られたキリストが下から支えていてくださる。だからこそ、いつも罪赦されていることを信じて生きられる。こんなわたしがキリストに支えていただいて生かされているのだ、と信じさせていただける。この賜物があるから、わたしたちも自分にこだわらなくていい。我慢して脇を締めるなんてこと、しなくていい。心から相手を受け入れながら、共にこのキリストに赦していただき、支えていただいて、歩んでいける。あなたがたはそのように、霊による一致に生きることができる。何と大きな恵みでしょうか。

今日もわたしたちは霊による一致を与えられて、共に神を礼拝している。

主は一人、信仰は一つ、洗礼は一つ、すべてのものの父である神は唯一であって、すべてのものの上にあり、すべてのものを通して働き、すべてのものの内におられます。

わたしたちは唯一の神、ただ一人の主イエス・キリストを、ここで崇めさせていただいている。この恵みの歩みへとわたしたちを今招き導いていてくださる神に、心から感謝したいと思います。祈りをいたします。

かけがえのない希望を感謝いたします。あなたご自身を、わたしたちは宝として与えられています。そのあなたに深く深く結び合わされ、あなたのからだを造る器官とされ、このわたしがかけがえのない存在だとあなたに言っていただけることを心から感謝いたします。さまざまな人生の戦い、行き詰まりの中にあって、いつも自分がどのような存在とされているか、教会に生かされている恵みがどれほどのものかを思い起こし、あなたが与えてくださる新しい希望に支えられて、日々を歩ませてくださいますように。またどうぞ、あなたが与えていてくださるこの愛の交わりの中に、一人でも多くの者が招き導き入れられることを切に願います。主イエス・キリストお名前によって祈り願います。アーメン。

（二〇一八年一月二一日　日本ホーリネス教団西落合キリスト教会礼拝説教）

第四章七―一六節

成長する教会

佐藤司郎

しかし、わたしたち一人一人に、キリストの賜物のはかりに従って、恵みが与えられています。そこで、

「高い所に昇るとき、捕らわれ人を連れて行き、

人々に賜物を分け与えられた」

と言われています。

「昇った」というのですから、低い所、地上に降りておられたのではないでしょうか。この降りて来られた方が、すべてのものを満たすために、もろもろの天よりも更に高く昇られたのです。そして、ある人を使徒、ある人を預言者、ある人を福音宣教者、ある人を牧者、教師とされたのです。こうして、聖なる者たちは奉仕の業に適した者とされ、キリストの体を造り上げてゆき、ついには、わたしたちは皆、神の子に対する信仰と知識において一つのものとなり、成熟した人間になり、キリストの満ちあふれる豊かさになるまで成長するのです。こうして、わたしたちは、もはや未熟な

者ではなくなり、人々を誤りに導こうとする悪賢い人間の、風のように変わりやすい教えに、もてあそばれたり、引き回されたりすることなく、むしろ、愛に根ざして真理を語り、あらゆる面で、頭であるキリストに向かって成長していきます。キリストにより、体全体は、あらゆる節々が補い合うことによってしっかり組み合わされ、結び合わされて、おのおの部分は分に応じて働いて体を成長させ、自ら愛によって造り上げられてゆくのです。

（エフェソの信徒への手紙第四章七―一六節）

教会とは何かと問うことは、自分とは何かと問うことと似たところがあります。教会は何をすべきかと問うことは、自分は何をしたらよいのだろうかと問うことと似たところがあります。

自分を問うというのは、自分がいろいろの意味で危機に直面しているときに起こります――その危機がどのようなものか特定できなくとも。教会は何かという問いも教会が危機に直面しているときに生まれる問いです。危機とはしかし、危機を表す英語のクライシスが岐路という意味をもっているように、一つの可能性を秘めているものです。自分が岐路に立たされているとき、自分とは何だろうという問いが生まれ、教会が岐路に立たされているとき、教会とは何かという問いが真剣なものとなります。

昔からエフェソ書といえば教会論と相場が決まっていて、私どももそのように教えられてきました。実際その通りで、この手紙から代々の教会は教会についての自己理解を深めてきました。教会とは何かという問いが自分とは何かという問いと同じく危機に際して生まれるものだとすれば、ここでは何がそのように問うことを余儀なくしたのでしょうか。そこにあった危機とはどのようなものであったのでしょうか。考えられることは教会の一致が揺らいでいたことではないかと私は推測しています。「一つ」という言葉が何回も出てくることが推測の一つの理由です。むろんそれは直ちにそこに争いがあったとか、考え方の不一致があったとか、会員同士の仲が良くなかったというようなことでありません。そうではなくて一致が揺らぐ、一致があってもそれが分からなくなるということは、教会を一つにしているものがはっきりしなくなるということです。それがはっきりしなくなると、人間的なものが支配的なものとして現れ始めます。すると必然的に人間関係も悪くならざるをえません。こうした不一致とともに教会の実質が失われて、教会は危機に陥ります。

1

パウロが手紙をしたためているこのエフェソの教会はその大多数が異邦人からなる教会でした。じっさいパウロは「異邦人のために」（三・一）使徒として働き、このエフェソの教会を建てたのです。彼が伝えたのは、彼も「啓示によって」知らされた神の「秘められた計画」（三・二）です。それは、一言でいえば、異邦人の救いのことですが、その救いとはこの場合「異邦人が福音によってキリスト・イエスにおいて、約束されたものをわたしたちと一緒に受け継ぐ者、同じ体に属する者、同じ約束にあずかる者となるということです」（三・六）。ここでいう「わたしたち」とはパウロもその出身であるところのユダヤ人のことです。ですから異邦人の救いとは、イスラエルに与えられた神の救いの約束の相続者となる、一つの神の民に加えられるということです。異邦人についてパウロは「この世の中で希望を持たず、神を知らずに生きていました」（二・一二）と言い、「死んでいた」（二・一）

とも言っています。その彼らをキリストと共に生かしてくださったのは、パウロによれば、ただ神の憐れみであり、「恵み」(二・五)にほかならなかったのです。彼らは神の招きにより神の民に加えられ、ユダヤ人と共に一つの教会として形成され、一つの体、キリストの体として造り上げられているのです。イエス・キリストの恵みがなければそのような彼らの現在はありません。ユダヤ人キリスト者がそこにどの程度いたのか分かりませんが、彼らを含めて教会がイエス・キリストの一つの群れとして歩んでいるのです。しかし不一致が現れてきたようです。ユダヤ人と異邦人の間だけではないでしょう、大多数が異邦人であってもそこに不一致が現れてきた、教会の一致がはっきりしなくなっていた、それが危機です。それがここで教会とは何かをパウロが問わざるをえない、記さないわけにはいかない理由であったように思われます。

パウロは四章の初めに神の招きにふさわしく歩むことは霊による一致を保つように努めることだと言って、こう述べています。

そこで、主に結ばれて囚人となっているわたしはあなたがたに勧めます。神から招かれたのですから、その招きにふさわしく歩み、一切高ぶることなく、柔和で、寛容の心を持ちなさい。愛をもって互いに忍耐し、平和のきずなで結ばれて、この霊による一致を保つように努めなさい(一—三節)。

招きにふさわしく歩みなさいと言われると、いまの私どもは何より私どもの個人生活や家庭生活、あるいは市民としての社会生活を思い起こし、自分はそこでキリスト者としてふさわしくあっただろうかと考えることが多いのではないでしょうか。しかしここでパウロが神の招きにふさわしく歩めと勧めたとき、念頭にあるのは、じつは何よりも教会の生活であったことに注意しなければなりません。勧めが教会の生活に関係づけられて語られていること、それが重要です。そしてその中身はとくに教会の一致に関わることでした。つまり人間的な思いを優先させずに教会の一致に配慮すること、それが召しにふさわしく歩むということです。人間のことですから、一致・不一致はあるでしょう。好き嫌いもあります。寛容になれない、忍耐も難しいということもあります。対立もあります。しかし教会のどんな人とも私どもは結ばれています。高ぶってはならない。私どもは一つの体の肢体です。霊において一つに結ばれています。霊における一致を守り続けるよう私どもは務めるべきなのです。

2

しかし他方、不一致が現れるのは、そこに多様性があるからです。霊における一致を求めて歩むというのはそうした多様性を認め、生かし合うということも意味します。多様な賜物が与えられている教会において招きにふさわしく歩むとはそうした多様性の中で多様性を生かしつつ教会の一致を求めることです。教会の一致はいわば死せる一致ではありません。そうではなくて生きた豊かな一致です。一人一人が成長し成熟する一致です。今日の聖書箇所はそのことを私どもに語っています。

しかし、わたしたち一人一人に、キリストの賜物のはかりに従って、恵みが与えられています。

そこで、

「高い所に昇るとき、捕らわれた人を連れて行き、
人々に賜物を分け与えられた」

と言われています。

「昇った」というのですから、低い所、地上に降りておられたのではないでしょうか。この降りてこられた方が、すべてのものを満たすために、もろもろの天よりも更に高く昇られたのです。そして、ある人を使徒、ある人を預言者、ある人を福音宣教者、ある人を牧者、教師とされたのです（七―一一節）。

教会にはまことに多様な賜物が与えられています。それらの賜物が生かされ用いられて一つの教会、キリストの体は造り上げられていきます。この聖書箇所から二つのことが明らかです。一つは、「わたしたち一人一人に」多様な恵みの賜物が与えられているという事実です。もう一つは、それらの賜物はみなキリストによって「与えられた」ものであることです。

多様な恵みが「わたしたち一人一人に」与えられています。この箇所には、「使徒」とか、「牧者」とか、「教師」とか、そうした教会の職務を表す言葉が出てくるので、「キリストの賜物」とはそういうものであって、ふつうの信徒には関係がないと読み取られがちですが、決してそうではありません。「わたしたち一人一人に」という言葉は、教会の職務の担い手だけを指すのではなく、この手紙の受取人であるすべての教会員を指しています。だれもが「キリストの賜物」を、霊の賜物（Iコリ一二

章）を、神の賜物（ロマ一二・三―八）をいただいています。何か人並み優れた才能でないと賜物と言えないというのではありません。考え方は逆です。つまり私どもの持っているもの、たとえそれが自分にどんなに小さなものに見えようとも、もし私どもがそれを神から「与えられたもの」として受け取るならば、それはみな恵みの賜物であり、霊の賜物なのです。神から与えられたものであるなら、どうして、それが、ちっぽけなどということがあるでしょうか。むしろ私どもに必要なのはそれが何のために与えられたかを考えてみることではないでしょうか。それを私のためではなく神のために用いることに気を配らなければならないのです。

もう一つ大切なこと、強調されるべきことは、賜物はみなイエス・キリストによって与えられたものだということです。とくに一一節に挙げられている使徒、預言者、福音宣教者（口語訳「伝道者」）、牧者、教師といったものは何のためにキリストによって与えられたものでしょうか。それは「聖徒たちをととのえて奉仕のわざをさせ、キリストのからだを建てさせ」（一二節、口語訳）るためにほかなりません。教会の職務、職位ということを考えるとき私は決まって『バルメン神学宣言』第四項を思い起こします。「教会にさまざまな職位があるということは、ある人々が他の人々を支配する根拠にはならない。それは教会全体に委ねられ命ぜられた奉仕を行なうための根拠である。――教会が、このような奉仕を離れて、支配権を与えられた特別の指導者を持ったり、与えられたりすることができるとか、そのようなことをしてもよいという誤った教えを、われわれは退ける」。こうした文言をもって、ドイツの教会（告白教会）は、ヒトラー政権のもと、ヒトラーが政治の世界で行っているようなやり方が教会でも行われるようになることを断固として拒否したのです。このバルメンにうたわれているように教会の宣教の働きは「教会全体」に委ねられた務めです。この全体の務めを遂行するための職位です。それによってキリストの教会が形作られて、人の支配ではなく、教会の主キリストのご支配が明らかにされなければならないのです。

3

こうして教会は目に見える仕方で建て上げられます。イエス・キリストによって与えられた一人一人の賜物によって、また同じくキリストによって与えられたその職務の担い手を基礎として造り上げられます。どのように造り上げられていくのでしょうか、その目標はどこにあるのでしょうか。

ついには、わたしたちは皆、神の子に対する信仰と知識において一つのものとなり、成熟した人間になり、キリストの満ちあふれる豊かさになるまで成長するのです。こうして、わたしたちは、もはや未熟な者ではなくなり、人々を誤りに導こうとする悪賢い人間の、風のように変わりやすい教えに、もてあそばれたり、引き回されることなく、むしろ、愛に根ざして真理を語り、あらゆる面で、頭であるキリストに向かって成長していきます（一三―一五節）。

教会が建て上げられる、キリストの体として造り上げられることは、むろん神によることです。しかし私ども自身もその建設に招かれ、あずかり、共に成長し成熟することがそれには含まれます。それは恵みによることですが、このことを考慮に入れずに教会の建設は考えられません。

この箇所には私どもの成長と成熟の様相が描かれています。信仰だけでなく知識においても私どもが一致し、独り立ちした大人のキリスト者として、キリストのうちに満ちているもので満たされた豊かさに至ると約束されています。そのとき私どもは誤った教えに振り回されたりせず、愛と真実に生きて、頭であるキリストに向かって成長していくと語られています。

まことに高い目標が示されています。このたびとくに「知識において」という言葉が私のこころに残りました。知識において一致するというのはどういうことなのだろうかと。教会ではどこでも学ぶことが重んぜられ、とくに聖書知識の習得や伝達に力が注がれています。外国から来た教会のお客様から日本の信徒が神学の本をよく読むことに驚くと言われることがあります。ここで使われている「知識」という言葉がエフェソ書でもう一箇所で使われています。パウロの祈りに出てきます。「どうか、わたしたちの主イエス・キリストの神、栄光の源である御父が、あなたがたに知恵と啓示と霊を与え、神を深く知ることができるようにし、心の目を開いてくださるように」（一・一七以下）。この「深く知る」です。この「知識」とは人間の知恵や知識のことでは必ずしもない。それは神によって与えられる知識です。神の光に照らされて初めて悟る知識です。私どもが知ることも神の働きです。ですからそれは、悟るために、知るために、私どもの心を照らしてくださいという祈りです。このような知識と信仰との一致、それが私どもの成熟と成長の出発点です。

私どもの成長と教会の成長は一つです。別々にしてはならないと申し上げました。ここまで「わたしたち」（一三、一四節）に注目して成長と成熟を見てきました。そしてその目標は「頭であるキリスト」（一五節）でした。しかしこの箇所はもう一つの主語を知っています。「体全体」（一六節）です。

キリストにより、体全体は、あらゆる節々が補い合うことによってしっかり組み合わされ、結び合わされて、おのおのの部分は分に応じて働いて体を成長させ、自ら愛によって造り上げられてゆくのです（一六節）。

教会が、その全体が、キリストにより、キリストの体として成長します。自らを造り上げていきます。体が多くの肢体の組み合わせによって命を保持しているように教会も多くの肢体の存在と働きによって生きています。私どもの成長は教会の成長であり、教会の成長はまた私どもの成長です。

先に『バルメン神学宣言』第四項のことを引きましたが、同宣言第三項は今日の聖書箇所四章一五節と一六節を最初にかかげ、それを手引きとして、とりわけ教会について告白しています。そこで語られているのは、教会の主はイエス・キリストであり、この方だけだということ、この一人の主は、兄弟（姉妹）たちの交わりに映し出されるということでした。教会の一致と多様性がそのような形で示されています。今日はエフェソ教会の危機というところから始めて、教会を一つとするのはその中心にいますイエス・キリストであるということ、このキリストの体なる教会は多様な賜物によって一つの体として形づくられるということを学んできました。キリストを基として、そしてキリストに向かって歩むこの見える教会、この教会は、その真中にイエス・キリストが主としていますキリストの教会です。その群れの一人一人としてその形成に参与し、神の栄光に共に仕えて歩んでまいりましょう。

（未発表）

第四章一七―二四節

新しい服を着よう

橋谷英徳

そこで、わたしは主によって強く勧めます。もはや、異邦人と同じように歩んではなりません。彼らは愚かな考えに従って歩み、知性は暗くなり、彼らの中にある無知とその心のかたくなさのために、神の命から遠く離れています。そして、無感覚になって放縦な生活をし、あらゆるふしだらな行いにふけってとどまるところを知りません。しかし、あなたがたは、キリストをこのように学んだのではありません。キリストについて聞き、キリストに結ばれて教えられ、真理がイエスの内にあるとおりに学んだはずです。だから、以前のような生き方をして情欲に迷わされ、滅びに向かっている古い人を脱ぎ捨て、心の底から新たにされて、神にかたどって造られた新しい人を身に着け、真理に基づいた正しく清い生活を送るようにしなければなりません。

（エフェソの信徒への手紙第四章一七―二四節）

どんな服を着て生活するのかということは、私たちにとって、どうでもいいことではありません。一日の初めにする一つのことは服を着替えることでしょう。服を選び、服を着ます。どのような服を来て、今日の一日を生きようかと考えて、着替えます。服というものは、私たちが思っている以上に大切な意味、力を持っているものではないでしょうか。

以前、妻が家の整理をしていた時、突然に「まあ、なつかしい」と声をあげました。子供が、幼いころに着ていました服が出てきたのです。「あの頃は可愛かったわねえ、見て！」と言います。見ると、確かに忘れていた昔の思い出がいろいろと思い出されてくるのです。子育てをしていますと、その時のことで精一杯だからでしょうか、以前の姿はなかなか思い出せないものです。けれども、不思議と服を見ることによって思い出されてくるのです。

服には、その人の存在、そのものが染み込んでいるところがあるのです。だから、思い出が蘇ってくる。私たちが亡くなった人たちを思い出す時も、もちろん、その人の顔を思い出すでしょうけれども、同時に、その人が着ていた服のことも思い出す。父は、あの服がお気に入りだった。いつもこの服を着ていた。

「先生、服装って案外、大切なのですね」。以前からよく知る、神学校を卒業したばかりの若い牧師が、私にこう言いました。その牧師のことを私は学生の頃からよく知っていました。その頃は、世間的に言うと、ずいぶんひどい格好をしておられたように思います。けれども、神学校に入り、牧師になって次第に普通の身なりをするようになってゆかれました。そして、ある時にこんなことを言われた。それは学生の頃には、どんなに外側でいい格好をしてもだめで、中身が大切だと思っていた。しかし、逆に、身に着ける服装によって自分が変えられる、という側面もあるのですねということでありましょう。
確かに服装によって私たちの人生が形造られていくというところはあるのではないでしょうか。ところで、今、あなたは、どのような服を身に着けていますか。どのような服を身に着けて、あなたの人生の歩みをしようとしておられますか。

今日、共にお読みしましたエフェソの信徒への手紙四章二二節以下にはこのように語られています。

だから、以前のような生き方をして情欲に迷わされ、滅びに向かっている古い人を脱ぎ捨て、心の底から新たにされて、神にかどって造られた新しい人を身に着け、真理に基づいた正しく清い生活を送るようにしなければなりません。

エフェソの信徒への手紙第４章17－24節

使徒パウロの語りました言葉です。ここでも私たちが身に着ける服のことが語られています。この衣服は、私たちが普段身に着けている衣服以上に、私たちの生き方に根本的な影響を与える衣服、私たちの存在、生き方を形造っていく衣服です。
ここで語られていることを要約すれば、「古い人を脱ぎ捨てて、新しい人を着なさい」ということになると思います。私たちが毎日、服を着替える。その時に、古い服を脱いで、新しい服を着ます。それと同じように、「古い人と呼ばれる服を脱ぎ捨てて、新しい人という服を着なさい。そして、生活しなさい。あなたの人生を歩みなさい。そうすれば、あなたは間違うことはない」と語られています。「新しい人を着る」、これはどういうことなのでしょうか。聖書の別の箇所に、次のような言葉があります。

洗礼を受けて、キリストに結ばれたあなたがたは皆、キリストを着ているからです（ガラ三・二七）。

主イエス・キリストを身にまといなさい（ロマ一三・一四）。

これらの箇所でも、衣服のことが語られています。そして、その衣服はイエス・キリストであるとされています。今日の聖書の箇所でも、この「新しい人を着る」ということが勧められている直前の二一節に、「しかし、あなたがたは、キリストをこのように学んだのではありません。キリストについて聞き、キリストに結ばれて教えられ、真理がイエスの内にあるとおりに学んだはずです」とキリストのことが繰り返して語られています。それならば、ここでも、新しい人を着るということは、主イエス・キリストを着るということでありましょう。

しかし、では「キリストを着る」というのはどういうことなのでしょうか、さらに考えてみなければなりません。

エフェソの信徒への手紙は、第四章一節からキリストの体としての教会について語っています。パウロがここで心を込めて、集中して語っていること、それは教会に生きること、教会生活のことです。教会に生きることは、キリストの体に生きることであります。そして、それを受けて、今日の御言葉は語られています。

多くの聖書の学者たちは、「新しい人を着る」、「イエス・キリストを着る」ということでは、「洗礼」ということが背後にあると言っています。私たちが、教会で洗礼を受けることは、具体的には、教会員になることです。キリストの体に連なる者となります。それが主イエス・キリストを着るということです。古い人を脱ぎ捨てて新しい人を着るということです。人生において身に着ける衣服が変わります。そこで人生が変わってきます。すべてはここから始まります。ですから、私たちはまだ洗礼を受けておられない人たちを洗礼に招きます。「どうかあなたもここに、洗礼を受けて教会に生きてほしい、ここで私たちの人生は新しくなる」と。

ただ、この手紙で直接にパウロが語りかけているのは、まだ洗礼を受けていない人たちではありません。既に洗礼を受けた教会に生きるキリスト者たちに向かって語っています。古い人を脱ぎ捨てて、新しい人を着るようにと勧めます。それはただ一度の洗礼のことではなく、毎日のことでしょう。それは日々をキリストによって救いの恵みの中を生きること、洗礼の恵みを生きるようにと語りかけます。

私たちが、教会で洗礼を受けてキリスト者になる、新しい人、キリストを身に着ける時、私たちはどんな人間になるのでしょうか。特別な人間になるのでしょうか。非の打ちどころがない人になるのでしょうか。天使のような人、聖人になるのでしょうか。そうではありません。もっとも人間らしい人間になります。救われて生きる人になります。この人は、キリストの救いが自分には必要、救われて生きる他に自分は生きることができないということを知っています。この人は、主イエスを信じ、主イエスに救われ、ただ主イエスに寄り頼んで生きます。またこの人は、神を信じ、神を喜び、神と共に人生の道を歩む人として生きてゆきます。

今日の聖書の箇所は、大きく二つに区分されます。一七節から一九節までと、二〇節から二四節までです。そして前半はキリストによって救われる以前のことと、後半はキリストによって救われた後のことです。

前半のキリストによって救われる以前のことが、こう語られています。

彼らは愚かな考えに従って歩み、知性は暗くなり、彼らの中にある無知と心のかたくなさのために、神の命から遠く離れています。そして、無感覚になって放銃な生活をし、あらゆるふしだらな行いにふけってとどまるところを知りません。

皆さんは、ここをお読みになって、一体どんな感想を抱かれるでしょうか。なるほど、そうだと思われるかもしれません。しかし、一方では、ここまで酷くはないと思われるかもしれません。わたしはこんなに言われるほどに酷い生活を送っていたわけではない、わたしの周りにもまだ信仰を持っていない人がいるけれども、そんなにひどくはない。立派な生活を送っている人もいる。賢い人もいる。知恵深い人もいる。そう思われるのではないでしょうか。

しかし、「愚かな考え」「暗い知性」「無知、心のかたくなさ」と語られていること、すべてここでは神さまとの関係のことです。まことの神さま、唯一の創造主である神を知らないことにおいて、こうなのだと語られています。

このことは、ここでこのように語っているパウロのことを考えても分かります。パウロは、生まれながらのユダヤ人であり、またかつて律法学者の一人でした。律法を守り、自他と共に認める立派な生活を送っていたのです。しかし、彼はそのようなかつての自分を振り返って、自分は異邦人ではないから正しかったとは言っていないのです。たとえばこの手紙の二章一節以下では「あなたがたは以前は自分の過ちと罪のために死んでいた。過ちと罪を犯して歩んでいました」とエフェソの人たちの以前の生活を語ってきまして、三節ではこう語ります。「わたしたちも皆、こういう者たちの中にいて、以前は肉の欲望の赴くままに生活し、肉や心の欲するままに行動していたのであり、ほかの人たちのように、生まれながら神の怒りを受けるべき者でした」。一節では「あなたがた」と語り始めていたのが三節では「わたしたち」に変わっています。つまり、パウロは、自分もまたあなたがたと同じであったと言っているのです。ここでもそうでありましょう。

なぜかと言うと、主イエス・キリストを知らなかったからです。だから神さまとの関係において愚かであり、無知であり、頑なであった。そして、そのために自分はおかしくなっていた、本来あるべき人間の姿を失っていたというのであります。しかし、それだけではありません。「神の命から遠く離れていた」と言います。神は命の神です。その神から離れていたということは、命がなかった、死んでいたに等しい。命がなかったのです。

しかし、私もあなたがたも今はそうではない。「キリストについて聞き、キリストに結ばれて教えられ、真理がイエスの内にあるとおりに学んだ」。この言葉は、「キリストに聞き、キリストに学ぶ」という言葉です。それは何か、キリストについての知識を知的に学ぶということを意味しません。ですから「キリストについて学ぶ」ではなく「キリストに学ぶ」という言葉が語られています。それは人格的にキリストと出会うことです。

救われることと言っても良いでしょう。私たちは皆、まことに罪深い者であります。その罪深い者のために主イエス・キリストは来てくださり、その罪を背負って身代わりに十字架にかかって死んでくださいました。そして、三日の後に復活してくださいました。そのことによって、私たちの罪は赦され、私たちは救われました。そして切れていた神との関係が、結び直されたのです。そのことによって「神の命にあずかる」ようにされたのです。

それが教会で与えられることです。

主イエスがお語りなった放蕩息子のたとえ話のことを思い起こします。父から離れて、遠い国に旅立ち、放蕩に身を持ち崩した弟息子が戻ってきた時に、父はこう言いました。「この息子は、死んでいたのに生き返り、いなくなっていたのに見つかった」(ルカ一五・二四)。

それならば、ここでパウロが私たちに語っていることは、ただ主イエス・キリスト、この方によって日々、救われて生きよ、ということでしょう。日々の歩みを神の命にあずかって生きるのです。

ある人が、この新しい人を着る、このキリストを身に着けるということを、「傷に包帯を巻く」と言っています。日々の生活を送る中で、私たちは傷つくのです。私たちを傷つけ、血を流すものは何か。それは誰彼から、傷つけられるということもあるかもしれません。けれども、一番傷つけるのは私たち自身の罪であります。自分自身の罪で血が流れてくる。私たちの魂が血を流す。しかし、そこで手当てをすることが必要なのです。その時、キリストという包帯を巻くことができる。それで私たちの傷は癒やされます。それならば新しい人を着るということは、罪赦されて生きるということであります。

またある人は、新しい人を着る、キリストを着るということでこんなことを言っています。ここで着る服はどんな服かと言うのです。服には色んな服がある他所行きの服、正装のような服、喪服もある。しかし、それははっきりしている。ここで着るように求められている、この服は普段着だと言うのです。特別な服ではない。毎日、着る普段着です。この服を毎日、着て歩んでよいのです。この服は擦り切れません。私たちの来ている普段着はすりきれてぼろぼろになります。でもこの服は、不思議な服で一生持ちます。一生ものです。

私たちは、この服を着て歩みたい。この服をまだ着ていない人は、この服を着て歩んでいってほしいと願っています。でももしかしたら、私のような者は、この服を着るには似つかわしくないと思われる方もあるかもしれません。でも服というのは不思議なもので買ったばかりの時には、似合わなくても、来ているうちに似合ってくるものです。ずっと着ている間に、馴染んでくる。大切なことは、毎日、毎日、キリストを生きることです。こんな自分がキリストによって、救われている。滅びに向かっていた私がキリストによって救われた、そのことを覚えながら生きるのです。

そのように生きることが善き生活を生まないはずがありません。それは私たちの人生を、恵み豊かなものにすることでしょう。


R・ボーレンというスイスの牧師であり、神学者であった人がある講演の中で、ご自分が毎朝、なさっていることを話されたことがあります。先生は毎朝、シャワーを浴びられる、その時に、真っ裸になって、その裸の姿をお風呂の鏡に映し出して、こう呼びかけられたそうです。「私はキリストのもの！」。そのようにして、毎日の歩みを始められていると。

私たちも同じことをしてもいいかもしれません。そうではなくても、この話は、今日のこの古い人を脱ぎ捨て、新しい人を着るとはどういうことかということを伝えてくれているように思います。

今日のこの日、この時は、週の初めの日であります。この初めの日に、このみ言葉を聞いて、私たちはもう一度、古い人を脱ぎ捨て、新しい人を着て、着替えをして歩みを始めたいのであります。そして、今日から始まる一日をキリストのものとして、歩んでいきたいのです。


（未発表）

主イエス・キリストの恵みを映す言葉を

第四章二五―三二節

加藤常昭

主を尋ね求めよ、見いだしうるときに。
呼び求めよ、近くにいますうちに。
神に逆らう者はその道を離れ
悪を行う者はそのたくらみを捨てよ。
主に立ち帰るならば、主は憐れんでくださる。
わたしたちの神に立ち帰るならば
　豊かに赦してくださる。

（イザヤ書第五五章六―七節）

だから、偽りを捨て、それぞれ隣人に対して真実を語りなさい。わたしたちは、互いに体の一部なのです。怒ることがあっても、罪を犯してはなりません。日が暮れるまで怒ったままでいてはいけません。悪魔にすきを与えてはなりません。盗みを働いていた者は、今からは盗んではいけません。むしろ、労苦して自分の手で正当な収入を得、困っている人々に分け与えるようにしなさい。悪い言葉を一切口にしてはなりません。ただ、聞く人に恵みが与えられるように、その人を造り上げるのに役立つ言葉を、必要に応じて語りなさい。神の聖霊を悲しませてはいけません。あなたがたは、聖霊により、贖いの日に対して保証されているのです。無慈悲、憤り、怒り、わめき、そしりなどすべてを、一切の悪意と一緒に捨てなさい。互いに親切にし、憐れみの心で接し、神がキリストによってあなたがたを赦してくださったように、赦し合いなさい。

（エフェソの信徒への手紙第四章二五―三二節）

イエス・キリストを主として信じ、生きるようになると私どもの生活は変わります。信仰を与えられる。そうすると私どもの生き方に変化が生じます。さまざまな変化があります。ひとつの大きな変化は、神を信じるようになると、自分を吟味するようになるということです。これでいいのかと日常の行動を吟味するようになります。特別なことではありません。キリスト者になれば誰もがするようになることです。これでいいのかな、と問うようになります。この手紙は、ここでまず何よりも言葉を吟味してごらんと言います。いつも語っている日常の言葉です。何をどのように語っているかを吟味するのです。

エフェソの信徒への手紙は、ここで、まずその真実を検証することを進めます。偽りの言葉を捨てようと言います。言葉は、すぐ側にいるひと、隣人に語りかけます。隣人に真実を語ろうと促します。嘘を語るのをよそうと促します。なぜか。

わたしたちは、互いに体の一部なのです（二五節）。

ここで気づきます。ここで言う隣人とは誰よりも教会の仲間のことだということを。まず教会で知り合う隣人との語り合いを「真実」の言葉による語り合いにすることを学ぶのです。

この文章に先立って、既にこう語られておりました。「むしろ、愛に根ざして真理を語り、あらゆる面で、頭であるキリストに向かって成長していきます。キリストにより、体全体は、あらゆる節々が補い合うことによってしっかり組み合わされ、結び合わされて、おのおの部分は分に応じて働いて体を成長させ、自ら愛によって造り上げられてゆくのです」。真実の言葉は愛から生まれます。愛の共同体を育て、成長させるのは、まず私どもの言葉です。その言葉が愛の真実の言葉になることによるのです。いつでもそこでは、私どもの教会のかしらであるキリストを目指しています。教会を愛の共同体とするのは、私どもがいつも語る言葉が作る絆です。この絆ができているのもキリストによります。キリストの愛の絆です。絆を作る言葉もキリストの愛から生まれます。このようにして愛に根ざすキリストの真理の共同体である教会が成長するのです。

怒ることがあっても、罪を犯してはなりません。日が暮れるまで怒ったままでいてはいけません。悪魔にすきを与えてはなりません（二六節）。

真実の言葉を語ろうという勧めの言葉に、怒りを戒める言葉が出てくるのはなぜかなと首をかしげる人もいるかもしれません。

私の妻の父は七〇歳を過ぎてから洗礼を受けました。癌の治療中に病床で洗礼に立ち会えなかった私は、そのあとで見舞いに行き、お祝いを申しました。義父は洗礼を受ける前から、よく聖書を読んでおりました。話題が聖書のことになると、「聖書には面白い教えがあるね。怒ってもいいが、日延べしてはいけないなんてね」。これは、このエフェソの信徒への手紙の言葉のことなのです。当時のユダヤの暦では、日の出から、つまり朝から一日が始まると考えないで、日が暮れると新しい日が始まると考えました。怒りは自然に生まれる思いです。特に真理に生きようとすると、真理に反するものには怒りのこころが自然に働きます。特に義父は一種の正義漢で不正を許さず、よく怒っていたそうです。しかし、ここでは思わず怒りの思いを抱いても、できるだけ早く怒りの火を消しなさい！　と言います。なぜかと言うと、怒りが罪を犯してしまうからです。それは悪魔に隙を見せてしまうことになるからです。

悪魔は何を狙っているのでしょうか。明らかに愛の言葉を語ることによって育ちつつある共同体の崩壊です。怒りは、愛の絆を作る言葉ではありません。たとえ真実の言葉と思われる言葉でも、それが怒りとして語られるとき、隣人を愛し、慰め、立たせる言葉でない限り、絆を弱め、断つことになり兼ねません。まさに悪魔の狙いどころです。

続く勧告は驚くべきものです。


盗みを働いていた者は、今からは盗んではいけません。むしろ、労苦して自分の手で正当な収

エフェソの信徒への手紙第４章25－32節

入を得、困っている人々に分け与えるようにしなさい（二八節）。

盗みをして生きていたひとがいたのでしょう。不思議がることもありません。そんなことに驚く私どもの方がおかしいでしょう。本来、法に背く罪を犯した人たちの最善の場所が教会であるはずだからです。私どもの多くの者は、そういう〈悪いひと〉は最初から排除して〈善人〉だけで構成されていることが多いのではないでしょうか。初期の教会員のなかには、盗むことで生計を立てていた人びとがいたのですね。そのことに感銘を受けます。しかし、それ以上にこころを打たれるのは、それに続く勧告です。私どもですと、そういう場合には、こう言うでしょう。「これからは、自分や家族を養うために、せめて自分の分は自分でまともに働きなさい」。しかし、エフェソの信徒への手紙は違います。正当な働きで報酬を得ることを勧めます。それは、しかし、自分のためだけではありません。最初から困っているひとを助けます。他者のために稼ぐのです。私は現職の牧師であったとき、時々、教会員にこう勧めました。毎月の家計を考えるとき、真っ先に献金を考え、それを収入のなかから取り除いてください。その残りで自分たちの生活のための支出を考えるようにしてください。このように困ったひとのために収入を割くこころがあってこそ、共同体としての教会が形成され、生き生きと生きることができたのでしょう。

勧告の言葉は続きます。

悪い言葉を一切口にしてはなりません。ただ、聞く人に恵みが与えられるように、その人を造り上げるのに役立つ言葉を、必要に応じて語りなさい。

また日常の言葉をめぐる勧告です。ここに記される「悪い言葉」、これはルターに始まるドイツ語の翻訳を読むと「腐ったおしゃべり」と訳されています。いい訳ですね。私どもの語る言葉は、おしゃべりというより他ないほど軽い会話であることが多いものです。それはそれで楽しいおしゃべりならよいのですが、その言葉が腐っているとなると、これは困ります。

私は二六歳で東京神学大学を卒えて、石川県金沢市の小さな教会の伝道者になりました。同じときに同志社大学を卒えた松本先生が能登の輪島教会の伝道者になりました。すぐ仲良くなりました。その松本先生から輪島教会の夜の伝道集会で説教してくれと頼まれました。生まれて初めての伝道集会の説教です。緊張しました。ちょうどその頃、このエフェソの信徒への手紙の言葉を学んでいました。改革者のルターが訳出した、この素敵なドイツ語の表現に出会っていました。「腐った言葉と良い言葉」という説教の題で語りました。輪島は伝道困難なところです。しかも講師は無名の若い伝道師です。案の定、定刻になっても新来者は誰も来ません。松本先生は元気よく開会を宣言し、一〇人足らずの教会員で集会を始めました。そこにひとりの若者が足音も高く入ってきました。前の方の席にどしんと腰をおろしました。私は、その青年の顔を見つつ、この新来の青年のため、と思い定め夢中で語りました。集会が終わっても、すぐには帰しません。唯一の新来者であった青年を引き止めストーブを囲んで、お茶を飲みながら話し合いをしました。青年は、輪島塗の職人のところに弟子入りしていました。修行中です。親方のところに他の見習い職人と一緒に住み込んでいます。しかし、その仲間たちとなかなかうまく行きません。腕力を振るわなくても口喧嘩をします。今日も夕食の時に、思わず争い、自分で自分がいやになり、街に飛び出した。そこに伝道集会の看板があった。「腐った言葉」の一句にこころを刺され、思わず教会堂に入ったのだそうです。青年は、それから求道生活を始めたそうです。悪口を言い合う言葉が腐っていることをよく理解したのでしょう。

エフェソの信徒への手紙は、悪口を語る腐ったこころに勝つ道を示してくれます。もう一回聴きましょう。大切な言葉ですから。

ただ、聞く人に恵みが与えられるように、その人を造り上げるのに役立つ言葉を、必要に応じて語りなさい。

まず不必要な言葉によるおしゃべりではなく、必要な言葉を語りなさい、と言います。そもそも私どもの日常の言葉はあまりよく考えることもなく、思うがままに語り出してしまいます。改まった言葉ではありません。ですからこころが腐っていると、そこから生まれる言葉も腐臭、悪臭を放つのです。その悪臭を消すのには、どのようにしたらよいのでしょう。そもそも、そこで改めて問われるのは、必要な言葉とは何か、です。必要だから語らざるを得ない言葉とは何か、ということです。それは「人を造り上げるのに役立つ」のだと言います。人を造り上げるのに必要な言葉だと言います。この「造り上げる」というのは、コリントの信徒への手紙一第一四章で、「預言」と呼ばれる言葉の特質を言い表すものとして用いられています。預言、それは神の言葉を伝える、教会の中で語られる言葉です。「造り上げる」と訳されている原語ギリシア語は、建築家が家を建てる時に用いる言葉です。そうです。必要な言葉は、ひとを建て上げる言葉です。崩れているこころを立て、造り上げてあげる言葉です。ひとを叩き潰すような腐った言葉の反対の言葉です。この「造り上げる」というのは、ひとりの魂を立て上げる言葉です。これをパウロは、「慰めの言葉」だとも言います。教会は、そのような言葉によって造り上げられる慰めの共同体なのです。

私どもの言葉が、そのような言葉になるかどうか、鍵は「神の恵み」を伝えているか、どうかに懸ります。このことをよく理解しましょう。そのために、すぐ次の言葉もこころに留めましょう。

神の聖霊を悲しませてはいけません（三〇節）。

ギクリとしますね。私どもの腐ったおしゃべりを聞き、誰よりも聖霊が、神ご自身が悲しまれるというのです。恵みの神が、その恵みが私どものこころを支配せず、そのためにこころが腐っていることを悲しまれます。ここでは、聖霊の悲しみが、どこから来るかを、改めて説きます。

あなたがたは、聖霊により、贖いの日に対して保証されているのです。無慈悲、憤り、怒り、わめき、そしりなどすべてを、一切の悪意と一緒に捨てなさい（三〇―三一節）。

聖霊は、私どものために既にみわざをなさっておられます。そのおかげで私どもは、贖いの日に、主イエスが十字架で果たしてくださっている贖いが完成する日に、神の審きに耐え得る者としてくださっているのです。怒りも、そしりも、悪意ある腐った言葉を既に捨てているはずなのです。腐ったおしゃべりが、私どものこころから生まれるはずはないのです。腐ったおしゃべりは私どもに似合わなくなりました。私どもは、そのようなこころを捨てたのです。捨てさせていただいたのです。聖霊のみわざが、そのような変革をもたらしてくださったのです。それなのに、私どもの口が腐ったおしゃべりをしたのを聞かれた聖霊が、どれほど悲しまれるか。考えてみたらよい。エフェソの信徒への手紙はそう語りかけます。

そして、この区分の最後のメッセージが告げられます。

互いに親切にし、憐れみの心で接し、神がキリストによってあなたがたを赦してくださったように、赦し合いなさい（三二節）。

聖霊がとりついでくださった贖いのわざ、それは主イエス・キリストによって引き起こされた赦しの出来事です。これに続く第五章一節の言葉で言えば、私どもが「神に愛されている神の子供」です。その神の愛に生きる子供たちに与えられている日常生活をエフェソの信徒への手紙は描いて見せてくれました。それは「神に倣う」ものです（五・一後半）。私どもの父である神の言葉に真似た言葉を語るようになるのです。

私どもの生活の自己吟味、それは神の子供、キリストの赦しに生きる者の自己吟味です。自分の罪を発見することです。罪に気づくことです。そして悔い改めることです。キリストの赦しの原点に戻ることです。そこで経験した神の恵みに戻ることなのです。祈りましょう。

　怒りの思いをすぐ抱き、なかなか忘れない私どもです。自分たちで生きていけばと思い込み、助けを必要とする隣人に気づかない私どもです。腐ったおしゃべりを楽しんでしまう私どもです。いま、その罪に気づき、あなたの霊の悲しみに気づかせてください。罪の言葉、行為を改めて投げ捨て、悔い改める私どもをお赦しください。主の十字架の赦しに立ち帰らせてください。あなたの恵みの原点に立ち帰らせてください。私どもの日々の言葉を聖めてください。赦しの主キリスト・イエスのみ名によって祈ります。アーメン。

（未発表）

第五章一―五節

神に倣う者となりなさい

後藤　弘

ウジヤ王が死んだ年のことである。

わたしは、高く天にある御座に主が座しておられるのを見た。衣の裾は神殿いっぱいに広がっていた。上の方にはセラフィムがいて、それぞれ六つの翼を持ち、二つをもって顔を覆い、二つをもって足を覆い、二つをもって飛び交っていた。彼らは互いに呼び交わし、唱えた。

「聖なる、聖なる、聖なる万軍の主。

主の栄光は、地をすべて覆う」。

この呼び交わす声によって、神殿の入り口の敷居は揺れ動き、神殿は煙に満たされた。わたしは言った。

「災いだ。わたしは滅ぼされる。

わたしは汚れた唇の者。

汚れた唇の民の中に住む者。

しかも、わたしの目は
　王なる万軍の主を仰ぎ見た」。
するとセラフィムのひとりが、わたしのところに飛んで来た。その手には祭壇から火鋏で取った炭火があった。彼はわたしの口に火を触れさせて言った。
「見よ、これがあなたの唇に触れたので
あなたの咎は取り去られ、罪は赦された」。

（イザヤ書第六章一―七節）

あなたがたは神に愛されている子供ですから、神に倣う者となりなさい。キリストがわたしたちを愛して、御自分を香りのよい供え物、つまり、いけにえとしてわたしたちのために神に献げてくださったように、あなたがたも愛によって歩みなさい。あなたがたの間では、聖なる者にふさわしく、みだらなことやいろいろの汚れたこと、あるいは貪欲なことを口にしてはなりません。卑わいな言葉や愚かな話、下品な冗談もふさわしいものではありません。それよりも、感謝を表しなさい。すべてみだらな者、汚れた者、また貪欲な者、つまり、偶像礼拝者は、キリストと神との国を受け継ぐことはできません。このことをよくわきまえなさい。

（エフェソの信徒への手紙第五章一―五節）

神に倣う者となりなさい

この朝の礼拝に与えられたみ言葉を朗読いたしました。みなさんお気づきになったでしょうか。一節から五節までの語尾のすべてが「なりなさい」「歩みなさい」「なりません」「表しなさい」「わきまえなさい」という命令の言葉でした。まるで親が子供を励ましながらしつけるような口調で語られています。この手紙の著者であるパウロがエフェソの教会を愛し、心配し、祈っているからこそ生まれてきた強い命令の言葉です。

エフェソの教会は、アジア、今のトルコあたりの町々を巡りながら伝道していたパウロが、エフェソの町に三年間滞在して伝道した時に産声を上げた教会です。パウロはエフェソを去ってからも、エフェソ教会が健やかに成長できるように、日々、わがことのように祈り続けていました。その後、パウロは自分の殉教が近いことを知り、ミレトの港までエフェソ教会の長老たちを呼び寄せ、もう二度と会えないことを告げ、最後の説教をし、涙を流しながら何度も抱擁して別れました。そして今、パウロは牢獄にいます。殉教の死が間近に迫っています。そのパウロにエフェソ教会の様子を伝える者がいました。教会の中に性的な乱れや言葉の乱れがあり、教会の歩みがふらついているようだ。いても立ってもいられなかったことでしょう。パウロは叫ぶように祈りながらこの手紙を書きました。パウロは既に第四章でこの問題に触れていましたが、この第五章ではさらに教会員の生活に入り込むようにして戒めています。放っておけば洗礼を受けた教会員が滅んでしまうからです。教会が病んでしまうからです。教会のかしらなるキリストが痛み悲しんでおられるからです。

パウロはこの手紙を書き始めたところからずっと教会に満ちているイエス・キリストの恵みについて語ってきました。第四章に入ると、エフェソ教会のふらついている歩みを心配していたパウロは、「神から招かれたのですから、その招きにふさわしく歩み」（四・一）、「異邦人と同じように歩んではなりません」（四・一七）と、教会の歩みが確かなものになるように具体的に話し始めました。この第五章に入って、二節。

> キリストがわたしたちを愛して、御自分を香りのよい供え物、つまり、いけにえとしてわたしたちのために神に献げてくださったように、あなたがたも愛によって歩みなさい。

私たちは日々こつこつ生きることを歩むと表現しますが、パウロはエフェソ教会に愛によって歩みなさいと言いました。もとの言葉を直訳風に訳すと、愛の中を歩みなさい、です。キリストがあなたがたを愛し、キリストの愛の中に招き入れてくださり、あなたがたはキリストの愛の中を歩んでいるのに、どうしてふらつくのか。パウロはエフェソ教会がふらついているのは、主イエスを見つめる視力が衰えているからだと見抜いていました。主イエスを見つめていないと、キリストの愛が曖昧になってしまいます。ガラテヤの信徒への手紙の第三章では、物分りが悪いなあ――馬鹿だなと訳した人もいます――どうして十字架につけられたキリストを見失ったのかと激しい言葉で叱責しました。ここでも歩み方を諭しながら、改めて主イエスの十字架を見つめさせています。

気をつけたいことは、ここでパウロは十字架という言葉を用いないで、いけにえという言葉で十字架のキリストを指し示していることです。みなさんは、イエスさまの十字架を見つめる時、どんな十字架を思い描くのでしょうか。教会が掲げているような美しい十字架でしょうか。ゴルゴタの丘の荒削りの十字架でみ苦しみを受けておられるイエスさまでしょうか。聖餐の食卓のパンとぶどうジュースから十字架のイエスさまを思うかもしれません。パウロが見つめていたのは、十字架でいけにえとなってくださったキリストのお姿でした。いけにえとなられたキリスト、とても生々しい表現です。

パウロは、主イエスに救い出される前、生粋のファリサイ派として旧約聖書の律法をきちんと守り実践していました。そのことで神に認められていると考えていました。過越の祭りの前夜には、小羊を屠り、祭りの備えをしました。神殿が崩壊する前の信仰生活では、律法通りに、罪の赦しのために全焼のいけにえを献げていたことでしょう。小羊がいけにえとして屠られるのはごく当たり前の光景であり、むしろ律法に従う正しい生活だと考えていました。

しかし、主イエスに救い出された後、旧約聖書を読みながら、神はいけにえを喜んでおられないことを悟りました。たとえば、詩編四〇編七節です。

あなたはいけにえも、穀物の供え物も望まず
焼き尽くす供え物も
　罪の代償の供え物も求めず
ただ、わたしの耳を開いてくださいました。

ヘブライ書はこの詩編の言葉を、第一〇章にキリストの言葉として大切に引用しています。ヘブライ書の第一〇章の五節と六節です。

それで、キリストは世に来られたときに、次のように言われたのです。
「あなたは、いけにえや献げ物を望まず、

むしろ、わたしのために
　体を備えてくださいました。
あなたは、焼き尽くす献げ物や
　罪を贖うためのいけにえを好まれませんでした」。

神は献げ物やいけにえを望まず、好まれもしなかった。そうではなくて「わたしのために／体を備えてくださいました」。つまりキリストに肉体を与えてこの世に遣わし、キリスト自身がいけにえとなることを望んでおられた。パウロはこれまで献げ続けてきた小羊のいけにえと、主イエスの十字架の上のお姿がしっかりと重なって見えるようになりました。主イエスが真実のいけにえとして十字架で屠られてくださった。洗礼者ヨハネが主イエスを指して「見よ、世の罪を取り除く神の小羊だ」「見よ。真実のいけにえとなられる神の小羊だ」と叫んだ言葉に、その通りだと心震わせていました。パウロが見つめている十字架は、この私の罪を聖めてくださるために、いけにえとなって血を流してくださっているキリストのお姿でした。キリストの十字架の贖いによって神の子供にしていただいた恵みを、現実の出来事として見つめていました。エフェソ教会の人たちにいけにえのキリストを語ったのは、信仰の目を開くためにショックを与えようと考えたからではありません。パウロが見つめている十字架をそのままを語っただけです。あなたがたもいけにえとなってくださったキリストを信じたんでしょう。いけにえのキリストを見失っていませんか。

さらにヘブライ人への手紙は第一〇章七節に、詩編の続き第四〇編八節を、同じように主イエスの言葉として引用しています。

「そこで、わたしは言いました。
『御覧ください。わたしは来ました。
聖書の巻物にわたしについて書いてあるとおり、
神よ、御心を行うために』」。

エフェソの信徒への手紙第５章１−５節

イエスさまが十字架にかけられるためにゴルゴタの丘に立たれたときでしょうか。あるいは十字架につけられ激しいみ苦しみの中でしょうか。イエスさまは神に向かって言われました。「わたしは来ました。十字架で屠られるためです。あなたがすべての人の罪を赦すことを願い、わたしを真実のいけにえ、神の小羊に定められたからです。あなたの愛を十字架で示します」。この詩編の言葉は、パウロの心にもイエスさまの言葉として強く迫っていました。私たちにとっても、イエスさまの「わたしは来ました」というみ言葉を聴き続けることが、いけにえのキリストを見つめ続ける秘訣となります。

パウロの手紙の学び会で、「わたしに倣う者となりなさい」（Ｉコリ四・一六）というふうな強い言葉に出会うと、パウロの信仰は強すぎてとても真似はできない。あるいは、パウロは熱心なファリサイ派として激しく教会を迫害するほど強い人だったから、伝道者としても強い信仰を持つことができたんだ。私にはこの強さはない。そんな感想をよく聞きます。牧師たちだけでパウロが書いたコリントの信徒への手紙二を黙想し続けたことがあります。初め牧師たちの中にもパウロの信仰の強さに圧倒されるという意見が多くありました。しかし、黙想が深まると、こんな合言葉が生まれました。「『私はパウロ』と言えるようになろう」。今日のみ言葉でも、「神に倣う者となりなさい」をはじめ、多くの強い言葉が語られています。しかし、この強さはパウロの固有の強さなのだろうか。パウロ自身は、他の手紙で、自分は罪人のかしらだと告白し、自分はなんて惨めなのだろうと嘆いています。しかし同時に、パウロは自分の罪深さの深淵で、惨めさの底で、いけにえとして献げられたキリストのお姿を見つめ続けていました。キリストの「わたしは来ました」という御声を聞いていたのです。パウロの強さはパウロ自身から出てきる強さではなく、いけにえのキリストとの生きた深い交わりから生まれてきる強さです。パウロはエフェソの教会の人たちに言います。私が強いのではなく、弱くふらつく私をこの方が強めておられる。私と一緒に私たちのために御自身を献げてくださったキリストの愛を見つめよう。キリストの「わたしは来ました」という御声を聞き続けよう。そうすればふらつくことは決してありません。

パウロの真剣な愛の言葉も共にキリストを見つめていないと届きません。パウロはエフェソ教会の人たちと一緒にいけにえのキリストを見つめることができたところで、エフェソ教会の人たちの、そして私たちの生活の中にみ言葉によって入り込んで来ます。私たちの言葉の生活をすべて見渡して言います。三節と四節。

あなたがたの間では、聖なる者にふさわしく、みだらなことやいろいろの汚れたこと、あるいは貪欲なことを口にしてはなりません。卑わいな言葉や愚かな話、下品な冗談もふさわしいものではありません。それよりも、感謝を表しなさい。

パウロは、二節で主イエスがご自身を献げてくださったとき、香りのよい供え物になってくださったと言いました。パウロは全焼のいけにえを焼き尽くす時の香りは、神の怒りを宥めるものだと信じていました。しかしながらその匂いは好ましいものではなかったでしょう。主イエスの十字架はよい香りを放ちました。神が喜ばれる香りです。私たちを救うために身を献げた愛の香りです。その香りを神が喜んで受け入れてくださいました。主イエスが献げてくださった血潮とこのよい香りによって、私たちは聖められ、聖なる者、神の子供としていただきました。パウロは喜びをもって言うのです。あなたがたは聖なる者、聖なる神の子供です。聖なる者にふさわしい言葉で語ろう。主イエスが香りのよい供え物になってくださったのだから、主イエスに倣って私たちも香りのよい言葉を話そう。

淫らな言葉、汚れた言葉、貪欲な言葉からは悪い香りが漂ってきます。罪の匂いがするでしょう。今日のみ言葉は教会の外の人に言っているのではありません。教会に生きている人に向かって言っています。聖なる者とされたのに、どうしてそんなことになってしまったのか。心の王座にお迎えしたいけにえのキリストを見失い、自分の思いが神となって心を支配しているからです。それは偶像礼拝の罪だと指摘しました。そこから悪い言葉がどんどんわいて出てきるのです。第四章二九節の悪い言葉を「腐った言葉」と説き明した説教を聞いたことがあります。この第五章で言えば、腐った匂いがする言葉は口にしてはならないのです。主イエスも言葉に注意するように厳しく言っておられます。

マタイによる福音書第一五章一八―一九節です。

口から出て来るものは、心から出て来るので、これこそ人を汚す。悪意、殺意、姦淫、みだらな行い、盗み、偽証、悪口などは、心から出て来るからである。

口にしてはなりませんというのは、ただ口だけの問題ではなく、腐った匂いのする言葉は罪から出てきるからです。それは聖なる者とされたあなたがたにはふさわしくない。似合わなくなりました。あなたがたに似合うのは主イエスの愛の香りのする言葉です。

三―四節の中に性的に乱れた言葉と一緒に「愚かな話」が挙げられています。この愚かな話を、他の訳では「愚かなおしゃべり」と訳しました。カトリックのフランシスコ会訳では「くだらないおしゃべり」です。私たちはおしゃべりが大好きです。話をすることでお互いを理解し合うことができるからです。でも、ハッとさせられるのです。神にとって愚かなおしゃべりをしているんじゃないかと不安になるのです。以前、今日のみ言葉を説教したことがありました。礼拝を終え、いつものようにおしゃべりをしていたのですが、ある婦人が、突然、「私はおしゃべりだから」と自分を戒め始められたのが印象的でした。その婦人だけでなく、私たちはこの言葉で心が探られるのです。腐った匂いのおしゃべりをしているのではないか。パウロはどうして私たちのおしゃべりにまで深く入り込んで来るのでしょうか。まるで私たちのおしゃべりをしている輪に、パウロがぐっと身を乗り出して耳をそば立てて聞いているようなイメージが浮かんできます。それだけではなく、主イエスが私たちの口から出る言葉をじっと聴いておられる姿も見えてきます。この愚かな話は、意味のないくだらないおしゃべりかもしれませんが、悪口、噂話を指しているのではないでしょうか。私たちには愚かなおしゃべりに巻き込まれる弱さがあります。いや、そういう愚かなおしゃべりが好きなのです。なぜなら悪口や噂話の言葉は私たちを滅ぼす恐ろしい力を持っているからです。人を汚し、共同体を壊すのです。

ヤコブの手紙は「舌を制御できる人は一人もいません。舌は、疲れを知らない悪で、死をもたらす毒に満ちています」（三・八）と言います。教会もそのような腐った匂いの言葉によって、傷つき壊れてしまうこともあります。だからパウロはここで厳しく戒めているのです。教会が成長することを願っているのです。教会に満ち満ちておられるキリストを悲しませたくないのです。

初めにエフェソの信徒への手紙とあわせてイザヤ書を読みました。イザヤが神さまに召されたときの物語です。いつ聞いても心が動かされます。イザヤが聖なる神さまの臨在にふれたとき、イザヤは自分の罪の汚れを示され、滅ぼされてしまう、「わたしは汚れた唇の者。汚れた唇の民の中に住む者」と告白せざるを得ませんでした。非常に興味深いと思います。神の聖さによって示されたのは、唇の汚れ、口の罪、言葉の罪でした。今日のエフェソ教会の問題、私たちの問題と同じです。イエスさまがおっしゃったように、心の中にある罪から生まれた言葉によって、唇が汚れていたからです。

神はセラフィムに祭壇の燃える炭火を取らせイザヤのもとに遣わし、イザヤの口に炭火をふれさせ告げさせました。「見よ、これがあなたの唇に触れたので／あなたの咎は取り去られ、罪は赦された」。イザヤは、燃える炭火によって聖められ、神さまに仕えるしもべにしていただいたのです。教会はこの炭火は十字架の主イエスを表していると聴き取り、神に召された自分の物語として愛してきました。主イエスは十字架の上で全焼のいけにえとなってくださり、いのちを燃え尽くされました。神はキリストの十字架を取って、私たちの口に触れさせてくださいました。私たちの汚れた唇を聖め、良い香りの言葉を語る口にしてくださったのです。キリストと神の国を受け継ぐ者としてくださいました。

初めにこの手紙の言葉は、親が子供を励ましながらしつけているように語っていると言いました。言葉を大切にすることは道徳の授業でも言われることです。ある人が教会は言葉の学校だと言いました。この手紙の著者はパウロですが、パウロもこの学校で学びました。教師はいけにえのキリストです。確かにこの教師に倣うように学び続けています。聖書を読み、み言葉を暗唱しながら、香りのよい言葉を体得しようとしています。神に祈りながら、神に喜ばれる言葉を身に付ける修練をしています。感謝と賛美の歌を歌いながら、香りのよい言葉を献げる喜びを味わっています。まさに神の言葉の学校です。この教師は絶えず恵みの強い言葉で私たちに命じます。「あなたがたは神に愛されている子供ですから、神に倣う者となりなさい」。

祈りを献げます。

「わたしは来ました」。主よ、あなたは十字架でいけにえとなるために来てくださいました。私の唇が汚れていたからです。私の口が汚れた言葉、傲慢な言葉、悪口、噂話であふれていたからです。あなたが献げてくださった血潮と良い香りをありがとうございます。あなたの愛とあなたを遣わしてくださった神の愛に倣う者とならせてください。イエス・キリストの御名によってこの祈りを御前に献げます。アーメン。

（未発表）

第五章六―二〇節

今は主に結ばれて、光となっている

平野克己

むなしい言葉に惑わされてはなりません。これらの行いのゆえに、神の怒りは不従順な者たちに下るのです。だから、彼らの仲間に引き入れられないようにしなさい。あなたがたは、以前には暗闇でしたが、今は主に結ばれて、光となっています。光の子として歩みなさい。――光から、あらゆる善意と正義と真実とが生じるのです。――何が主に喜ばれるかを吟味しなさい。実を結ばない暗闇の業に加わらないで、むしろ、それを明るみに出しなさい。彼らがひそかに行っているのは、口にするのも恥ずかしいことなのです。しかし、すべてのものは光にさらされて、明らかにされます。明らかにされるものはみな、光となるのです。それで、こう言われています。

「眠りについている者、起きよ。
死者の中から立ち上がれ。
そうすれば、キリストはあなたを照らされる」。

愚かな者としてではなく、賢い者として、細かく気を配って歩みなさい。時をよく

エフェソの信徒への手紙第５章６－20節

用いなさい。今は悪い時代なのです。だから、無分別な者とならず、主の御心が何であるかを悟りなさい。酒に酔いしれてはなりません。それは身を持ち崩すもとです。むしろ、霊に満たされ、詩編と賛歌と霊的な歌によって語り合い、主に向かって心からほめ歌いなさい。そして、いつも、あらゆることについて、わたしたちの主イエス・キリストの名により、父である神に感謝しなさい。

（エフェソの信徒への手紙第五章六―二〇節）

わたしたちが手にしている聖書は、次の言葉から始まります。

初めに、神は天地を創造された。地は混沌であって、闇が深淵の面にあり、神の霊が水の面を動いていた。神は言われた。

「光あれ」。

こうして、光があった。

聖書は、わたしたちの信仰を告白する言葉、信仰を宣言する言葉から始まります。この世界を造ったのは人間ではなく、神である。世界の主宰者は人間ではなく、神である。神が世界を創造され、わたしたちの歴史を導き続けておられる。

ある聖書学者が、この聖書の冒頭の言葉について、こう記していました。

「ここにはふたつの要素が混ざり合っている。一つは、神が何もないところから創造のわざを開始されたということ〔『初めに、神は天地を創造された』〕。もうひとつは、神は『混沌』から世界を造ったということ〔『地は混沌であって』〕。この二つの矛盾するような要素が、ひとつにされている」。

ハッとする思いがしました。

たしかに、わたしたちの神は「無」から、つまり、何もないところから世界をお造りになることのできる方です。しかし同時に——そしてとてもすばらしいことに——、わたしたちの神は、混沌に向かって「光あれ」と宣言されることで、新しい世界を造り続ける方なのです。

そして、その学者はこう続けます。

「多くの人々の生は混沌としている。……テキストは、われわれの生きている歴史の混沌とした状態でさえ、神によって、その壮大なる目的のために値あるものとされ得ることを主張しているのである」(W・ブルッグマン『現代聖書注解　創世記』向井考史訳、日本キリスト教団出版局、一九九八年、六五頁)

わたしたちの日々、そして、この世界の歴史、それは決して秩序が整っているわけではありません。混沌——もやもやと入り交じり、雑然として区別がつかない——としている。意味がはっきりしない。何が正しいことであり、何が間違っていて、何が避けるべきことかが分からない。先行きが見えない。どちらに向かって歩いてよいか分からない。すべてが闇の底に沈んでいる。

しかし神は、わたしたちを呑み込む混沌さえ、「壮大なる目的のために値あるもの」へ変えてくださるというのです。

エフェソの信徒への手紙第5章6－20節

だからこそ、この創世記第一章は、ユダヤの民の苦難の歴史、そして、教会の民による信仰の戦いの歴史において、大切にされてきました。この世界から生きる意味を見出せなくなるとき、歴史の行く先が見えなくなるとき、信仰の民は繰り返しこの言葉を思い起こし、神に顔を向け直したのです。

「神は言われた。『光あれ』。こうして、光があった」

そうです、わたしたちが週の最初の日、今日、日曜日、この礼拝堂に集ったのも、その光の言葉を聞くため、光の言葉を浴びるためです。

さらに聖書は、不思議なことを語ります。

天地創造のとき、「光あれ」という神の言葉によって光が創造された。それと同じことが、わたしたちのこの教会の礼拝堂でも起こっているというのです。

「あなたがたは、以前には暗闇でしたが、今は主に結ばれて、光となっています。光の子として歩みなさい」

神が今も語り続けておられる。この世界を、この世界の歴史を、わたしたちの人生を、形づくろうとしておられるからです。そして、語られる。「光あれ」。すると、光が造られる。どこに？

「あなたがたは、以前には暗闇でしたが、今は主に結ばれて、光となっています。光の子として歩みなさい」

「あなたがたは」――あなたのこと、わたしのことです。神が暗闇に向かって「光あれ」と語られると、暗闇の世界から光の子たちが、わたしたちキリスト者が生まれるというのです。あなたも光の子、わたしも光の子です。あなたもわたしも、いま、光の子たちの集会を行っているのです。「あなたがたは、以前には暗闇でしたが、今は主に結ばれて、光となっています。光の子として歩みなさい！」

光の子になりなさい、というのではありません。主に結ばれた者は、既に「光となって」いる。わたしたちがなすべきことは、それを承認することだけです。思い出すことだけです。祝うことだけです。

それはすばらしいこと、ほんとうにすばらしいことです。けれども、あまりにもすばらしすぎて、尋ねたくなるのではないでしょうか？　それは、ほんとうのことなのでしょうか？　わたしたちは光の子なのでしょうか？

先日、教会の集いで、次の祈りの言葉を読んだばかりです。

「近づきがたい光よ。どうしてわたしたちはこの罪に汚れた手をみ前にくみ合わせることができるでしょう。どうしてわたしは、いつわりと、いやしい言葉を語ったくちびるであなたに祈ることができるでしょう。

復しゅうの思いに固まった心を
抑えることのできない舌を
いらいらした態度を
他の人の重荷を負うことを喜ばない心を
今は主に結ばれて、光となっている

他の人に自分の重荷を押しつけようとする不当な考えを
高い職務をもちながら能力の少ないことを
つまらない思想をかくすりっぱな言葉を
冷たい心をおおう親切そうな表情を
多くの機会をもちながらそれをとらえようとせず、才能を与えられながら伸ばそうとしないことを
愛と美しさを感謝せず、祝福をよろこんでうけないことを
神よ、これらすべての罪をざんげいたします」（J・ベイリー『朝の祈り　夜の祈り』新見宏訳、日本キリスト教団出版局、一九五八年、一二二―一二三頁）

エフェソの信徒への手紙第５章６－20節

心を打つ祈りです。こちらの言葉であれば、ここにいるほとんどの者たちが、素直にその通りだ、と言えるでしょう。

復讐の思いに固まった心、抑えることのできない舌、いらいらした態度、他の人の重荷を負うことを喜ばず、他の人に自分の重荷を押しつけようとする心……。それは、神の前で告白すべき罪です。だから、この祈り手は祈ることをためらうのです。光そのものであられる方に近づくことを恐れるのです。

「近づきがたい光よ。どうしてわたしたちはこの罪に汚れた手をみ前にくみ合わせることができるでしょう。どうしてわたしは、いつわりと、いやしい言葉を語ったくちびるであなたに祈ることができるでしょう」

ほんとうにわたしたちは光の子なのでしょうか？　むしろ闇の子なのではないでしょうか？

この手紙を記したといわれる伝道者パウロは、揺れ動くわたしたちの心を知っているかのようです。だから言葉を続けます。

「何が主に喜ばれるかを吟味しなさい。実を結ばない暗闇の業に加わらないで、むしろ、それを明るみに出しなさい。彼らがひそかに行っているのは、口にするのも恥ずかしいことなのです。しかし、すべてのものは光にさらされて、明らかにされます。明らかにされるものはみな、光となるのです」

お聞きになったでしょうか？

実を結ばない暗闇の業、ひそかに行っていること、口にするのも恥ずかしいこと、それらはすべて神の前で光にさらされ、明らかにされる。そして、やがて永遠の刑罰を受ける——いえ、そうではないのです！

「すべてのものは光にさらされて、明らかにされます。明らかにされるものはみな、光となるのです」

わたしたちの能力の少なさ、つまらない思想を隠す立派な言葉、冷たい心を覆う親切そうな表情、愛と美しさを感謝せず、祝福を喜んで受けようとしない心。わたしたちを覆う暗闇、罪の暗闇。それが、すべて神の光にさらされる。そのとき、そこに神の言葉が響く。「光あれ」。すると、その混沌の闇が光となる。

パウロは、その一事を、この手紙で幾度も繰り返し書いてきました。それは、驚くべき言葉でした。恵みにあふれた言葉、わたしたちはただ、その光を浴びることしかできない言葉です。

「天地創造の前に、神はわたしたちを愛して、御自分の前で聖なる者、汚れのないものにしようと、キリストにおいてお選びになりました」

「わたしたちはこの御子において、その血によって贖われ、罪を赦されました」

しかし、わたしたちも皆、……ほかの人々と同じように、生まれながら神の怒りを受けるべき者でした。しかし、憐れみ豊かな神は、わたしたちをこの上なく愛してくださり、その愛によって、罪のために死んでいたわたしたちをキリストと共に生かし……てくださいました」

「このことは、自らの力によるのではなく、神の賜物です」

「なぜなら、わたしたちは神によって造られた者であり、しかも、神が前もって準備してくださった善い業のために、キリスト・イエスにおいて造られたからです」

エフェソの信徒への手紙第５章６－20節

まだまだ、続けることができるでしょう。

伝道者パウロは、ここにいたるまでずっと、主イエス・キリストと共に訪れた光の言葉を語り続けてきました。闇の中に投じられた光の言葉、わたしたちを闇の子から光の子に変えてくださる神の言葉を語り続けてきたのです。

それなのにどうして、わたしたちは、神が創造される光よりも、わたしたちを覆う暗闇のほうが強いと勘違いをしてしまうのでしょう？　夜中に物探しをしなければならなくなったら、必ず光を灯すでしょう？　暗闇には光を追い出すことができないことを、知っているでしょう？　それでも、なぜ、わたしたちを覆う暗闇は光よりも強いなどと思ってしまうのでしょう？　わたしたちの内側に渦巻く人間の言葉のほうが、わたしたちの外側から訪れる神の言葉よりも信頼に足ると思い込んでしまうのでしょう？　わたしたちは、なぜ「むなしい言葉に惑わされて」いるのでしょう？　いったい誰にだまされてしまっているのでしょう？

「すべてのものは光にさらされて、明らかにされます。明らかにされるものはみな、光となるのです」

悔い改めの祈りをささげるということ、神の前で自分の罪をざんげするとは、暗い自分をさらに暗くし、自分のなかにうなだれることではありません。そうして、近づきがたい光、光そのものである方、その方の光によって照らしていただくのです。明らかにされるものはみな、光となるのです！

今は主に結ばれて、光となっている

そして、突然、パウロは叫ぶようにして語ります。

「眠りについている者、起きよ。

死者の中から立ち上がれ。

そうすれば、キリストはあなたを照らされる」

エフェソの教会にいた人たちは、この言葉をよく知っていたようです。聖書学者たちは、これは教会で洗礼式が行われるたびにうたわれた歌ではないか、と推測しています。魅力的な想像だと思います。

パウロはここで、教会の者たちみなが知っていた歌、しかし、忘れかけていた歌を、歌い始めるのです。それまでただひたすら静かに耳を傾けていた者たちもまた、いっしょに歌ったことでしょう。

そうだ、起き上がろう。死者の中から立ち上がろう。勘違いをすることはやめよう。キリストの光を浴びよう。わたしたちは洗礼を受けているではないか！　光の子としていただいたではないか！

今は主に結ばれているではないか！

「あなたたちは、以前には暗闇でしたが、今は主に結ばれて、光となっています。光の子として歩みなさい！」

エフェソの信徒への手紙第５章６－20節

「主に結ばれて」とは、パウロが愛する言葉遣いです。洗礼を受けた者たちのことを、パウロは繰り返しそのように呼びます。

結ばれている。キリストの力に、キリストの愛にしっかりと結び付けられている。登山者たちが雪山を歩くとき、ザイルと呼ばれる頑丈なロープで互いの体を結び付け合うといいます。神の子イエス・キリストが、洗礼によって、わたしたちと固く結び合ってくださったのです。だからわたしたちは、主イエスと共に歩んで行けばよい。

また、「主に結ばれて」と訳される言葉は、「主の中にいる」という言葉です。主イエス・キリストは、喜びそのものである方、光そのものである方、命そのものである方です。その方が、わたしたちをこの世から選び出し、洗礼によって、わたしたちをすっぽりと包んでくださっている。

「光の子として歩みなさい！」

光の子と闇の子では歩き方が違う、というのです。それでは、いったいどのように違うのでしょう？

そのひとつはこうです。「時をよく用いなさい。今は悪い時代なのです」

残念ながら、翻訳というものの限界でしょうけれど、ここにはもとの言葉が十分には反映されていません。このままでは、タイムマネジメント、つまり、時間管理をしっかり行いなさい、とだけ言っているように聞こえてしまいます。定評のある手帳を買い、自分の行動を記録し、スケジュールを管理し、仕事に優先度をつけ、所要時間を予測し、計画的に生きなさい――そのような仕事上の知恵、生活の知恵ではないのです。

「時をよく用いなさい」。「時」とは、カイロスという文字。わたしたちが計画してコントロールする時間のことではありません。神がくださる時です。

「時をよく用いなさい」。「よく用いる」と訳されたのは、贖う、代価を払って買い取る、という文字。驚くことに、主イエス・キリストが、御自分の血を代価として、わたしたちを贖ってくださった、買い取ってくださった、そのようなときにさえ用いられる言葉です。英語ではこうです――Redeeming the time ――。「神の時を贖い出せ、日々は悪に支配されているのだから」。そのように訳すことのできる言葉なのです。

最近、一冊の書物の翻訳を終えました。ジャン・バニエとスタンリー・ハワーワスの共著『暴力の世界で柔和に生きる』（五十嵐成見・平野克己・柳田洋夫訳、日本キリスト教団出版局、二〇一八年）という本です。ジャン・バニエ――彼は、知的障がいのある人たちと共に生きるコミュニティ「ラルシュ共同体」の創設者です――。スタンリー・ハワーワス――この人は、現代の米国を代表する神学者と呼ばれる人です――。実に楽しい仕事、多くを教えられる仕事でした。

その本の中で、バニエは、知的障がいを持つ人たちとの毎日の様子を紹介しています。とにかく、何事にも時間がかかる、というのです。言葉が十分でない人たちと暮らす。そのとき、相手の話によく耳を傾けるためにとても時間がかかる。食事もそうです。毎食、二時間もかかる。そのために生活をスローダウンしなければならない。ゆっくり歩むことに、忍耐しなければならない。しかし、そのゆっくりとした生活の中、忍耐の中から初めて見えてくるものがある、というのです。

そのことについて、ハワーワスはこのように応答します。

「話すのに遅い人を待つことを学ぶということは、この世とは違う時間の過ごし方を世に証しするということです。わたしたちはスローダウンすることによって、この世は慌ただしい活動によって救われるのではないということを、その生活をもって語りつつ生きるのです。時間が既にイエスによって贖われているとするならば、最も弱いメンバーに耳を傾けるために時間をかけることで、主の救いを待つことができるようになるのです」（同書、五七―五八頁）

そして、この「スローダウン」することこそ、この「ラルシュ共同体」から教会が学ぶべきことだというのです。

「時をよく用いなさい」。どうもそれは、この社会が宣伝するように、時間を無駄にするな、時間を効率的に使いなさい、ということではなさそうです。わたしたちの社会では、スピードが重んじられます。時は金なり。もっと早く、もっと効率的に、もっと手際よく、もっと、もっと……。

しかし、わたしたちキリスト者、わたしたち教会の時の用い方はそれとは違う。時間をかけるのです。忍耐という犠牲を払いながら、時を贖い出すのです。

ハワーワスはこのようにも言います。

「平和には時間がかかる。もっとより強く言うならば、平和が時間を創造する。秩序の名のもとで他者を従属させることを断固拒否することによってそうするのである」(同書五八頁)

ハワーワスもバニエもキリスト者。「神の時を贖い出せ、日々は悪に支配されているのだから」という声を聞きながら生きている人たちです。

平和には時間がかかるのです。もしも平和を実現するためにスピードを上げるなら、平和を守るために戦争をし、自分たちの平和を脅かす相手を事前に始末する、というおかしなことが起こります。また、秩序という名目のもとで、知的障がいのある人たちを社会から排除する、という恐ろしいことが起こります。そしてそれこそ、この世界が繰り返してきたことです。「神の時を贖い出す」とは、秩序の名のもとで他者を従属させることではありません。スピードを上げるために、生活や集団を秩序づけることでもありません。

教会の歩みには時間がかかるのです。平和を求める歩みであるからです。歳を重ねた者、小さな子供、健康な者、病気がちな者、論が立つ者、発言するまでにとても時間のかかる者。しかしそこで、わたしたちはゆっくりと歩く。「愚かな者としてではなく、賢い者として、細かく気を配って」歩く。「無分別な者とならず、主の御心が何であるかを悟り」ながら生きる。

わたしたちが一生のあいだに、成し遂げることができることは決して多くはありません。わたしたちが自分の生涯でなしうることは、神のご計画のほんの一部です。この世界の主宰者は人間ではなく、神であられるからです。み国を来たらせるのは、わたしたちではなく、神です。

しかしそれでも、天地創造から終末まで、想像もできないような壮大な時間を支配なさる方が、このわたしたちの小さな人生に介入してきてくださり、わたしたちにも「神の時」を与えてくださいました。わたしたちに主イエス・キリストが特に出会ってくださった時を思い起こすことのできる方もいるでしょう。そして何よりも、洗礼の時、その時こそ「神の時」です。そのとき、わたしたちもまた言葉は違うとはいえ、歌ったのです。

「眠りについている者、起きよ。
死者の中から立ち上がれ
そうすれば、キリストはあなたを照らされる」

そしてやがて、終わりの時、わたしたちは神の前に立つのです。そのことを、神の時、礼拝のときに繰り返し思い起こすのです。「神の時を贖い出せ、日々は悪に支配されているのだから」。

エフェソの信徒への手紙第5章6－20節

「光の子として歩みなさい！」

光の子と闇の子では歩き方が違う。もうひとつの違いは、こうです。

「酒に酔いしれてはなりません。それは身を持ち崩すもとです。むしろ、霊に満たされ、詩編と賛歌と霊的な歌によって語り合い、主に向かって心からほめ歌いなさい。そして、いつも、あらゆることについて、わたしたちの主イエス・キリストの名により、父である神に感謝しなさい」。

急に「酒」の話が出てきます。唐突といえば、唐突です。ここまでアルコールの話はいっさい出てこないのですから。どうしてアルコールの話が出てくるのでしょう？

もしかすると、ここには、パウロのユーモアがあるのかもしれません。

ある学者は、このように解説しています。

「ほかの人々の営みは酒による酩酊によって特徴づけられるが、［キリスト者には］別の酩酊、すなわち神のみ霊が生み出す『冷静な酩酊』がある」（R・シュナッケンブルク『EKK新約聖書注解　エペソ人への手紙』大友陽子訳、教文館、一九九八年、二九二頁）

教会の外でアルコールによる酩酊があるように、教会のなかには聖霊が生み出す酩酊がある。おもしろい言葉です。

聖霊降臨の日、聖霊を注がれ、新しい言葉によって語り出す弟子たち、最初の教会の姿を見聞きしながら、あざけって言う者たちがいました。「あの人たちは、新しいぶどう酒に酔っているのだ」（使二・一三）。外の人たちから見たら、教会の集いは酩酊状態のように思える、ということでしょう。

たしかに、わたしたちは毎週ここに来て、まるでアルコール抜きの酒宴をしているようでもあります。歌を歌い、笑いに満ち、大声で話す者がいる。実に多様な人々が集まり、共に食事をし、互いの存在を喜び合い、見知らぬ同士だったのに仲良くなっていく。教会の外で語るなら、笑いものにされるような信仰の夢や幻が語られる。

しかもそこでわたしたちはこの街に語り始めるのです。

「神は生きておられます。わたしたちがその証人です。神は、このわたしさえも暗闇から選び出し、天地創造から続く、大きな神の歴史の担い手としてくださいました。わたしは光となっています。わたしたちは光の子です」。

エフェソの信徒への手紙第５章６－20節

洗礼降臨の日、十二弟子の一人、ペトロは、説教の冒頭で言いました。

「今は朝の九時ですから、この人たちは、あなたがたが考えているように、酒に酔っているのではありません」（使二・一五）

けれども、それは、半分しかあたっていませんでした。

神は、この混沌とした歴史の中に光の子たちの宴会、聖霊という名の新しいぶどう酒に酔う者たちの群れをお造りになったのです。

「あなたがたは、以前には暗闇でしたが、今は主に結ばれて、光となっています。光の子として歩みなさい」

わたしたちは、光の子です。

（未発表）

第五章二一―三三節

キリストへの畏れをもって

田口博之

キリストに対する畏れをもって、互いに仕え合いなさい。妻たちよ、主に仕えるように、自分の夫に仕えなさい。キリストが教会の頭であり、自らその体の救い主であるように、夫は妻の頭だからです。また、教会がキリストに仕えるように、妻もすべての面で夫に仕えるべきです。夫たちよ、キリストが教会を愛し、教会のために御自分をお与えになったように、妻を愛しなさい。キリストがそうなさったのは、言葉を伴う水の洗いによって、教会を清めて聖なるものとし、しみやしわやそのたぐいのものは何一つない、聖なる、汚れのない、栄光に輝く教会を御自分の前に立たせるためでした。そのように夫も、自分の体のように妻を愛さなくてはなりません。妻を愛する人は、自分自身を愛しているのです。わが身を憎んだ者は一人もおらず、かえって、キリストが教会になさったように、わが身を養い、いたわるものです。わたしたちは、キリストの体の一部なのです。「それゆえ、人は父と母を離れてその妻と結ばれ、二人は一体となる」。この神秘は偉大です。わたしは、キリストと教会について述べているのです。いずれにせよ、あなたがたも、それぞれ、妻を自分のように愛しなさい。妻は夫を敬いなさい。

（エフェソの信徒への手紙第五章二一—三三節）

教会で結婚式を行うことが決まったとき、結婚式に向けての準備会を何度かに分けて行います。神の御前で結婚の誓約をすることの意味、聖書は夫婦生活についてどのように語っているかを話します。その際に今日のテキスト、「妻と夫」への教えが語られているエフェソの信徒への手紙五章二一節から三三節を読むことがあります。この礼拝に婚約中、あるいは結婚して間もないカップルが出席されているとすれば、自分たちに与えられた言葉として聞くことができるでしょう。ところが、わたしとは関係ないこととして聴かれるかたや、複雑な思いをもって聞かれるかたもいらっしゃると思うのです。ここを礼拝説教のテキストとして語ることは簡単ではありません。

またここは、フェミニスト神学の立場から、女性蔑視に当たるとの批判が寄せられる聖書テキストでもあります。日本基督教団は式文の中でも、「結婚式文」の用い方に慎重な姿勢をとっています。今もオフィシャルな式文として用いられる「口語式文」は、序の部分で「女性差別を容認するもののように受け取れる部分がありますので、使用の際には十分な配慮を加えてください」と注意書きがされています。今日の聖句も、「夫への教え」、「妻への教え」として引用されているのですが、配慮が必要な箇所として捉えられているのでしょうか。「口語式文」より後に発行された「新しい式文（試案と解説）」や「式文（試用版）」には、この聖句は入っていません。妻が夫に仕えるという言葉が繰り返されていること、特に二三節の「夫は妻の頭」という言葉が、今日の社会通念から受け入れられにくい言葉となっているからでしょう。

もう一つの問題は、「妻と夫」への教えとして書かれていながらそればかりではなく、三二節には「わたしは、キリストと教会について述べているのです」と語られていることです。こういう言葉に出会うと、パウロは夫婦の関係を語ろうとしているのか、それともキリストと教会との関係を語ろうとしていいのか、よく分からなくなってしまいます。

ただし、聖書はこの二つのことを無関係とはしていないようです。妻に対する教えが語られている二二節から二四節を読むと、「妻たちよ、主に仕えるように、自分の夫に仕えなさい。キリストが教会の頭であり、自らその体の救い主であるように、夫は妻の頭だからです。また、教会がキリストに仕えるように、妻もすべての面で夫に仕えるべきです」と語られています。ここに「ように」という言葉が、三度繰り返されていることに気づきます。また、夫たちへの勧告が語られる二五節でも、「夫たちよ、キリストが教会を愛し、教会のために御自分をお与えになったように、妻を愛しなさい」とあります。これらから分かることは、妻と夫との関係が、教会とキリストとの関係に類比して語られているということです。教会がキリストに仕えるように、妻は夫に仕えなさい。キリストが教会を愛するように、夫は妻を愛しなさいと語られているのです。したがって「わたしは、キリストと教会について述べているのです」と語りながら、三三節で「いずれにせよ、あなたがたも、それぞれ、妻を自分のように愛しなさい。妻は夫を敬いなさい」という言葉でこの段落が結ばれていますので、やはり妻と夫への教えが中心と考えてよい。それにしても、妻と夫との関係を教会とキリストとの関係として結びつけて考えることは、あまりしないことではないでしょうか。

この部分の注解書を見ますと、エフェソの信徒への手紙五章二一節から六章九節までを「家庭訓」と呼ぶものが多くあります。古風な言葉のように思いますが、かつて一つの家族を構成する妻と夫、親と子の間での決めごとや心得を掲げていた家庭は少なくなかったのです。六章五節以下は、奴隷と主人の教えですので、家庭訓とすれば意外に思われるでしょうが、当時の地中海世界において、一つの家庭で奴隷と主人が寝食を共にするのは当たり前のことでした。しばしばキリスト教は奴隷制度を容認していたという批判を聞くことがありますが、そのような問題ではないのです。社会の枠組みの中に家庭があり、そこには夫婦や親子がいるように、主人と奴隷がいるのは自然なことでした。家庭の中でどういう関係性を築いて生活することが、主の御前にふさわしく喜ばれるものであるのかが語られているのです。

大事なことは、信仰生活と日常の生活とを切り離しては考えないということです。パウロは、エフェソの信徒への手紙において、キリストの救いについて教理的な話をした後で、キリスト者の生き方、倫理について語っています。新共同訳聖書の小見出しから拾えば、四章一七節以下の「古い生き方を捨てる」から「新しい生き方」、「光の子として生きる」と、救われて者がどう生きるかを語っています。実は今日のテキストの初め二一節の「キリストに対する畏れをもって、互いに仕え合いなさい」という言葉ですけれども、以前の聖書協会・口語訳聖書では、六節以下の段落の結びに置かれていました。新しくされた者がどう生きるか、まとめの言葉として位置付けられていました。それが新共同訳聖書になって、新しい段落の初めに置かれるようになったのです。妻と夫、親と子、奴隷と主人という相互関係の中で、「キリストに対する畏れをもって、互いに仕え合いなさい」という方向付けがされたのです。

「仕える」という言葉は聖書によく出てきますが、もとの言葉は一つではありません。「奉仕する」と訳されている言葉が一般的なのですが、ここでは「下に立つ」という意味の言葉が用いられています。上に立ったままではなく、下に立って互いに仕え合うのです。わたしたちのために仕えてくださるキリストへの畏れがなければ、互いの関係性だけで下に立って仕え合うことはできません。二二節から二四節で、妻は夫に「仕える」よう繰り返し勧告されています。他方、夫に対しては、二五節で「夫たちよ、キリストが教会を愛し、教会のために御自分をお与えになったように、妻を愛しなさい」とあり、また二八節では、「夫も、自分の体のように妻を愛さなくてはなりません」とあります。夫は妻に「仕えなさい」ではなく「愛しなさい」と勧告されているのです。そうすると「仕える」という言葉が使われているのは妻への勧告だけなので、「互いに仕え合いなさい」という言葉が初めに語られても、結局は下に立つのが妻で、上に立つのは夫ではないか。そのようにも受け取られてしまいそうです。

けれども、「妻を愛しなさい」という夫への勧告も、夫は下に立たなければなし得ないことなのです。なぜなら、「キリストが教会を愛し、教会のために御自分をお与えになったように、妻を愛しなさい」とあります。ここで語られる「教会」とは、教会に生きる「わたしたち」のことを指しています。ですから、「キリストがわたしたちを愛し、わたしたちのために御自分をお与えになったように」と読みかえると、わたしたちのために十字架につけられたキリストの姿が浮かび上がってきます。すると夫に対しては、このキリストと同じ愛をもって、「妻を愛しなさい」と勧告されていることになります。それは死ぬ覚悟をもって夫は妻を愛しなさいと言われていることと同じになるので、夫に対してはより大変な要求が課せられているともいえるのです。

教会とは、教会に生きるわたしたちのことだと言いました。教会に生きるわたしたちは、キリストに従っています。男であれ女であれ、わたしたちのためにご自身の命を献げてくださったキリストの愛に応えて仕えているのです。教会でさまざまな奉仕をするとき、これは教会のためだとか、牧師を助けるためにしていると考えるかもしれませんが、教会の頭はキリストであり、教会はキリストの体なのですから、わたしたちの教会での奉仕は、教会がするキリストへの奉仕そのものだといえるのです。牧師としていつも考えることは、仕えている教会がキリストに喜ばれる歩みをしているかどうかです。この礼拝がキリストに喜んでいただける礼拝となっているかどうかです。わたしたちがどれほど喜んで教会生活を送っていたとしても、その喜びがキリストの喜びとならなければ意味のないことです。わたしたちがしている奉仕は、男であれ女であれ、教会がキリストの花嫁として、花婿であるキリストに仕えることだといえるのです。

今日のテキストで、「キリストに対する畏れをもって、互いに仕え合いなさい」という言葉が主題のように出され、「妻と夫」への教えが語られていくのは、教会生活と家庭生活を一つのこととして捉えていくということです。「教会がキリストに仕えるように、妻もすべての面で夫に仕えるべきです」とあるのは、妻であるあなたは、教会で奉仕をするように夫に仕えなさいと言われているに等しいのです。ある人は、教会でしているのと同じように夫に仕えるなんて気は進まない、と思われるかもしれません。またある人は、夫に仕えるほどに教会で仕えることはできないということになるのかもしれません。ここにも、何十年と夫のため、家族のために三度の食事を用意し、家の中のありとあらゆることをしてこられたかたがいらっしゃるでしょう。共働きであったとしても、家のことをするのは、夫より妻のほうが多いだろうと思います。それは大変な労力です。夫がその大変さを理解せずに、当たり前のことと思ってしているとすれば、上に立ったままでいるのと同じです。それでは、キリストが教会を愛したように、妻を愛しているとはいえません。どれほど神様の栄光を現すべく熱心に奉仕したとしても、御言葉を生きているとはいえないのです。

逆に、家や仕事など日常の大変さを言い訳にして、教会生活、キリストへの奉仕をいい加減なものにしてしまうのも、御言葉を生きたことにはなりません。考えねばならないことは、キリストがわたしたちのために何をしてくださったのかということです。二三節には、「キリストが教会の頭であり、自らその体の救い主であるように」とあります。キリストはわたしたちの救い主なのです。救い主となるために、教会を御自身の体としてくださったのです。二五節では、「キリストが教会を愛し、教会のために御自分をお与えになったように」とあります。御自分の命を与えてくださったキリストの途方もない愛にどれだけ応えているのか。このキリストへの畏れをもって、互いに仕え合って生きているのか、そこが問われているのです。

キリストへの畏れをもって

今日はエフェソの信徒への手紙を読んでいますが、新約聖書の中にはもう一つ、エフェソの教会に宛てた手紙が出てくるのですが、そう言ってピンとくるでしょうか。エフェソの信徒への手紙に、第

一、第二の手紙があるわけではありません。それはヨハネの黙示録に出てきます。ヨハネの黙示録二章から七つの教会に宛てた手紙が出てきますが、その最初に出てくるのがエフェソの教会への手紙です。ヨハネの黙示録の七つの教会はアジア州、現在のトルコのアジア側にある教会ですが、伝道の基点となったのがエフェソの教会でした。ローマ帝国の迫害により、パトモス島に流されたヨハネは、天にいますキリストから七つの教会の天使たちに書き送る言葉を受けました。エフェソの教会に対しては、黙示録二章二節以下で、「わたしは、あなたの行いと労苦と忍耐を知っており、また、あなたが悪者どもに我慢できず、自ら使徒と称して実はそうでない者どもを調べ、彼らのうそを見抜いたことも知っている。あなたはよく忍耐して、わたしの名のために我慢し、疲れ果てることがなかった」とねぎらいの言葉を告げています。「しかし、あなたに言うべきことがある。あなたは初めのころの愛から離れてしまった」と言うのです。

夫婦でも、初めの頃の愛を持ち続けて連れ添うのはたいへんなことです。牧師の招聘も結婚に譬えられることがあります。だからお見合い説教という言い方もされるのでしょう。新しい思いで牧師を迎えても、いつまでも新婚気分ではおれません。次第にお互いの嫌な部分が見えてくることがあります。忍耐して続いているということもあれば、我慢も限界に達して耐えられなくなる場合もあります。そのとき教会は危機を迎えています。キリストの体が痛んでしまう。それではキリストに喜んでいただくことはできません。そこで大切なことは、「悔い改めて初めのころの行いに立ち戻れ」（黙二・五）、「キリストに対する畏れをもって、互いに仕え合いなさい」（エフェ五・二一）の御言葉に聴くということです。

先月、四〇年前に洗礼を受けた松山の教会の創立一〇〇周年記念礼拝に呼ばれました。その教会の講壇に立ったのは、高校生会でクリスマスページェントをして以来二度目のことで、特別な思いをもって説教しました。教会の人たちも懐かしさを越えて伝道者として迎えてくださったことに感謝しています。しばらく、あの礼拝の余韻が残っているという言葉が聞こえていました。一〇〇周年を迎えた教会が色んな意味で転機にさしかかっており、説教で語ったことがぴたっとはまったようなのです。教会のかたの心に残ったのは、「原点回帰」という言葉のようでした。それはまさに、「初めのころの愛」に立ち帰るということです。

日本の教会はすべて開拓伝道と言われながら、多くの教会は伝道二世紀を迎えています。世代交代が順調に進んでいるとはいえず、まだまだこれからなどとは言っておられません。名古屋教会の歴史も、草創期の植村正久の名古屋伝道から数えれば、今年は一四〇年目を迎えています。この地に救いを求める人々がいて、くまなく福音を届けるため教会として設立したのが一三四年前のことです。教会が建つ原動力になったのは、この名古屋の地とこの地に住む人々に注がれた神の愛です。原点回帰するということは、キリストの愛に立ち帰るということなのです。皆が十字架のキリストの下に畏れをもって立つのです。そのとき、キリストに仕えるということが生半可なことでないことを知るのです。

エフェソの信徒への手紙五章二六節に、「言葉を伴う水の洗い」という言葉が出てきます。これは洗礼を意味しています。洗礼を受けるには言葉が伴います。牧師が語ってきた福音を聞いて、信じたから洗礼を受けるのです。洗礼を受けることでキリストと結ばれ、キリストの体なる教会に連なる者とされます。それは花嫁となって花婿であるキリストと一体になるということです。三一節に「それゆえ、人は父と母を離れてその妻と結ばれ、二人は一体となる」とあります。これは創世記二章二四節の引用です。神が「人は独りでいるのは良くない。彼に合う助けるものを造ろう」と言われ、アダムのあばら骨から女を創造されました。アダムが「ついに、これこそ、わたしの骨の骨、わたしの肉の肉」と感嘆の声を挙げたとき、神が「こういうわけで、男は父母と離れて女と結ばれ二人は一体となる」と言われたのです。教会で結婚式をするときの宣言の言葉となっています。

この地上においては、結婚する人もいればしない人もいます。結婚しても、初めの愛を忘れることで離れてしまうことがあります。死別によっていつかは離れてしまいます。洗礼を受けるということは、キリストと結ばれるということです。洗礼を受ける人は結婚する人よりも少ないですが、花婿なるキリストは大きく深い愛をもって、わたしたちを花嫁として迎えてくださいます。結婚式では妻と夫が指輪の交換をしますが、わたしたちがキリストに結ばれるときには聖なる交換が起こります。わたしたちの罪がキリストに渡され、キリストの義がわたしたちに渡されるのです。そのようにして神と和解させられるのです。

心の弱い人間は、初めの愛から離れてしまうことがあります。夫婦生活においても、信仰生活においても。しかし、キリストは変わりません。キリストのわたしたちへの愛は永遠なのです。パウロは「キリストがそうなさったのは、言葉を伴う水の洗いによって、教会を清めて聖なるものとし、しみやしわやそのたぐいのものは何一つない、聖なる、汚れのない、栄光に輝く教会を御自分の前に立たせるためでした」と語っています。心躍らされる言葉です。誰であっても肉体は衰えます。しみもしわも増えてきます。しかし、パウロがコリントの信徒への手紙二第四章一八節で語られるように、「わたしたちの『外なる人』は衰えていくとしても、わたしたちの『内なる人』は日々新たにされていきます」。そして、同じ手紙に「キリストと結ばれる人はだれでも、新しく創造された者なのです」（五・一七）とあるように、洗礼を受けキリストと結ばれた者は誰でも新しい人間として造り変えられるのです。死から命へ向かう人生に転換されるのです。

「キリストへの畏れをもって、互いに仕え合いなさい」。キリストにより新しくされた人間の信仰の土台をなす御言葉です。この御言葉を土台とするときにキリストとの関係が、教会の交わりが整えられます。この現実に生きるならば、危機を迎えている夫婦も、人間関係で苦しんでいる人も、互いの関係を新しく捉え直すことができるのです。

（二〇一七年一一月二六日　日本基督教団名古屋教会礼拝説教）

第六章一―四節

子供たちへ、父たちへ

吉村和雄

子供たち、主に結ばれている者として両親に従いなさい。それは正しいことです。「父と母を敬いなさい」。これは約束を伴う最初の掟です。「そうすれば、あなたは幸福になり、地上で長く生きることができる」という約束です。父親たち、子供を怒らせてはなりません。主がしつけ諭されるように、育てなさい。

（エフェソの信徒への手紙第六章一―四節）

「子供たち、主に結ばれている者として両親に従いなさい。それは正しいことです」。「父親たち、子供を怒らせてはなりません。主がしつけ諭されるように、育てなさい」。これが、この箇所を通して、神さまがわたしたちに語っておられる御言葉です。わたしたちの中で、自分が親を持つ子供である者たち、また子供を持つ親である者が、心深く受け止め、従うべき言葉です。

この言葉は、エフェソの信徒への手紙第六章の最初の言葉ですが、しかし、内容としてはこの前の

第五章から続いていることです。第五章二一節に「キリストに対する畏れをもって、互いに仕え合いなさい」という言葉が語られています。それに続いて、妻と夫に対する言葉が記され、子供たちと父親たちに対する言葉が記され、そして、奴隷と主人に対する言葉が語られています。教会の中で、夫婦と親子、そして主人と奴隷という特別な関係にある者たちに対して、語られているのです。

しかしながら、「キリストに対する畏れをもって、互いに仕え合う」ということは、夫婦や親子に限らず、教会の中で生きているわたしたちすべてが、お互いの関係を考える時に従うべき御言葉です。どのようなことをするにしても、教会の中で兄弟姉妹たちと一緒にする時に考えることは、キリストに対する畏れをもって、互いに仕え合うことです。そのことが求められる。

しかしながら、そのように、わたしたち誰にでも当てはまること、当てはめるべきことが、ここでは特に、夫婦や親子、主人と奴隷という関係の中で取り上げられるのです。それはおそらく、そういう特別な関係の中にある時に、キリストに対する畏れをもって互いに仕え合うということが、難しくなるからであろうと思うのです。そういう特別な関係にある時に、自分たちの間に、主イエスが立っておられることを認めることが、難しくなるのではないか。主イエスをそっちのけにして、夫婦として生きてしまう。あるいは親子として、主人と奴隷として生きてしまうということになりがちなのではないか。そういう意味で、特別な関係にある者に対してこそ、丁寧にこれを語る必要がある、ということではないか、と思う。

そういう中で今日の御言葉は、子供たちと父親に語っている言葉です。そこで第一に言われていることは「子供たち、主に結ばれている者として両親に従いなさい。それは正しいことです」ということです。

　わたしは今回この箇所を繰り返し読みながら、一種の感動をもってこの言葉を受け止めました。聖書が、子供である者に対して、第一に言っていること、それは、両親に従いなさい、ということなのです。いったいこういうことは、わたしたちの社会でよく言われることなのでしょうか。学校の先生たちは、子供たちに対して、両親に従いなさい、と教えるのでしょうか。あるいは親は子供に対して、面と向かって、親に従いなさい、ということを言われるか。正直に申しまして、そういうことが言いにくい社会になっているのではないでしょうか。だから、子供たちに向かって「世の中の役に立つ人間になれ」とか「自分なりの夢を持て」とか、そういうことは言われるけれども、「親に従う子供になれ」とは言わない。それがいいとは、思えないのです。でも、今日の御言葉は何と言っているかというと、「それは正しいことである」というのです。正しいか正しくないか、よく分からない、というのではないのです。状況によって変わる、というのでもないのです。それは正しいことなのです。正しいから、どんな状況の中でも、これが言われなければならないというのです。

　しかしながら、一方において、わたしたちの社会の中で「親に従いなさい」ということが言いにくくなっている、ということには理由があると思います。これはどの社会でも同じだと思いますが、昔は、子供は当然のごとくに親に従うことが求められましたし、実際に子供の意志などほとんど顧みられることなく、親の意志ですべてが決められてしまうということが、行われてきたからです。あるいは国によっては今でも、そのような習慣の中で生きているところがあると言われています。そういう古い社会のあり方から、子供たちがひとりの人として重んじられる社会へと変わってきている。これは本人にとっても、社会にとってもいいことで、そういう意味で社会は進歩しているのです。だから、社会の中で、子供は親に従いなさい、ということが言われなくなっているのです。

でも、そういう中で聖書の御言葉は、子供である者に対して「両親に従いなさい。それは正しいことです」と言うのです。これはどういうことか。もちろんこれは、聖書の中に、当時の古い社会の考えが残っている、ということではないのです。実際にそうやって聖書の言葉を分類して、今の社会の考えに添ったものだけを受け入れるという読み方もありますが、しかしそれはわたしたち信仰者の読み方ではありません。わたしたちはこれを、神さまの言葉として読んでいます。神さまの言葉であれば、それは必ずわたしたちの現実に対して意味を持っているはずです。そういう言葉としてこれを読むのです。

そうしてみると分かりますが、ここでは子供であるものに対して言われているだけではありません。親に対しても、聞くべき言葉が、語られています。「子供を怒らせてはならない」とはっきり言われている。親であれば、どのように子供を扱おうと自由、というわけにはいかない。神さまに与えられた存在として、これを育てなければならない。そういうことが、はっきり書いてある。わたしの読んだ注解書には、これは当時の社会においては革命的なことだったと書いてあります。聖書は、古い社会が古い社会のままで存在することを許してはいないのです。そういうものを乗り越えて、わたしたちが新しく生きる道を指し示している。正しい道を指し示しているのです。

ここで言われている「両親に従いなさい」という言葉は、ここにも書かれている通り、旧約聖書が伝えている十戒のひとつに基づいています。その中の五番目の戒めは「あなたの父母を敬え」です。

十戒では「敬え」ですが、この手紙では、それを「従いなさい」と言い換えています。敬うということは、単に心の中で重んじるということではない。具体的に親に従うことだということをはっきりさせている。カルヴァンは、この言葉について、ここでこの手紙が「従いなさい」と言って、わたしたちの具体的な生活のあり方に踏み込んでいるのは、わたしたち人間が服従を避けるからだ、と言っています。そういうわたしたちのあり方に挑戦しているのだ、というのです。なるほどそういうことかと思います。口先だけで、親を敬っています、というわけにはいかない、ということです。

しかしながら、そうであればなおさらのこと、ここで問わなければならないことがあると思います。「両親に従いなさい。それは正しいことです」と、このみ言葉は語っているのですが、本当に両親に従うことが、いつも最善の道であるのか、ということです。この戒めというのは、教会に通っている者であれば誰でも知っていることでありますが、でも実際にこの言葉を実行しようとすると、本当に難しい問題にぶつかる。それは、このことなのです。親に従うことが、いつも最善だと言えるのか、そうは言えないではないか、ということです。

これはこの戒めについて考える時のひとつの前提ですが、ここで言われる「子供たち」は、実際に年齢の低い、幼少の者ではありません。既に成長して、大人になっている者のことです。幼少の者であれば、問題は少ないと思います。実際にわたしたちみな、幼少の頃は親に頼って生きてきましたし、そのころは素直に親を尊敬し、言うことを聞いていたと思います。しかしながら年齢を重ねて、大きくなるにつれて、親の足りないところや尊敬できないところが見えてくるようになる。あるいは、ひとりの人間として、親とは違う考えをはっきりと持つようになる。さらに、親がしだいに年を取って、力においても判断においても、子供の方がまさっている、そういう時の子供に対して、言われている言葉なのです。

そういう中で、これはわたし自身の体験ですが、わたしはどちらかというと親の言うことを聞く子供だったと思っているのですが、でも親の方はそう思っていなかったようです。いつでしたか、わたしにこういうことを言いました。「親の意見となすびの花は千にひとつの無駄もない」。今の人はこんなことを言うでしょうか。なすびというのは、茄子です。茄子は花が咲くと必ず実がつく。無駄な花はない。親の意見もそれと同じだというのです。よほど腹に据えかねていたのかもしれません。それに対してわたしが何と言ったか。「なすびの花には無駄がないかもしれないが、うちの親の意見には大分無駄がある」。まあ、ずいぶん生意気な子供だったようで、今から考えると恥ずかしい限りです。そのわたしが教会の牧師になるために、当時務めていた会社をやめて神学校に行くことになった。当時既に結婚して子供がおりまして、客観的にはなかなか難しい状況でした。しかし、それが御心だと信じて、また妻も賛成をしてくれましたので、一歩踏み出したのです。その時に、一番強く反対をしましたのは、わたしの父親です。父親はクリスチャンで、わたしよりもずっと長い信仰生活を送っておりました。田舎の小さい教会をずっと支えてきた人間でしたので、喜んで賛成をしてくれるか、と思っておりましたら、逆に反対をされました。日本の地方の教会の厳しい状況の中で苦労して伝道している牧師を助けてきましたので、息子にそういう苦労をさせたくないと思ったのだろうと思います。結局わたしは父親の意見に従わず、神学校に進んだのですが、もしあの時、親の意見に従っていたら、わたしは今とは全く別な道を歩んでいたことになります。大分後になってから、父親が、お前が牧師になって本当によかったと言ってくれたことがありました。それは本当に嬉しい言葉でした。ですから、これはどんなことでも無条件に親の言うことに従わなければならない、ということではないと思います。当然のことですが、神さまのみ心が示されているのであれば、それに従わなければならない。あるいは、み心が示されたということではないとしても、親の意見に逆らって行動した場合には、いつかは、親を納得させられなければならないと思う。

今日のこの戒めというのは、十戒の中の五番目です。初めの四つは、神さまに関わることです。「わたしをおいて他に神があってはならない」という戒めから「安息日を心に留め、これを聖別せよ」という戒めまで、神さまが中心になっている。六番目からは、わたしたち人間の間のことについての戒めです。「殺してはならない」「姦淫してはならない」という戒めです。「父母を敬いなさい」という戒めは、ちょうどその間にあるのです。神さまについての戒めと、人間のついての戒めの、間にあるのが、この戒めです。ですからこれは、人間的な思いに基づいて、親を大切にしなさい、と言っているのではなくて、神さまとの関わりにおいて、親を敬いなさい、と言っているのです。親を敬うことは、神さまを敬うことにつながるのです。イスラエルにおいて、親は何よりも、神さまの救いを語ってくれる人間です。そういう人の言葉を、軽んじてはならない。自分に神さまを教えてくれた人、自分に信仰を伝えてくれた人を、たといその人が年老いて、判断において間違うことがあったとしても、決してないがしろにしてはならない。それが、主に結ばれた者としてふさわしいあり方なのだ。今日のみ言葉は、そのように語るのです。

そして、そういう御言葉に、約束が伴う。「そうすれば、あなたは幸福になり、地上で長く生きることができる」という約束です。父母を敬う者は、幸せになって、長生きができる、と神さまが約束をしておられるのです。ここでは「地上で」となっていますが、もともとの言葉は「地上」ではなくて「主が与えられる土地」です。神さまが与えられる土地で長く生きられる、というのです。神さまが与えてくださった土地から外に出てしまうのではない。そこに留まるのです。神さまを「わが主よ、わが神よ」と呼び続けるのです。父と母を敬う者は、そういう祝福の中で生きることができるというのです。これが神さまの約束です。

もうひとつ、このことに関連して思い起こしたいことがあります。ルカによる福音書の第二章の終わりに、主イエスが一二歳の時の出来事が書いてあります。家族と一緒に神殿に行かれた時に、他の家族は帰ったのに、主イエスひとりだけ神殿に留まられた。帰り道で主イエスがいないことに気づいた両親が、神殿に戻って、学者たちと議論をしている主イエスを見つけて、母マリアが「わたしたちがどんなに心配したか」と言って叱るのです。それに対して主が「どうしてお捜しになったのですが。わたしが自分の父の家にいるのは当たり前だということを、知らなかったのですか」とお答えになるのですが、両親にはそれが理解できなかったのです。でも、それから主イエスは一緒にナザレ村へ帰って、そこで両親にお仕えになったと言うのです。一二歳というのは、子供から大人になる時です。もう既に主イエスは、ご自分の父がどなたか、ということを自覚なさった。でも、それからもなお、そのことを理解しないヨセフとマリアを両親として、彼らに仕えて生活されたのです。父と母を敬いなさいという戒めの言葉を聞く時に、この主イエスのお姿は、わたしたちが心に刻んでおくべきものであると思います。

そのように、子供である者に対して戒めが与えられる。それと同時に、親に対しても、従うべき言葉が与えられる。子供が親に仕える道が示されていると同時に、親が子供に仕える道が示されているのです。それが「父親たち、子供を怒らせてはなりません。主がしつけ諭されるように、育てなさい」という言葉です。

ここですぐに分かることですが、「父親たち」と言われています。母親ではない。父親です。これは大事なことです。この時代、父親はほとんど外へ働きに出ていました。家で子供と過ごす時間は、母親の方が圧倒的に多かったのです。今でも、そういう傾向はあると思います。でも、ここで言われているのは母親ではなくて、父親です。子供をしつけ諭すのは父親の責任なのです。子供のことは母親に任せています、というわけにはいかないのです。

しかしながら、父親にとって、これはなかなか難しいことではないでしょうか。父親として、子供を教え諭すことが求められるのですが、特に最近は、父親が父親として存在することが、難しい時代です。よく、父親不在の時代と言われます。マスコミがよくそういうことを言うのですが、しかしこのことについて、ある人が面白いことを言っています。父親が権威を失ったのは、テレビのせいだ、というのです。家にテレビが来る前、家族は食卓を囲んで食事をしていた。父親が一番いい席に座って、この世のことや、社会の動きなどを語って聞かせた。子供たちは、父親を通して、外の世界のことを学んだというのです。ところがそういう家にテレビがやってきて、家族は食卓を囲まなくなった。一番いいところにテレビが置かれて、みんなテレビを見ながら食事をするようになった。父親が正面に座ろうものなら、お父さん邪魔だからどいて、と言われるようになった。そして子供たちは外の世界のことを、父親からではなくて、テレビから教えてもらうようになった。それで父親が権威を失ったのだ、というのです。なるほどと思う。今やテレビだけではありません。インターネットだの、メールだの、ラインだのというものを駆使して、父親よりも子供の方が外の世界をよく知っている時代になりました。ますます、父親が父親として存在していくことが、難しい時代になっている。

しかしながら、そういう時代だからこそわたしたちは、今日の御言葉に耳を傾ける必要があると思います。神さまは「父親たち」と言うのです。父親が父親として存在することが難しくなった時代だからこそ、父親たちに呼びかける。父親であることを、やめてはならない、というのです。子供を怒らせないで、主がしつけ諭されるように、育てなさい、と言うのです。

この、子供を怒らせないで、という言葉は、いろいろに理解されます。注解書では、父親が子供の意志など無視して、権威者として振る舞うから、子供が怒ると書いてあります。確かに、この当時はそうであったのでしょう。でも今はむしろ逆ではないかと思います。父親が父親として存在していないことに対して、子供が怒るのではないでしょうか。確かにいろいろな情報がこの世にあふれていますし、父親の知らないところで子供たちはそういうものに触れている。しかし、だからこそ自分の中にしっかりした基準がないと、そういうものに振り回されてしまう。スマートフォンを使って多くの友達と連絡を取りながら、でも子供たちは孤独を感じたり、不安を抱いて生きている、と言った人がいます。そうだろうと思う。そういう時代だからこそ、基準となるものを教えてくれる人が必要です。神さまの言葉を語ってくれる人が必要なのです。祈ることを教えてくれる人が必要なのです。

もうだいぶ前に亡くなられた方ですが、田原米子さんという方がおられます。「生きるってすばらしい」という講演を、日本中の学校を回って、子供たちに語り続けられた人です。この教会でも、何度かお呼びして講演をしていただきました。この方は高校生の時に、電車に飛び込んで、右手の指三本を残して、他の手足を全部失ったのです。でもその後キリストに出会って救われて、その恵みを語り続ける人になられた。

この方がどうして電車に飛び込むようになったか。ご自身が話しておられました。きっかけは、父親を病気で失ったことです。家庭から父親がいなくなったのです。母と姉と暮らしていたのですが、このふたりは田原さんの求めに、決して「だめだ」とは言わなかったそうです。言えなかったのかもしれません。何を要求しても、受け入れられる。傍目から見ると幸せに見えるかもしれませんが、本人はそういう中でどんどん不安になっていく。ご自身で言っておられましたが、子供は、自分が許されている範囲を確かめるのだ、というのです。いろいろ要求して、「これ以上はだめだ」と言われると、それで納得する。そういうことを繰り返して、自分の許される範囲を確かめて、安心するというのです。それが、どこまで行っても「だめだ」と言われない。だから不安になって、どんどん要求がエスカレートする。そして最後は不安に耐えきれずに、電車に飛び込んでしまった、というのです。だめだ、と言ってくれる人がいなかったのです。体を張って、自分を止めてくれる人がいなかったのです。それは、本当に自分を愛してくれる人がいなかったということです。だから望みを失ったのです。

「父親たちよ、子供を怒らせないで、主がしつけ諭されるように、育てなさい」と言われる。主がしつけ諭されるように、です。主イエスがなさったように、育てなさい、と言われる。それは何よりもまず、子供を愛するということです。主イエスが弟子たちを愛してくださったように、愛し抜いてくださったように、子供を愛する。それはいつも子供に良い顔をしている、ということではないでしょう。必要な時には、体を張ってでもその前に立ちはだかることがあるかもしれない。そうやって、しつけ諭さなければならないことが、あるかもしれない。父親は、そのようにして、子供を育てるのだと言うのです。

「父と母を敬いなさい」という戒めについて、マルティン・ルターが、この戒めをきちんと守ることができる人は、聖人と呼ばれるに値する、と言っているそうです。これが神の命令であり、聖なる言葉だということを、本当に認めている人はいないからだ、というのです。認めるとは、忠実にそれに従う、ということでしょう。そういう意味で言いますと、自分の親に対する姿勢を顧みて、自分は本当に神さまが命じておられるように親に対してきたのかと自問して、心の痛む思いをしなくてすむという人がどれくらいおられるか。あるいは、父親たち、と言われて、主があなたを愛されたように、あなたも子供たちを愛し抜いて育てなさいという言葉を聞いて、自分がどのように子供たちに対してきたかを省みて、心の痛む思いをしない父親が、どれほどおられるか。そういう意味で言いますと、この戒めの言葉を聞く時にもなお、わたしたちは、主イエスがなぜ十字架についてくださらなければならなかったかを、身に染みて分からせられる思いがするのです。ここにも、主イエスの十字架が立っているのです。そして、だからこそ、そういうわたしたちにも、望みが与えられている。不十分な者でありながらなお、主イエスがなさったように、子供として親を敬い、あるいは父親として、あるいは母親として、主イエスがなさったように子供を愛する、そういう歩みを、力を尽くして続けていく。そのような道が開かれているのです。

（二〇一三年九月一日　キリスト品川教会礼拝説教）

第六章五―九節

喜んで仕えなさい

吉村和雄

奴隷たち、キリストに従うように、恐れおののき、真心を込めて、肉による主人に従いなさい。人にへつらおうとして、うわべだけで仕えるのではなく、キリストの奴隷として、心から神の御心を行い、人にではなく主に仕えるように、喜んで仕えなさい。あなたがたも知っているとおり、奴隷であっても自由な身分の者であっても、善いことを行えば、だれでも主から報いを受けるのです。主人たち、同じように奴隷を扱いなさい。彼らを脅すのはやめなさい。あなたがたも知っているとおり、彼らにもあなたがたにも同じ主人が天におられ、人を分け隔てなさらないのです。

（エフェソの信徒への手紙第六章五―九節）

今日の話を準備するためにある先生の書かれた説教を読んでおりましたところ、その中に、伝言ゲームの話が出てまいりました。その方の教会の教会学校で、子供たちが伝言ゲームをしたのです。伝言ゲームというのは、何人かが一列になって、その中の最初に人に、ある言葉を耳打ちするのです。

するとその人が次の人に耳打ちして、また次の人に耳打ちしてというふうに、順に言葉が伝えられていって、最後の人が聴き取った言葉を発表する。いくつかのグループでこれをやって、一番正確に伝わったグループが勝ち、というゲームです。伝えられる言葉は何でもいいのですが、その時のゲームでは聖書の中の言葉が用いられた。それもあまりよく知られていない言葉が用いられたというのです。例えば「フィリポはナタナエルに出会って言った」という言葉です。これだけ聞いて、これがヨハネによる福音書の第一章に出てくる言葉だと、皆さんの中にはお分かりになる方もおられると思いますが、しかし教会学校の子供には難しいかもしれない。そういう言葉を、最初の子供に耳打ちして、何人かが順にそれを伝えられて、最後に聴き取った子供が何と言ったかというと「ピーピー泣かないでください」と言ったというのです。フィリポという名前が、ピーピーになって、ナタナエルが、泣かないでくださいになったのです。

これは子供のゲームの話ですが、しかしその先生は、わたしたちが聖書を読む時に、同じことをしてはいないか、と言うのです。聖書の言葉は、そのまま聖書に書いてある。それをちゃんと目で読んでいる。あるいは聖書を説き明かす言葉として、耳で聞いている。しかし、そこに書かれている言葉、そこで語られている言葉を、その通りそのまま受け取っているだろうか、というのです。この伝言ゲームのように、まったく違った言葉になってしまってはいないか。あるいは、語られているのに、まるでそれがなかったかのように記憶から落ちてしまっていることはないか、というのです。その先生は続けて、自分たちは聖書を読んで、心に残った言葉に線を引くけれども、本当は赤い鉛筆と青い鉛筆を用意して、心に残った言葉に赤線を引き、残らなかった言葉には青線を引いてみてはどうか、と言っています。自分がどういう言葉を素通りしてしまっているかが、よく分かるだろう、というのです。

そういう問いかけの言葉を聞きながら、与えられた今日の聖書の言葉を読んでみますと、確かに自分にも、そのようなことがあるなと思わされるのです。そういう意味で、今回一番わたしの心に残ったのは、八節の言葉です。「奴隷であっても自由な身分の者であっても、善いことを行えば、だれでも主から報いを受けるのです」という言葉です。今まで自分は、こういう言葉をあまり心に留めてこなかったのではないか、と思う。みなさんはどうでしょうか。こういう言葉を心に留めてこられたでしょうか。聖書の中に、こういう言葉が出てこないのではありません。よく出てきています。マタイによる福音書の第六章を読みますと、主イエスご自身も、「隠れたことを見ておられるあなたの父が報いてくださる」という言葉を繰り返し語っておられる。でもわたしたちは、どれほどこういう言葉に心を向けてきただろうか。それよりもむしろ、報いなど求めないで、自分がすべきことだからする、という考えできたのではないだろうか。それはそれで、間違っているわけではない。人がほめてくれようとくれまいと、そういうことに動かされないで、自分がすべきことだからする、というのは、大事なことです。でも、神さまが報いてくださる、主が報いてくださるというそのことを、聞き過ごしてしまっていいのか。もっとそのことに心を注ぐべきではないのか。あるいは、もっとそのことを期待して、神さまがちゃんと報いてくださるということを期待して、あるいは主イエスがきちんと報いてくださることを期待して、その期待の上に自分の信仰生活を作り上げるべきではないのか。そうしたら、自分たちの信仰の歩みが、もう少し違ったものになるのではないか。神さまの報いを期待する、あるいは主イエスの報いを期待するということは、天に目を注ぐことです。何の報いも求めません、と言いながら、わたしたちは、結局、天に目を注ぐことをやめてしまってはいないか。だからわたしたちの歩みが、結局は地上のことだけを考えたものになってしまっているのではないか。このことは、わたしたちひとりひとりが、心に留めておいてよいことだと思うのです。

今日の箇所は、奴隷たちと主人たちに対する言葉です。わたしたちの教会では、奴隷と主人の関係にある教会員というのは、考えられませんが、しかしこの手紙が書かれた当時は、教会の中に、そういう関係にある人々が少なくなかったのです。奴隷というのは、人間が、家畜と同じように、他の人の財産のひとつになることです。人間ですが、他の人の所有物になるのです。この当時は、戦争に負けた国の人が勝った国の人の奴隷になったり、あるいは経済的な理由で、自分の身を売って奴隷になることもあったようです。知識も教養もある奴隷がいて、そういう人たちは、家の中で重要な役割を任せられたと言われています。それだけではありませんで、奴隷の中から学者や哲学者が出ています。総じて、社会の中で生産活動に従事したり、あるいは文化的な活動に従事していたのは奴隷たちであって、彼らが当時の社会を支えていたのです。わたしたちは、奴隷というと、鎖につながれて、悲惨な状況の中で、厳しい労働を強いられている人々というふうに想像しますが、そういう人たちばかりではなかったということです。

しかしながら、厳しい労働を強いられるということでなくても、やはり他の人の所有物になるというのは、大変なことです。主人の言うことには絶対に服従しなければなりません。そういう点での自由は全く認められない。人間としての基本的な自由を持たないのです。ですからギリシアの哲学者たちは、奴隷というのは人間ではないのだから、これを公正に扱うとか、不公正な扱いをするとかいうことは、問題にならない、と言っているというのです。公正とか不公正というのは、人間について言えることで、奴隷は人間ではないのだから、そういう基準は当てはまらない、ということです。言葉を変えて言えば、奴隷は主人からどのような扱いをされようと、文句は言えないということです。それが奴隷という存在です。

教会の中に、そういう奴隷という身分の人たちがいた、ということで、いつも議論になることがあります。いったい教会は、そういう奴隷制度というものと、戦ったのか、ということです。人間を人間として認めないということは、許されることではない。当然そういうこととは、戦うべきだ、ということです。しかしながら、そういう目で聖書を読んでみますと、初代教会の指導者たちが、表だって奴隷制度と戦ったという記述はありません。教会の中の奴隷たちに対して、自分を人間として扱わないような主人に従う必要はない、というようなことを、言いませんでした。逆です。今日の箇所の初めに書いてあるように、「奴隷たち、キリストに従うように、恐れおののき、真心を込めて、肉による主人に従いなさい」と言ったのです。これは、この手紙を書いたパウロだけが言っていることではありません。同じく初代教会の指導者であったペトロが書いたと言われている、ペトロの手紙一にも、同じ内容の言葉が出てきます。この点で、聖書の姿勢は非常に明確なのです。そういうところから、キリスト教会は、権力者に都合よく用いられる手段になるのだ、という批判もなされるのです。しかしながら、本当にそうか。それだけなのか。わたしは、それだけではないだろう、と考えています。

聖書が伝えている最初の奴隷解放の出来事は、出エジプトです。エジプトにおいて、ファラオの奴隷になっていたイスラエルの人々に対して、神さまが指導者としてモーセを送ってくださり、彼らをエジプトから救い出してくださった。これが出エジプトです。そのために神さまは、彼らの目の前で海の水を分けるという奇跡を起こされた。彼らは分かれた海の水の間を通って、シナイ半島に逃げた。そこで、完全に奴隷の身分から解放されて、自由の身になったのです。

でも、これはそれに続く荒野の旅の物語を読んでみてすぐに分かることですが、政治的な意味で自由になったということが、実はもっと深いところで罪の奴隷になっているということを、明らかにするのです。エジプトにいて、ファラオの奴隷として厳しい労働に従事していたときには現れてこなかった彼らの問題が、自由の身になったとたんに表面に出てきてしまうのです。解放していただいたのですから、心から感謝して、旅を続ければよいのに、ちょっと不安なことや、難しいことにぶつかると、不平を言ってモーセを困らせ、最後にはエジプトへ帰りたいと言い出す。こんなことなら、奴隷のほうがよかったということまで言うのです。本当の意味で、自由に生きることができない、彼らの問題が、そこで明らかになるのです。

だから、教会は奴隷制度に対して戦わなかったという批判がありますし、それは当たっている面がありますけれども、それでは奴隷制度がなくなれば問題は解決するのか。教会はそのことに全力をあげるべきであったのかというと、わたしはそうは思わない。教会は、奴隷であるということよりも、もっと深いところにある人間の不自由に対して戦いを挑んできたのです。そこからわたしたちを解放するための戦いを、してきたのです。その最初の言葉が「奴隷たち、キリストに従うように、恐れおののき、真心を込めて、肉による主人に従いなさい」という言葉なのです。

ここでパウロは「肉による主人に従いなさい」と勧めています。これは当然のことのようですが、決してそうではありません。もともと奴隷というのは、主人に服従するものなのです。服従しなければならなかった者たちなのです。勧めがあろうとなかろうと、服従するのです。それが奴隷なのです。でもパウロはここで、奴隷たちに対して「肉による主人に従いなさい」と勧めているのです。従いなさい、と勧めるのは、従うかどうかは、本人の自由だからです。主人に従うかどうか、それはあなたがたの自由だと、パウロは言っているのです。自由なのだから、あなたがたは自分の意志で、自分の決断で、肉による主人に仕えなさい、と言っているのです。

具体的なことを言えば、奴隷ですから、主人の命令には従うのです。その点での自由はないのです。従わない自由というのは、与えられていないのです。でも、その時にどういう姿勢で従うかということは、ひとりひとりの自由な意志と決断によるのです。そして、この自由だけは、どのような状況も、どのような主人も、奪い取ることができない。この自由だけは、決して失われることがない。その点であなたがたは、間違いなく一人の人間なのだ、というのです。そこにおいて、あなたがたは、人間として生きられる。だから「キリストに従うように、恐れおののき、真心を込めて」肉による主人に従いなさい、と言います。真心を込めて、です。形だけの服従をすることもできるのです。あるいは主人の目の届かないところでは手を抜くということもできるのです。でも、あなたがたはそういうことをしないように。あなたがたは、真心を込めて従うように、とパウロは言うのです。あなたがたには、それができるのだ、と。

このことは、わたしたちに大事なことを教えています。わたしたちは、この当時の奴隷たちのように、制度的な意味で奴隷であるわけではありません。人間扱いをされない、ということもない。でもわたしたちも、それぞれの立場において、どうしても負わなければならないものを負うことがあるのです。教会の牧師であれば、その教会の牧師であるがために、どうしても負わなければならない務めというものがあります。あるいは職場においてもそうでしょう。この職場にいるために負わなければならないものがある。あるいは家庭においても、この家庭の一員であるために、夫であるために、妻であるために、負わなければならないものがある。そういうものが、何一つないという人は、おそらくいないでしょう。わたしたちは、必ずどこかで、何かを負って生きているのです。そして、負わなければならない、という意味において、わたしたちは、制度的には奴隷ではないとしても、ここに言われる奴隷と同じ立場に立つのです。「奴隷たち、キリストに従うように、恐れおののき、真心をこめて、肉による主人に従いなさい」というのは、わたしたちに対する勧めなのです。キリスト者の自由に生きよ、という勧めです。あなたがたには、それができる、というのです。

状況から言うならば、わたしたちは当時の奴隷たちよりも、はるかに自由です。奴隷たちは逃げ出すことができない。でもわたしたちは、逃げ出すことができます。職場は変えることができる。家庭だって、教会だって、その気になれば逃げ出すことができます。負わされているものを、放り出してしまうことができる。でも、それをしないのです。自分の自由な意志と決断によって、そこに踏みとどまるのです。そこで真心を込めて、肉による主人に従うのです。そうしなさい、というのです。それが、わたしたちに語りかけられている神さまの言葉です。

奴隷である者たちが、奴隷であるままで、自由に生きるということが、どうして可能になるのか。その根拠はどこにあるのか。先ほど、出エジプトの話をしました。エジプト王の奴隷であったイスラエルが、モーセに率いられてエジプトから脱出する物語です。しかしながらモーセは初めから、奴隷であるイスラエルを解放せよとファラオに言ったのではないのです。初めの要求は、荒野の中に三日の道のりを行って、そこで神さまに犠牲を献げて、礼拝をすることを認めてほしいということです。礼拝をさせてほしい、と言ったのです。ファラオはこれを認めなかったのですが、でもこの要求は本当に深い意味を持っています。実はこれが、奴隷解放の業の始まりなのです。先ほども申しましたように、奴隷というのは主人の持ち物です。イスラエルはファラオの持ち物だったのです。でもそのイスラエルが、荒野の中で神さまを礼拝するのです。礼拝というのは、神さまを、このわたしの神さまとして拝むことです。神さまに向かって、あなたはわたしの神さまです、ということです。もちろんそう言えるのは、神さまの方から先に、「わたしはあなたがたの神である」という言葉をかけてくださるからです。そのようにして、礼拝をしたときに、イスラエルは、たとい表面的にはファラオのものであったとしても、本質においては、神さまのものになるのです。礼拝をしたときに、彼らはもはや奴隷ではなくなるのです。そういう意味で、出エジプトという奴隷解放の業を礼拝から始めるというのは、まさしく本筋です。モーセは本筋から、事を始めようとしたのです。

そのことは、今日の箇所においても同じです。ここで「奴隷たち」と呼びかけられている人たちは、礼拝をしているのです。そして礼拝をしている限り、彼らは、この世的にはどのような境遇にあろうとも、神さまのものであって、人間の奴隷ではないのです。だから続けてこう言われるのです。「人にへつらおうとして、うわべだけで仕えるのではなく、キリストの奴隷として、心から神の御心を行い、人にではなく主に仕えるように、喜んで仕えなさい」。

ここではっきりと言われている通り、彼らは「キリストの奴隷」なのです。何よりもまず、キリストの奴隷です。キリストのものです。そこから、この世における奴隷としての生き方が生まれてくるのです。それが「人にへつらおうとして、うわべだけで仕えるのではなく」ということです。こういう生き方が、自由な生き方であることは、誰が見ても明らかです。人にへつらおうとしたら、すなわち、人によく見てもらいたいという思いで行動したら、どうしたって人の顔色を見ることになります。相手の様子によって、自分の行動を変えなければならなくなります。これは本当に窮屈な生き方です。そんなことをしないで、相手がどうであろうと、自分が仕えようと思うやり方で仕えることができたら、本当に自由です。そういうことというのは、誰でも分かるのです。人にへつらおうとして生きたら不自由になると、誰でも分かるのです。でも、そこから抜け出せないのです。そういう境遇に陥った人が、自分の力でそこから抜け出すのは、本当に難しいのです。でも、主イエスは、そこからわたしたちを解放してくださったのです。どうやって解放してくださったのか。わたしたちを、ご自分の奴隷にすることによって、です。キリストの奴隷になることによって、わたしたちは、人間の奴隷になることから、解放されるのです。

キリストの奴隷は、キリストに仕えるのです。どうやってキリストに仕えるのか。目の前にいる主人に仕えることを通して、です。人にではなく、主に仕えるように、喜んで仕えなさい、とパウロは言うのです。肉による主人がキリストなのではないのです。あくまでもただの人間です。主人がいつもいつもやさしい人であるとは限りません。厳しい主人もおり、冷たい主人もいるのです。愛の労苦が、いつも報われるとは限りません。感謝もされず、いたわりの言葉もないことも、少なくないのです。でも、その人に仕えることによって、わたしたちは、キリストに仕えるのです。目に見える主人に仕えることを通して、目に見えないキリストに仕えるのです。そのようにして、わたしたちは、自分がキリストの奴隷であることを、明らかにするのです。

そして、そういう者たちに、約束の言葉が与えられる。「奴隷であっても自由な身分の者であっても、善いことを行えば、誰でも主から報いを受けるのです」。報いがあると言うのです。それは、あなたのしてきたことは神さまのみ心にかなったことだった、あなたのしてきたことこそ正しいことだったということを、神さまが明らかにしてくださることです。そして同じパウロが、コリントの信徒への手紙一の第一章でこう語っている。「主は闇の中に隠されている秘密を明るみに出し、人の心の企てをも明らかにされます。そのとき、おのおのは神からおほめにあずかります」。愛の労苦というのは、隠されていることが多いです。まるで闇の中で行われているように、誰も見ていないし、誰も気づいていないことが、ほとんどです。でも、神さまはそれらすべてを明るみに出される、というのです。人知れずなされた愛の労苦を、すべて明るみに出される。そして、おほめの言葉をくださる、というのです。よくやったねと言ってくださる。どんな小さなわざも、神さまの目にとまらないことはない。ひとつひとつについて、神さまがほめてくださる。報いてくださるというのです。

でもそういう約束というのは、奴隷だけのものではないでしょう。ここでは最後に、奴隷たちの主人にも語られています。奴隷たちを脅してはならない。あなたがたと彼らと同じ主人が天におられる、というのです。奴隷というのは、主人の所有物です。どのように扱おうと主人の自由という考えが、世の中にはあったことでしょう。しかしあなたがたはそれをするなと言われる。奴隷たちの本当の主人は、天におられると言われる。その言葉を受け入れて、他の主人たちとは違った扱いを、自分の奴隷たちに対してすることは、やはりひとつの信仰の決断を要することです。時には、主人でありながら奴隷に仕えることもあり得たかもしれません。でもそのことを受け入れるのです。自分もまた、主に結ばれた者として生きているからです。

わたしたちのこの礼拝の終わりに、派遣の言葉が語られます。「父がわたしをお遣わしになってように、わたしもあなたがたを遣わす」という言葉です。その言葉を聞き、祝福を受けて、それぞれの生活の場へと遣わされて出て行きます。自分が、仕え人として生きることを求められるところです。あるいは、自分が仕えられる立場に立つ、そういうところです。しかし、仕える者であっても、あるいは仕えられる者であっても、わたしたちはそこで、約束を受けている者として生きるのです。どのような小さな業をも、主は見ていてくださるという約束です。そして善いことを行えば、だれでも主から報いを受けることができるという約束です。その約束を受けて、わたしたち遣わされるのです。

この世において、主イエスの僕として生きる皆さんの日々を、神さまが豊かに祝福してくださいますように。

（二〇一三年九月一五日　キリスト品川教会礼拝説教）

第六章一〇―二〇節

結び合う戦い

高橋　誠

最後に言う。主に依り頼み、その偉大な力によって強くなりなさい。悪魔の策略に対抗して立つことができるように、神の武具を身に着けなさい。わたしたちの戦いは、血肉を相手にするものではなく、支配と権威、暗闇の世界の支配者、天にいる悪の諸霊を相手にするものなのです。だから、邪悪な日によく抵抗し、すべてを成し遂げて、しっかりと立つことができるように、神の武具を身に着けなさい。立って、真理を帯として腰に締め、正義を胸当てとして着け、平和の福音を告げる準備を履物としなさい。なおその上に、信仰を盾として取りなさい。それによって、悪い者の放つ火の矢をことごとく消すことができるのです。また、救いを兜としてかぶり、霊の剣、すなわち神の言葉を取りなさい。どのような時にも、〝霊〟に助けられて祈り、願い求め、すべての聖なる者たちのために、絶えず目を覚まして根気よく祈り続けなさい。また、わたしが適切な言葉を用いて話し、福音の神秘を大胆に示すことができるように、わたしのためにも祈ってください。わたしはこの福音の使者として鎖につながれていますが、それでも、語るべきことは大胆に話せるように、祈ってください。

（エフェソの信徒への手紙第六章一〇―二〇節）

パウロは「強くなりなさい」と言います。この言葉をお聴きになって、皆さんがどう感じになるでしょうか。一週間の生活でいささか疲れておりますと、教会に座り込んでほっとするということでもあるでしょうし、そうすると強くなりなさいという言葉は、「この上強くならなくちゃいけないのか」というような思いさえ抱かせる場合もあるかもしれません。あるいは、「いやあ、こういう言葉はもう括弧に入れて、まあ、パウロ先生がまた言っているという形で聞き過ごそう」ということも、ひょっとしたら起こるかもしれない。もっと違う言葉が聞きたいってことになるかもしれないのです。この礼拝のプログラムでも、起立するところと座って過ごすところもありまして、今は皆さんが座っていますが、今日共に聴いた言葉では、パウロは「立つことができるように」と三度も勧めるわけでありまして、いよいよもって何か無理難題ふっかけられているようなそんな気持ちになるということがあるかもしれないのです。

しかし、改めてパウロが思い定めて語っている言葉であります。「最後に言う」というのですが、これは手紙の最後の言葉ということです。しかし、それだけではないかもしれない。手紙全体を読むと分かるのですが、これは獄中から書かれた手紙です。そうすると、ひょっとしたらほんとうに最後かもしれないと思うところもあるでしょう。パウロの真剣な思いがあふれておりますから、私どももやはりこの言葉に真剣に向かい合う必要があるでしょう。

この言葉への向かい合い方があると思うのです。それは何のために強くなるのかということを、私どもがはっきりと捉えることでしょう。強くなれって言ったって、プロレスラーのように強くなれと言っているわけでもありませんし、私どもが何か悟りきって精神的に強い人間になれと言っているとでもないのです。何のために強くなるのかははっきりしています。今日は一〇節から読み始めましたけれども、これは何度も申し上げることですが、聖書は章や節はもともとついておりませんし、段落も間違いない付け方があるわけではありません。区切りは便宜のためにあとから付けられたもので、今日のところなどは、特に連続した手紙であることをよく考えなくてはならない。いきなり強くなれと言い始めたのではないのです。何のためかということはつながりではっきりする。前段の話を見ますと、この第五章二二節あたりから、「妻たちよ」という言葉から始まりますが——実はその前からも始まっているのですけれども、とりあえず——そこから夫婦の一体と言う話が、始まります。それから親子の愛の関わりということが語られます。もうちょっと読んでまいりますと、第六章に入り、親子の関わりことがあって、五節からは当時の「奴隷たち」に対しての言葉です。彼らが主に対するように誠実に主人に向き合いなさいと言うのです。あるいはその奴隷を自分の所に置いている主人も、奴隷に対して同じようにしなさいということが語られております。実を言うと、もっと前から、教会が結び合って生きるということが語られています。今日の招きの言葉で「この教会はキリストの体であり……」という言葉を読みました。この手紙の第一章二三節で語られます。つまり、教会がキリストの体として違いのある者同士が結び合って生きていることがこの手紙のテーマです。そう語りつつ、この終わりの第六章で、夫婦も結ばれ、親子も結ばれ、奴隷と主人も結ばれることが語られ、教会は一つだと言われているのです。そうすると夫婦について語るときに、実は「キリストと教会のことについて述べている」のだと言うパウロの言葉もよく分かります。キリストと結び合い、そこでこそ共に生きる人々と結び合うということです。

人間は結び合う時に深い喜びを見いだします。生きる力を見いだします。それだけに人間の悲しみもはっきりしております。結び合えないときです。孤独を感ずるときです。本当に大切だと思っている人との関わりで、実は結ばれていなかったというような事ごとに出くわす時に、私どもはいたく傷つきます。人間は結び合ってこそ人間になると言って良いほどのことでしょう。パウロはこの結び合うという話を進めつつ、ここで、「強くなりなさい、立つことができるように」と言っている。結び合う戦いにおいて、強くなりなさい、座り込んではいけない、それがここで言われていることです。

これはよく分かることなのではないでしょうか。しばしば人間は結び合うことの中で疲れ、あきらめ、弱くなってしまうからです。読んでまいりますと求められているのは「真理」や「正義」や「平和」ということです。真理というのは本当の生き方です。正義とは正しく生きることです。そして平和とは相手を赦しながら結ばれて生きることです。それが政治運動だけではなくて、家族や職場の日常の関わりにおいて、そのように誠実な生き方をする。今は奴隷制度はありません。むしろ労働者が奴隷的にならないように、いろいろな法で守られますが、パウロが言うのは大きく言えば労働の場面についてと言い換えてもよいでしょう。そうした働きの場や家族の中での、つまり私どもも日常の関わりにおいて結び合うべきなのですが、しかしそこで人間は弱くなる。パウロはそのことをよく知っているのでしょう。信仰者といえども、いや信仰者だからこそ、弱さを自分で上手に受け止めてしまうのです、「こんな愛の少ない自分だからキリストは赦してくださっている」というふうに。そこでは立っていないのです。座り込んでしまうのです。自分の弱さ、愛の弱さの中に居座るのです。そして結局、十字架を仰ぎながら、誰とも結ばれない。十字架を仰いでいるようでいて、しかしみんながばらばらになってしまっている。そういうことだって起こります。「弱い自分が赦される」ことは十字架の前で確かに起こることでしょう。しかし、赦しが弱さに甘んじるということでよいのか。パウロは「強くなりなさい」と言います。

しかしそう言われても、自分について正直に考えれば考えるほど強くなれない。これもぬぐいがたい私どもの思いでしょう。強くなりなさいと言われても自分の弱さはどうしようもないのです。信仰の生活が長ければ長いほど、どこかで自分の弱さを位置づけるのが上手くなってしまうところがある。「この弱さはもう仕方のないこと。自分のこの部分はあらがいようもないこと」と位置づけて、座り込んでしまうってことだって起こるでしょう。そういう中で強くなりなさいと言われても、どうもそれを正面から受け止めることができなくなってしまう。この言葉を聴きつつ、身をかわすということだってあると思う。

その時に私どもは何をしているのかというと――こう言い方が許されるでしょう――自分の感じている弱さから物事を考え始めているのです。物事を考え始める起点が弱さから、ということになる。「こんなに愛のない自分に何ができるというのか」というふうにです。しかし、この考え方の轍は、たとえばこんなところにも及ぶでしょう。「この弱い私を変えることがおできにならないキリストも、強さに限界があるようだ。イエスさまのお力がここにまでやってきているかどうか分からない」。自分の弱さを基準に弱さを起点に、物事を考え始めるときに、自分の弱さからキリストの弱さまで類推するようになってしまう。これは私どもの信仰の歩みに生じる一つのトリックと言ってもよいものです。

だからこそ、パウロはここでとても大きな言葉で、そういう私どもを揺り覚まそうとするのです。申し上げたとおり、これはパウロが「最後に言う」と、彼の生涯をかけるような言葉です。そこで何と言ったか。「主に依り頼み！」。起点の転換を図っているのです。原文では、「主の中で」という言葉です。そうすると、私どもが強くなる地点を言っていると言ってもよいでしょう。「主にあって」と訳す聖書もあります。つまり、あなたがたにあって、あなたがたの感じている弱さにあって、そこで強くなりなさいと言ってないのです。「主にあって！」。キリストから考え始めているのです。あなたの弱さから考えるんじゃない。主に依り頼み、主にあって、その偉大な力によってと言いつつ、「さあ、キリストから始めよう！」と私どもを招いているのです。

私どもは、自分が心に感じていることがすべてだと思うところがあるのです。今日はいい天気ですが、暗い心を抱えておりますと、明るい日の光すら忘れて暗い心でうなだれて歩くということだってあります。自分の周りに光があふれているのに、自分を起点に考えると、こんなに確かな日の光だって見失ってしまう。しかし、日の光より揺るぎない事実として「主にあってその偉大な力によって」、このことは揺るぎません。あなたがどんなに小さく、どんなに弱かろうとも、だからといってキリストまでが小さくなったわけじゃない。弱くなったわけじゃない。パウロはそれを思い起こさせようとするのです。私どももここで聴き取らなくてはならない。私どもはどんなに弱かろうと、私どもがどキリストまで愛に貧しくなったわけではない。私どもの弱さをよそに、依然としてそこに存在し続ける、私どもに差し出される偉大な力がある。「主にあって、その偉大な力によって強くなりなさい」と。

若い頃、私の信仰の悩みを解いた言葉の一つは、改革者ルターのこんな言葉です。皆さんも信仰の迷いの中で、思い起こし繰り返すことができるでしょう。「救いはわれらの外に、すなわちキリストの内に」。あるいはこのルターの言葉によって育てられたボンヘッファーという神学者がおりますが、この神学者はおもしろいことを言います。「自分の心の中のキリストは、兄弟の言葉におけるキリストよりも弱い」。私どもの心はキリストを弱くしてしまうのです。自分自身の心から考えたらキリストは弱くなってしまう。私どもの外にいるキリストこそほんとうのお方だ。あなたのうなだれた心からキリストを類推してはいけない。信仰の兄弟であり友である、パウロの言葉におけるキリストを聴かなくてはなりません。「主に依り頼み、その偉大な力によって」。

実は、そのような自分の弱さを起点に物事を考えるというところに何があるかというと、一一節に入りますとすぐに言う、「悪魔の策略に対抗して」。悪魔の策略があるのだと言うのです。悪魔の策略とは何かというと、フォーカス・焦点をずらす策略です。フォーカスを現状にずらすのです。心の中にある思わしくない感情、それに起因する人間関係にフォーカスし、そこをクローズアップさせておきながら、こう言わせるのです、「どうせだめだ。悪感情は乗り越えられない。あなたのそう感じている現状が答えのすべてだ」。しかし、その背後でとんでもない結論が見え始めています。悪感情は乗り越えられないという結論は、もう一歩進みますと、憎しみと分断こそ世界の結論だというところにまで行くでしょう。自分のこの心、この肌に感じているこの関わりがすべてだとそう思ったときに、私どもは一つの答えを出しているのです。「世界は憎しみと分断だ」という答えです。

悪魔は、怖い格好はしておりません。悪魔は姿を隠しつつ、やることだけやればそれでよいのです。悪魔のやりたいことはただ一つ。神をわれわれの関わりにくさびを打ち込み、人と人との関わりにくさびを打ち込むことです。主イエスは律法の何が大切かを二つだと言われました。「心、精神、思いを尽くして主を愛すること。そして、隣人を自分を愛するように愛することだ」と。サタンはこれをひっくり返して言う。神を捨てることと隣人と切れてもかまわないと思うことだ。分断や対立や混乱、破壊こそ、世界と人間のいたしかたない結論だというふうにフォーカスをずらすのです。

パウロのフォーカスはここで違うところに合わせられます。「悪魔の策略に対抗して立つことができるように――ここにパウロのフォーカスは出てくる――神の武具を身に着けなさい」（一一節）。もう一回出てきます。一三節です。「しっかりと立つことができるように、神の武具を身に着けなさい」。「神の」なのです。「あなたの」ではないのです。「神の武具」なのです。「神の」にパウロのフォーカスはあります。武具は神からやってきていることが重要なのです。私どもの武具であってはならないのは弱いからです。神の武具であればいいのです。ある人はここを丁寧に長い文章を書きながら解説していますけれども、原文でここは「神のすべての武具」というものです。一一節も一三節も神の「すべての武具」です。新改訳は原文どおりに「神のすべての武具で」と訳しています。この言葉の長い解説を書いているその人は、「『すべて』にしてはシンプルだ。帯と胸当てと靴とかぶとと剣。あまりにも素朴な武具だ。当時の主要な戦力であった石投げ器や戦車が、どうしてここに登場していないのか」。そして彼はこう言うのです、「ここにある強調は武器自身の強力さにではなく、『神の』というところにある」。さらに、「霊的であればそれでよい」。霊的であればそれでよいというは、言い直せば、人間の力へのこだわりがなければそれでよいということです。自分の力が強いだの、こんな強力な武器を持っているだの、そんなことは関係がない。わざとシンプルに、しかもそれが「すべて」だと言いながら、神の武具と言うのは、あなたの力ではなくて、ただ神の力だということでしょう。

そうするとここにある文章もよく読めるようになるでしょう。一三節は「だから、邪悪な日によく抵抗し、すべてを成し遂げて」。どうして、成し遂げることが「すべて」と言われているのか。これは神さまの話をしている。神の武具をいただいたら、成し遂げるのはすべてなのです。

私どもはその戦いを、しばしば「血肉を相手にするもの」だと見誤ってしまう。血肉を相手にするというのは、目に見える相手と自分です。相手を変えようと戦います。表面上の人間関係での戦いです。そこで相手に一所懸命働きかけ、理由は愛かもしれませんが、相手を変えることを課題と目して、表に裏に力を加え、結局お互いが傷つくような関わりです。相手を非難する心が生まれ、ひょっとしたら言葉が口に上るかもしれない。血肉の中に何か変化が見えてくること、相手がどれだけ変わったか、自分がどれだけ相手を変えられたかを一所懸命見ようとする。けれども、自分や相手の変化の痕跡を一所懸命見ようとしたら、結論はこうでしかありません。「ああ、まだ自分はこんな心を抱えている。またこんなこと言ってしまった」とか、「あの人はいつもああだ、あの人は少しも変わらない」。そうしているうちに、「結局、見たところ何も起こらない。これが、結果なのだ」。そう思わせる。血肉に生じていることがすべての結果だ、と。

夜のニュース番組を見ていましたら、その最後にスポーツコーナーがあります。そこで一日の相撲の取り組みの結果、野球の試合結果、サッカーの試合結果。誰が勝って誰が負けたかを報じます。一日の終わりの夜にやるのです。それは、全部試合が終わっているからです。私どもの信仰における戦いの気分がそんな気分になる。全部終わっていて、試合結果が出ていて、ああやっぱりあれもだめこれもだめ、あの人もだめだし、自分もだめだ。試合結果の報告を聞いているような気分を、私どもは植え付けられるのです。しかし、パウロは言います。聖書は言います。主は言われます。「戦いである。立ちなさい」。終わってはいない。試合中なのです。神のホイッスルはまだ鳴っていないのです。

きょう、ここにお集いの一人一人が、さまざまなことを抱えているでしょう。負けたなあと思うことがあるかもしれないし、傷を負ったなあと思うことがあるかもしれない。けれども、私は聖書に促されながら、パウロに捕らえられながら、はっきりと申し上げなくてはならない。試合はまだ終わっていない。「悪の霊に対する戦いである」。悪の力に対する戦いを私どもはしているのです。ホイッスルは鳴ってないのです。まだ軍配は上がっておりません。関係を乱してほくそ笑み、そして偽物のホイッスルを鳴らしてもうこれで試合は終わり、もう座る時だと思い込ませる、それが悪魔の策略なのです。

悪魔は「火の矢」を放ってまいります。何で火の矢なのか。火の矢は受けると燃え広がるからです。火の矢は、小さい火だと安心していられません。火の矢は受け止めてしまえば全体が燃えるんです。初めのわずかな一点だけれども、その一点は相手の中に炎の広い広がりを切り開いてしまう。この火の矢は、疑いの火の矢です。神を疑わせ、人を疑わせる火の矢です。「なおその上に、信仰を盾として」と言われておりますけれども、「なおその上」とは何の上かと言うと、「真理を帯、正義を胸当て、平和の福音を告げる準備」の上です。これは人間が一所懸命取り組む愛の行いでしょう。真理というのは、ほんとうのことです。神がおられ、人間は神に造られ、神の真理の言葉に従って生きるというのが真理と申し上げてよいでしょう。それは何よりも愛の生き方です。正義というのは間違いが作る悲しみから人間を救う正しさです。間違えているあり方に対して本当に正しいところへと引っ張る力です。物や金よりもはるかに大切な人間の尊厳を守る、そういう正義です。平和というのは人と相和することです。相手を赦す愛に生きること。主イエス・キリストが赦してくださったように、私どもも赦しに生きようとすること。それが平和の福音の備えを足にはくということでしょう。けれどもこうして生きようとするときに、火の矢が飛んでくるのです。この生き方が標的にされるのです。信仰の盾がないと火の矢を受けてしまう。「真理を重んじて生きたね。神の言葉のとおりに生きようとしたね。ところで、どうなった？　あの人の方が幸せそうじゃないか」。「正義を重んじて、正しさを重んじて生きた。あなたは立派に他の人がするようなずるいことはしなかった。人を大切にして生きたね。ところで得した？　損した？」。「平和を重んじてきたね。相手を赦したね。ところで赦された相手はどうなった？　変わった？」。「真理や正義や平和の福音に生きたって、そんなこと少しも得にならないし、意味もない。そんなことで少しも変わらない。見てごらん、この世界を、こんなに憎しみが燃えているじゃないか。こんなに分断が進んでいるじゃないか。おまえが愛に生きたところでどうにもならない」。そういう疑いの火の矢が、私どもが真理に生きるとき、正義に生きるとき、平和に生きようとするときに打ち込まれてくる。だから、「信仰を盾として取りなさい」と言う。盾は、イザヤ書を見ますと、盾に油を塗っていたことが分かります。滑らせる油です。火の矢が飛んできたときに、刺さる前に滑らせてそらすのです。それは、その火の矢を受けてしまったら燃え広がるからです。初めのところでその接点を交わすのです。疑ったときに人間はどうするかって言うと、検証します。何か疑いが生じたとき、果たしてそうかと、疑いをいったん引き留めて、疑いが拭えるかどうか、検証し始めるのです。目に見えることであれば、そういう仕方で疑いを払拭することができることもあります。けれども、信仰のことにおいて、私どもに疑いが投げ込まれてきたとき、その疑いをいったん受け止めて、そうか、神さまがどこに働いているか調べてみよう。今まで何をしてくれただろうか。自分が愛に生きたからと言ってどう変わっただろうか。去年の今頃はどうだったか。日記でも調べますと「やはり同じじゃないか」ということになりかねません。疑いを私どもが検証し始めたら、火は燃え広がります。神さまも心許ないと思うようになります。

火矢を保っているうちに、燃え広がってしまう。だから、信仰の盾でその火矢の火を跳ね返すのです。要するにここでパウロが言うのは、その火を消すこと、あなたに燃え移り燃え広がらないようにすることです。

どうするか。「われ信ず」と言って、火矢を跳ね返すのです。「われ信ず」というのは、使徒信条の最初に出てくる文章です。使徒信条は、ラテン語ではクレドーという言葉から始まります。その言葉が耳に残ったのか、使徒信条はクレドーというあだ名で呼ばれました。日本語の訳では、「信ず」という言葉は文章の後ろに出てきますが、原文は違います。最初に言う、「クレドー、私は信ずる」と。初めから悪魔の火の矢を受け付けない態度と言ってもよいでしょう。何を語るより先に、信仰を手に取りながら、「私は信ずる、全能の父なる神を、天地の造り主を」。そう言って、神への疑いを差し挟ませない。私は、こういう戦いがあると思うのです。

私は、一〇年前にやや大きな手術をしました。生まれて初めての手術でした。その数年前から、国が難病指定している病気に診断されました。医者からは、治療法が確立されていなくて、外科手術以外に、内科的療法では根治できないと説明されました。内科治療で入退院を繰り返しながらいろいろな治療法を試しましたけれども、治らずに、入退院を繰り返している。つらい時を過ごしました。妻はもっとつらかった。私は入院してしまうものですから、教会の説教は妻がしなくてはならない。しかも、家族のこともしなくてはならない。夫の病院にも行かなくてはならない。「何でこんなことになるんだろう。ひょっとしたら単に不運なだけなんじゃないんだろうか」という思いさえしてくるでしょう。そんな中で「神さまも実はこれは見えていないんだよ、神さまにも覚えられていないんだよ」というようなささやきを聞くような気分になる。その時に、妻は病院への三〇分ぐらいの車の中で、何をしたかというと――あとで話してくれました――使徒信条を大きな声で一人で唱えた、「われは天地の造り主、全能の父なる神を信ず！」と。信仰の盾で疑いの火矢を跳ね返すのです。神の支配なんかないのだ、神が結び合わそうとする力など幻だ、そのように放たれる火矢を「われ信ず、クレドー」。そう言いながら跳ね返す。ここに全能の神のまなざしがある。ここにも神の摂理の御手があるのだと信じるのです。

信仰の盾をどうか手に取ってください。疑いの火矢を消してください。われ信ずと言いながら、たゆまずに真理と正義と平和に生きるのです。

攻め込む武器が一つだけ書いてあります。あとはみんな防御の武具です。攻め込む武器は、「御霊の剣、すなわち神の言葉」です。言葉の戦いならば負けずに、サタンを追い詰めることができるのです。もちろん、サタンは言葉すらも挫こうといたします。サタンが教え込む言葉とはこういう言葉です。「現状がすべてだ。ほら、現状は暗い。現状は悲しい。現状は苦しい。現状は憎しみだ」。その時に、サタンが与える言葉は、悲しければ悲しいということを語るだけ、苦しければ苦しいということを語るだけ、憎ければ嫌いということを語るだけの言葉です。サタンは、言葉の源泉を自分の心にさせます。心で感じているものが言葉になる。しかし、こうした何かを感じている自分の心と直結する言葉というのは、感じているものを強めるしかない言葉です。改めて考えてみると、こういう感じているものに縛られた言葉に現代は満ちているのではないでしょうか。ヘイトスピーチが問題になります。何がヘイトかというところで議論はありますけど、しかしそこに動いている心は、不快な心です。その心に正直になる。恥ずかしげもなく、臆面もなく、心の中にある不快な感情を言葉にするのです。自分の心に正直になったときの言葉は、どんなに暗いでしょうか。自分の心を源泉とした言葉というのは、抜け道はありません。その心から何が生まれるかというと、憎しみしか生まれない。そういう、現状の鎖につなぐような言葉をサタンは私どもに語らせようとするのです。

確かに苦しいときは、苦しいという言葉を語るでしょう。それが自身が必ずしも悪いことではない。悪いことではないけれども、私どもは鎖につながれていない言葉も語れるのです。それは、神の言葉です。ここで、パウロは言います。「そして鎖につながれているのであるが、つながれていても語るべき時には大胆に語れるように」。鎖につながれていることなどものともしないで、鎖から解き放たれて語れるように、ということとも言えるでしょう。「大胆に」という言葉はパウロが愛する言葉ですけれども、語ることとよくつながっています。大胆に語るというのは、いろいろな捉え方ができますけれども、一つのことを言えば、大胆に語るというのは、全部を語るということです。つまり現状を見て語る言葉だけではなく、与えられている言葉全部を語るのです。神の言葉まで語るのです。神さまの言葉は現状に捕らわれた言葉などではありません。神の言葉は鎖につながれてはいません。創世記の初めを見たらお分かりになるでしょう。「闇が淵の表を覆っていた」と書いてある。そして創世記で、聖書で神の言われる言葉のひと言目に、「神は光あれ」と言われた。神さまが闇があったときに「暗い」とはおっしゃらなかったのです。神さまは闇がある時に「光あれ」とおっしゃったのです。現状を、鎖から解き放って、新しく創り出す言葉を語ることがおできになる。それが、御霊の剣、神の言葉です。闇を切り裂く言葉です。憎しみを切り裂く言葉です。そこで、神の光を差し入らせる言葉、それを語ることは許される。私も、パウロと声を合わせてお願いをしたいのです。どうか、語れるように祈ってほしい。説教者のために祈ってほしい。み言葉を語る者のために祈ってほしい。

言われているのは「邪悪な日」です。そこで「すべてを成し遂げて」と言われるのです。この「邪悪な日」というのは、ギリシア語訳の旧約聖書を読んでいた、当時の一世紀の人たちには、思い起こすものがあったのです。一世紀の人々は、旧約聖書をもともとのヘブライ語のものよりも、ギリシア語訳のものを知っていました。その人々にとって、「邪悪」という言葉ですぐに思い出すのは、荒野での民の姿です。民数記第一四章二七節で「この悪い共同体は、いつまで、わたしに対して不平を言うのか」と言うときに、ちょうど同じ言葉が使われています。荒野の民というのは、悩みの中で神を疑うのです。悩みに満ちた荒野の中で、神はどこにいるのかという状況に囲まれながら、そこで、その悩みに捉えられて、神が導いてくださることなど心許ないと言い始めるのが、荒野の民の悪さです。邪悪な日というのは、そういう時代なのです。荒野の中を行くような時代です。神さまは生きているのは一体どこに見えているのだとつぶやく時代なのです。確かに、そうでしょう。私どもの時代において、はっきり言いますと、教会までもおかしくなってしまうのではないかという時代です。ヨーロッパもアメリカもキリスト教国ではなかったのか、と思うようなことも生じます。損得勘定によって内向きに閉じてゆく時代です。世界大で崩壊が進むかに見える。まさに荒野の時代です。この「悪しき」というのは、危険という意味でもある。危険な時代。うっかりすると信仰を失いそうになってしまう危険に満ちた時代です。

昨日のＮＨＫの夜の七時のニュースをご覧になった方もおられるでしょう。その中で昨日は一月二七日、アウシュビッツ解放を記念する国際ホロコースト記念日だという報道がなされておりました。そしてはっきりこんなことが語られた。「国連のグテーレス事務総長は、ナチス・ドイツによるユダヤ人の大量虐殺、ホロコーストを思い起こす日に合わせてビデオメッセージを発表し『ネオナチと白人至上主義者が極端な憎しみをまき散らしている』と危機感を示しました」。そう言わざるをえないような、邪悪な日です。この邪悪な日に、神の言葉を語り続けるのです。分断と崩壊が進み、違う人間はどうせ違うんだと言いながら、他に対する責任を負おうとしないということが横行していくような時代にあって、一体となること、一つの体となること、結ばれることを語り続けるのです。ちょうどエフェソの教会にあったのと同じ状態です。ユダヤ人と異邦人の間に隔ての壁が立てられたのです。

だからパウロはこう語っているのです。「それはサタンの策略だということに気づいてほしい。神の御心は結ぶこと」。世界大でそういうふうなことが起こっているときに、私どもは神の言葉をここで語り続け、聴き続ける。

実のことを言うと、ここに立つときに、私は怖くなる。小さな者が一体何をしているのだろうと思う。礼拝にやってくる人々に一体何が語れるのかとそう思う。お前が語っているようなことは、世界の中で一体どういう意味があるんだと、それこそ悪い者の放つ火の矢が飛んでくるのです。つぶされないで語れるのは、皆さんの祈りに支えられてのことです。感謝します。座り込んで高橋先生のために祈ろうと祈っているということかもしれませんし、あるいは意識的にそう祈ることはないかもしれません。でも、礼拝にやってくる皆さんの姿は祈りの姿でしょう。皆さんが神さまの言葉に期待しながら、祈りを込めてここにやってくる。私がそれにどんなに励まされているか。愛する兄弟姉妹、私どもはサタンに逆らって神を信じているのです。神の武具を身に着けているのです。「神の」です。どうせ、お前たちは街の片隅で信仰をもっているだけだ、そう言うかもしれない。けれども、どうぞ、そのささやきにそそのかされないでほしい。ここで、一つに結ぶ言葉を聴き続けたいと思う。

昨年末、呼びかけて、教会堂の前からキャロリングをしました。「一年間暗かった、凄惨な事件に八王子も巻き込まれて、そのテレビのニュースに、この教会堂もそして前の通りも――そこはいつも掲示板にみ言葉を掲げている通りですが――映った。この闇を巻き返そう、歌声に加わってほしい」と、私が一度呼びかけましたら、あのイヴの夜に、五〇名超える人が集まってくださった。そして歌ったのです。ここから外に向けて、それこそ夕闇に向けて、「主は来ませり！　主は来ませり！」と大きな声で歌ったのです。あとで多くの人が言いました、「楽しかった！」。そう！　そういう楽しみがあるのです。聖霊の楽しみです。闇を追い返す楽しみがある。どうぞ、ここに、この礼拝に集ってください。ここで光の言葉を聴き続けようではありませんか。そして、この世の闇を跳ね返そうではありませんか。祈りをいたします。

ニュースより確かな言葉を私どもはここに発見しています。現状を語るばかりではない、現状を語りつつ新しい現実を造り出す言葉、それをここにいただいております。既に今日、光の言葉をいただいて、暗い世界に立ち向かって立ち上がることができるようにしてくださったことを感謝いたします。どうぞ、この言葉を携えながら、それぞれのところに帰っていくことができますように。どうか、真理に生きることができ、正義に生きることができ、平和に生きることができますように、主よ、私どもを強めてください。主イエス・キリストの御名により祈ります。アーメン。

（二〇一八年一月二八日　日本ホーリネス教団八王子キリスト教会礼拝説教）

第六章二一―二四節
教会――励まし合うキリストの体

金田佐久子

わたしがどういう様子でいるか、また、何をしているか、あなたがたにも知ってもらうために、ティキコがすべて話すことでしょう。彼は主に結ばれた、愛する兄弟であり、忠実に仕える者です。彼をそちらに送るのは、あなたがたがわたしたちの様子を知り、彼から心に励ましを得るためなのです。

平和と、信仰を伴う愛が、父である神と主イエス・キリストから、兄弟たちにあるように。恵みが、変わらぬ愛をもってわたしたちの主イエス・キリストを愛する、すべての人と共にあるように。

（エフェソの信徒への手紙第六章二一―二四節）

教会――励まし合うキリストの体

皆様に主イエス・キリストの恵みと平和が豊かにありますように。祝福のご挨拶をいたします。

本日は、地区の講壇交換礼拝で遣わされてまいりました。お会いしたことのある方もおられますが、今朝初めてお会いした方もおられます。わたしたちは主にあって一つ。ただ独りの神をこうして共に礼拝できる喜びをひしひしと感じております。今朝、与えられた、エフェソの信徒への手紙から神の言葉を聞いてまいりたいと思います。

西川口教会に比べて、川越教会は大先輩。埼玉の地で、一〇〇年を越える歴史の中に生かされています。大先輩の教会に行くのだという思いでまいりました。西川口教会も、川越教会も、埼玉地区の諸教会も、キリストの教会は、この地上で、それぞれ兄弟姉妹が集められて、礼拝をささげて、互いに励まし合って、祈り合って、生きていきます。地上の教会は、そのようにして、ずっと福音宣教の業をバトンタッチして、今日に至ってまいりました。

今朝与えられた聖書箇所から、教会の姿を見ることができます。励まし合う教会。祈り合う教会。戦う教会。愛し合う教会。福音を告げる教会。祝福を告げる教会。このような教会の姿がここから読み取れます。それは、エフェソの教会に限らず、どの文化でも、どの地域でも、どの時代でも、このように地上の教会は生きて、生かされています。

今日は埼玉地区の交わりの中で、わたしはここに遣わされてまいりました。この手紙の中で教会の交わりの中で、人が送られるという箇所があります。エフェソの信徒への手紙の第六章二一節と二二節を読ませていただきます。

エフェソの信徒への手紙第６章21－24節

わたしがどういう様子でいるか、また、何をしているか、あなたがたにも知ってもらうために、ティキコがすべて話すことでしょう。彼は主に結ばれた、愛する兄弟であり、忠実に仕える者です。彼をそちらに送るのは、あなたがたがわたしたちの様子を知り、彼から心に励ましを得るためなのです。

新約聖書の中に使徒パウロが書いた手紙はたくさんあります。たいていのパウロの手紙の結びには、教会に対しての具体的な勧めが語られております。エフェソの信徒への手紙においては、ティキコという奉仕者が送られることが書かれています。この手紙を書いたパウロは、福音のために捕らえられて獄中にある。そしてそこで何をしているか、それをティキコに伝えてもらう、というわけで、遣わされた。その目的は、あなたがたが、つまりエフェソの教会が、わたしたちの、つまりパウロの様子を知って、そのことにとって、心に励ましを得るため、です。

今朝、わたしが川越教会に行くということは、皆様が、わたしの言葉、福音の言葉を通して、神からの励ましを得るためです。いつも主の日の礼拝は、そのようにして、福音の使者である木ノ内牧師が福音を宣教してくださって、わたしたちは福音の言葉によって心に励ましを得る。今日、わたしは西川口教会からまいりましたから、この手紙のような感じですが、そのように伝道者や、奉仕者が、神に立てられて、遣わされ、教会の方たちの心がそれによって励まされ、支えられ、生かされるということ。教会はそのように生きてまいりました。

何よりも、獄中にあって、使徒パウロの、この手紙を書いた著者パウロの関心事は教会であったということです。自分のことよりも、教会がまことに教会として生きていくためには、できることは何でもする。それがパウロの思いであって、そのためにティキコを遣わしたわけです。

なぜならば、教会というのは、そのままで順調で、何も心配はないという集まりではないからです。

地上の教会はいつも誘惑にさらされています。それは、今日の聖書箇所の少し前のところ、エフェソの信徒への手紙の第六章の一〇節以下を見れば、分かります。教会は悪と戦うのです。誘惑にいつもさらされていて、油断すれば、悪魔に足元をすくわれかねないのが地上の教会です。わたしたちもまたそういうことを体験しています。ですから、使徒パウロは、教会がいつも福音に留まることができるように、ティキコを送るわけです。悪に打ち勝つ道は、福音の言葉、神からの励ましと慰めを絶えず、新しく受けることです。そのためには祈り合うということが、悪に勝つ道だということが、ここに語られているわけです。

六章一〇節はこのように始まります。「最後に言う」。手紙を終えるにあたって、使徒パウロは教会にこう言います。「主に依り頼み、その偉大な力によって強くなりなさい」。教会は、弱いままではいけない。強い教会になる。でもそれは自分の力でするのではなくて、逆説的なのですが、本当に神から力をいただかなければ弱いのだと深く自覚することから始まります。自分の弱さも御言葉によって深く自覚されるものなのです。だからこそ主に依り頼み、主の偉大な力を受け続けることによって、信仰の足腰が強くなる。「悪魔の策略に対抗して立つことができる」のです。

西川口教会では、一人一人が毎日聖書を読み祈ることができるように、という取り組みを続けています。「アシュラム」という祈りの集会を年に一度持ち、毎年初心に帰って、日毎聖書を読み、互いのために祈ることを集中して学び、四〇回以上続けています。それを補強するようにして、一〇年以上前になりますが、ディボーションの学びを教会でいたしました。その後有志だけになりましたが、日々祈ることを学び、そのディボーションの学びを終えた方たちと、月一度の分かち合いの会を持っています。それぞれが聖書に示されたことを分かち合っています。主から御言葉を通して励ましを受けたことを分かち合い、分かち合いによっても励まされています。

先週、分かち合いの会があり、参加された方が、祈りの勧めの言葉を分かち合ってくださいました。キリスト者作家であるC・S・ルイスの『悪魔の手紙』から引用した、祈りの勧めの言葉です。マタイによる福音書六章一三節「わたしたちを誘惑に遭わせず、悪い者から救ってください」。この祈りの説き明かしになっています。

「悪魔は……人間に神の言葉を疑わせ、神なしに善悪の最終判断ができるという傲慢な思いを持たせる悪い者である。……悪魔は存在しないという人は悪魔の手中に陥っている。……悪魔の誘惑から逃れる方法は、私たちを取り返すために御子を世に遣わした神に目を向けることである。

『彼ら（人間）が、敵（神）に目を向けているときは、われわれ（悪魔）の負けである。しかし、そうさせない方法がある。一番簡単な方法は、彼（神）を見つめさせず、人を見つめさせることである』。

わたしたちが悪魔に勝つ生活をするためには、絶えず、神に祈ることである。

『一番いいことは、できれば患者（人）に真面目に祈ろうという気持ちを全く持たせないことである』」（内藤淳一郎『一日の発見――三六五日の黙想』キリスト新聞社、二〇〇七年）。

ですから、祈りは悪魔に対抗する最大の武器となるわけです。しかし、悪魔がそのように言っていることに、無自覚で、無頓着でいる間は、悪魔が喜んでいることでしょう。しかしわたしたちが祈りに立ち上がろうという時に、その悪魔の妨害は大きく、戦いは厳しくなってまいります。そしてパウロはこのように教会に言います。

　どのような時にも、〝霊〟に助けられて祈り、願い求め、すべての聖なる者たちのために、絶えず目を覚まして根気よく祈り続けなさい（一八節）。

「〝霊〟に助けられて祈る」というのが、大切です。大事です。そうでなければ、祈りが祈りではなくなります。ここで、新共同訳は「〝霊〟に助けられて」と訳していますが、他に「霊にあって」という日本語訳もありました。英語では in Spirit、聖霊の中で、と言ってもいいと思います。祈る者は、聖霊の中に包まれている。神の霊の中で祈る。「霊に助けられて」というと自分が主《あるじ》のようですが、もちろん祈る者は自覚して自分のこととして祈るのですが、その祈る者が聖霊の中に存在しているというのです。ですから、祈る者自体が神の霊の中にあることに気づくならば、悪魔は遠くに行くでしょう。霊によって祈る。霊の中で祈る。

　何を祈るのでしょうか。「すべての聖なる者たちのために」。教会に生きるすべての人たちのために、祈ります。「絶えず、目を覚まして、根気よく」祈る。それが教会の祈りです。まことに自分の力ではできません。聖霊の中でこそ、可能となる祈りであるわけです。

　我が身をふりかえりますと、西川口教会の教会学校で育って、一五歳のとき、クリスマスに洗礼を受けましたが、その後の教会員としての歩みにおいて、聖書を読み祈るということが、自分の習慣になるまでには長い時間がかかりました。まず、祈りの必要を感じていないという無頓着さがありました。自覚がありませんでした。ですから、主日礼拝のときだけ祈り、聖書を読むという者でした。既に、西川口教会にはアシュラムが行われていました。わたしが一〇代のときには、西川口教会の二代目の牧師であった、三枝道也牧師、育代牧師に大切に、育てていただきました。三枝先生がこの祈りを勧めるので、つまり、尊敬している、お世話になっている先生が勧めるので、そのようなわたしでも祈り始めました。当時西川口教会では「一日一章を読む」取り組みをしていて、カレンダーを作って、皆で励まし合っていました。そのころわたしは大学生でしたが、榎本保郎先生の『一日一章』を自分の祈りの手引きにして、ようやく聖書通読ができました。

そのような自分の過去を振り返ってみても、祈りの必要性を感じないで、祈りの生活が身に付くに至っていない人にどのようにすればいいか。どうすれば、一日を神と共に豊かに、心に励ましを受けて生きられるようになるか、いろいろ工夫をしています。わたしはかつて、いえ、ともすると、今も眠りこける者でありますけれども、かつてそのわたしのためにも、目を覚まして、祈って、忍耐強く励まして、育ててくれる牧師がおり、教会の先輩たちがいて、わたしに目覚めのときが来たのですから、今日という日、目を覚まして祈ろうと励んでいます。今は、わたしも聖霊に助けられて、聖霊の中で祈る祈りの幸せ、恵みを味わっており、その恵みへと根気よく招いている日々です。

その祈りの勧めは伝道者のために、広がります。

また、わたしが適切な言葉を用いて話し、福音の神秘を大胆に示すことができるように、わたしのためにも祈ってください。わたしはこの福音の使者として鎖につながれていますが、それでも、語るべきことは大胆に話せるように、祈ってくださいー（一九―二〇節）。

悪の攻撃に対抗して生きるために、祈る。祈りのときにわたしたちが握るのは福音であり、恵みです。その福音はどこから聞こえてくるのでしょうか。福音の宣教のために立てられた説教者によって、わたしたちは福音の言葉を聞きます。わたしたちには書かれた聖書があります。説教者が語って書き記された神の言葉によって、神の言葉が語られることによって、わたしたちは福音の神秘を、恵みを悟らされるわけです。ですから、福音宣教者のために、説教者のために祈ることは、本当に大切で、なくてはならないことです。説教者が大胆に福音の神秘を、確信して、自由に、率直に語ることができるように、説教者のために祈る。そのことによって、すべての教会の者たちは、説教者の戦いを共に戦うことになる。説教者の戦いは説教者だけではありません。背後の祈りがあって説教ができ、聖霊が働いて神の言葉として届けてくださるのです。

私の知り合いで、国家公務員で、転勤で地方を転々とした方があって、八つくらい教会を代わった、キリスト者の友人がいます。この人自身は、伝道の意欲にあふれている方ですが、「いろいろな教会を見ましたが、中には、執り成しの祈りをしない教会があるんですよ、先生」と話され、本当にびっくりしました。それでは牧師は立っていけない。その教会は、伝道できるのだろうかと思いました。しかし、現実にあるという。その方も心を痛めつつ、そうおっしゃっていました。

牧師、説教者というのは、独りで立っているのではなくて、福音の神秘を大胆に示すことができるようにと祈る群れに押し出されるようにして、支えられて、そして語れるのです。祈りの言葉は文字にしてしまうと同じで、祈禱会で「礼拝で先生が福音を語れるように」と祈ります。しかし、かけがえのない、ただ一度の主の日の礼拝のために、いつ求道の方が来るか分からない、また、いつ自分にとって最後の礼拝になるか分からない、その一回の主日の礼拝のために、今週の祈禱会でも執り成して祈るでしょう。祈禱会には皆が出られないかもしれませんが、そういう祈りによって説教に皆が参加して、すべての聖なる者たちがその戦いに臨んでいるのです。そういう祈りの共同体が教会です。その祈りがなければ、牧師も、自分の考えや思いや知識を披露するだけで終わってしまいかねません。福音を大胆に語ることができるようにという祈りがなければ、説教はできません。ここでパウロは獄中にありますから、臆病にならないように、心が解き放たれるようにとの思いもあるでしょう。本当に必要な執り成しです。教会は、絶えず誘惑者に、悪の存在にさらされています。足元をすくわれかねないわたしたちに必要な祈りの道がここに示されています。

使徒パウロが、エフェソの信徒への手紙第六章二一節で語った「わたしがどういう様子でいるか、また、何をしているか、あなたがたにも知ってもらうために、ティキコがすべて話すことでしょう」とは、そういうことです。パウロの、獄中にあって、いつも、絶えず、教会を心配している、そのパウロの心、パウロの姿を伝えるためにティキコが遣わされたわけです。パウロの祈りの勧めの言葉、教会を愛する愛を知らされ、教会が心に励ましを与えられるために、ティキコが遣わされたのです。

二一節の後半「彼は主に結ばれた、愛する兄弟であり、忠実に仕える者です」とパウロがティキコを紹介しています。このティキコという人は、使徒言行録二〇章や、テモテへの手紙二、テトスへの

エフェソの信徒への手紙第６章21－24節

手紙、コロサイの信徒への手紙の終わりの方にその名が記されている人です。しかし、テモテとかテトスのようにパウロの手紙の宛先として名が残るような人ではありませんでした。教会はこのような奉仕者によって、その業が担われ、受け継がれてきたのです。「愛する兄弟」とありますが、直訳すると「愛されている兄弟」です。誰にとは、書いていませんが、もちろんパウロに愛されているティキコでありますが、何よりも、神に愛されている、キリストに愛されているティキコです。

わたしたちも、神の目に「愛する兄弟、姉妹」として、見つめられている。わたしたちもまた、キリストが命をかけるほどに、キリストがその命を惜しみなくささげて救うほどに愛してくださる、その愛で愛されている兄弟であり、姉妹です。だからこそ、わたしたちも、神を愛し、キリストを愛し、教会を愛し、兄弟姉妹を愛し、その業に仕えるわけです。ここに愛の共同体である教会の姿が見えてきます。そのキリストの愛を知り、キリストに愛されていることを知る者が、その愛に応えて、「忠実に仕える者です」と言っていただける者に育てられます。

そして、最後の挨拶です。

平和と、信仰を伴う愛が、父である神と主イエス・キリストから、兄弟たちにあるように。恵みが、変わらぬ愛をもってわたしたちの主イエス・キリストを愛する、すべての人と共にあるように（二三、二四節）。

「平和があるように」。神からの平和とは何でしょうか。キリストはわたしたちの平和となってくださいました。わたしたちは神の敵であったのに、キリストはわたしたちを赦すため、その命を惜しまずにささげてくださったから、わたしたちは救われ、罪を赦され、永遠の命をいただいて、神に愛されている者として、神を愛する者として今、生かされています。その者に与えられる平安があります。神と和解している。神とわたしたちを隔てるものはない。妨害する者はない。神との間に平和を得ています。その平和が絶えず、いつもあるように。父である神と、主イエス・キリストから注がれる平和です。その平和の祝福を告げるのが教会です。この世の中のどんな団体も、このような挨拶はできない。教会だけが、キリストの平和をこの世に告げ知らせ、平和をもたらすことができる。その平和こそがわたしたちの心を支える。わたしたちの存在をしっかりと受け止めてくれるものです。

「信仰を伴う愛があるように」。愛と平和は分かちがたく結び合っています。愛は生きる力。神に愛されている。こんな私でも神は愛してくださるのだ、その愛に応えて生きようという原動力になるのが、愛です。聖霊から注がれる愛。神の愛が聖霊によって私たちの心に注がれて、わたしたちは望みを持つことができる。愛の奉仕に立ち上がることができる。生きる力である愛を、神とキリストから絶えずいただかなければなりません。

そして、「恵みがありますように」。すべては、神からいただくほかありません。平和も、愛も、信仰も、励ましも、祈りも、すべて神の恵みです。世の中に、人間の中に、いくら探しても見つかりません。ただ、神からいただくものです。神が喜んで差し出してくださる恵みがあるように、との挨拶です。その恵みを受け取るのは、「信仰により、わたしたちの主イエス・キリストを愛する人」とあります。「愛する」のところを直訳すると「愛している」、英語で言うと loving、進行形であって、

「今、愛している」ということ。今、イエス・キリストを愛している人に、恵みがあるように。つまり、イエス・キリストとの生きた愛の交わりの中に生きている人は恵みを受けられるし、受けている。わたしたちは恵みをただ感謝して受け取って、キリストを今、愛している。ペトロの手紙一第一章八節の御言葉を思い起こします。「あなたがたは、キリストを見たことがないのに愛し、今見なくても信じており、言葉では言い尽くせないすばらしい喜びに満ちあふれています」。わたしたちは、福音の言葉によって、見えない神を見るようにしている。この肉体の目には見えませんが、復活の主イエス・キリストはいつもこの礼拝に臨んでくださり、手を差し伸べ、福音を聞かせてくださる。恵みの中に引きずり込んでくださる。その大きな愛の中で、今、キリストを愛している。恵みを受け取る。その、教会にしか告げることのできない挨拶を、毎週の、主の日の礼拝で交わし合うのです。

西川口教会では数年前から、礼拝の報告が終わり、後奏が終わり、平和の挨拶をするようにしました。「キリストの恵みと平和がありますように」と近くの人と挨拶をしてから帰ります。マタイによる福音書第一〇章で主イエスが、「『平和があるように』と挨拶しなさい。家の人々がそれを受けるにふさわしければ、あなたがたの願う平和は彼らに与えられる。もし、ふさわしくなければ、その平和はあなたがたに返ってくる」と、弟子を遣わすにあたり、そのように語られました。平和を告げる群れとして教会はこの世に置かれています。

このエフェソの信徒への手紙は、教会の現実を示してくれています。生身の、戦う教会、祈る教会、励ましを必要としている教会、愛の教会、平和の教会。わたしたちは愛されている者、忠実な者だとキリストが見ていてくださる、一人の奉仕者として、神が選んで招いてくださっている。そのような教会の歩みが、これからも御心に適うものとなりますように。

（二〇一八年一月二一日　日本基督教団川越教会礼拝説教）

フィリピの信徒への手紙

第一章一―一一節

神が成し遂げてくださる

森島　豊

あなたの重荷を主にゆだねよ
主はあなたを支えてくださる。
主は従う者を支え
とこしえに動揺しないように計らってくださる。

（詩編第五五篇二三節）

キリスト・イエスの僕であるパウロとテモテから、フィリピにいて、キリスト・イエスに結ばれているすべての聖なる者たち、ならびに監督たちと奉仕者たちへ。わたしたちの父である神と主イエス・キリストからの恵みと平和が、あなたがたにあるように。わたしは、あなたがたのことを思い起こす度に、わたしの神に感謝し、あなたがた一同のために祈る度に、いつも喜びをもって祈っています。

それは、あなたがたが最初の日から今日まで、福音にあずかっているからです。あなたがたの中で善い業を始められた方が、キリスト・イエスの日までに、その業を成し遂げてくださると、わたしは確信しています。わたしがあなたがた一同についてこのように考えるのは、当然です。というのは、監禁されているときも、福音を弁明し立証するときも、あなたがた一同のことを、共に恵みにあずかる者と思って、心に留めているからです。わたしが、キリスト・イエスの愛の心で、あなたがた一同のことをどれほど思っているかは、神が証ししてくださいます。わたしは、こう祈ります。知る力と見抜く力とを身に着けて、あなたがたの愛がますます豊かになり、本当に重要なことを見分けられるように。そして、キリストの日に備えて、清い者、とがめられるところのない者となり、イエス・キリストによって与えられる義の実をあふれるほどに受けて、神の栄光と誉れとをたたえることができるように。

（フィリピの信徒への手紙第一章一―一一節）

神が成し遂げてくださる

昨年の終わりに新しく建てられたここ金沢文庫教会を訪れる機会がありました。私はそれまで旧い会堂しかイメージがなかったので、新しい会堂が想像以上にすばらしい礼拝堂であったことを見て、大変感動しました。その時に心に浮かんだ聖書の言葉が今朝聞きましたフィリピの信徒への手紙第一章六節の言葉です。「あなたがたの中で善い業を始められた方が、キリスト・イエスの日までに、その業を成し遂げてくださると、わたしは確信しています」。

少し個人的なことを申して恐縮ですが、私は幼い頃、関西で育ったので、中学生になるまでこの教会を訪れたことがありませんでした。しかし、金沢文庫教会のことはよく知っていました。幼い頃に両親が嬉しそうに話していたからです。両親が最初に伝道者として仕えた教会。私にとって憧れの教会でもありました。中学生時代、一人でこの教会を訪ねたこともありました。その時に女性の方が「あそこの角部屋にご家族が住んでいたのよ」と礼拝堂の奥の部屋に案内してくださり、その小さな和室の部屋を見て、「こんなに小さな部屋で生活していたのか」と驚いたことを今でも覚えています。最初の謝儀は五〇〇〇円だったそうです。「その時の電気代が三〇〇〇円だったからよく覚えている」と母が教えてくれました。それでは生活ができないので、アルバイトをしながら伝道していたそうです。今日奏楽をしている姉の真奈の生まれた時が、生活が一番大変だったそうです。ご飯にお湯をかけて食べたこともあったと聞きました。「本当に食べ物が欲しくて真奈と名付けたのだ」と冗談で教えてくれたこともありました。もっと豊かになりたいと願って「豊」と名付けたのだと、これも冗談で聞いたことがありました（本当は聖書の言葉に基づいて名付けてくれたのです）。しかし、子供ながらに大変な生活だったのだということは聞いていて分かりました。私が大学生の時、両親に尋ねたことがありました。「貧しくて、牧師やめようとは思わなかったの？」。すると驚いたような顔をしてこう答えました。「金沢文庫時代もその後も、貧しくて大変だったなんてことは、考えたこともなかったよ。それよりも楽しいという思いの方が強かった。神様が今度はどんなことをしてくれるのだろうかと、ワクワクした気持ちでいっぱいだったね」。私が献身する時に背中を押してくれた言葉です。「神様が今度はどんなことをしてくれるのだろうか」。

私は新しく建てられたこのすばらしい礼拝堂に入った時、「ああ、神は生きておられる」と、理屈ではなく、素直に感じました。それは、会堂建築を担われた皆様にとってもっと強く感じておられるのではないでしょうか。「わたしは、あなたがたのことを思い起こす度に、わたしの神に感謝し、あなたがた一同のために祈る度に、いつも喜びをもって祈っています。それは、あなたがたが最初の日から今日まで、福音にあずかっているからです。あなたがたの中で善い業を始められた方が、キリスト・イエスの日までに、その業を成し遂げてくださると、わたしは確信しています」。

パウロが思い起こしているフィリピの教会は、本当に小さな教会でした。その教会の生まれるきっかけが使徒言行録の第一六章一一節以下に書かれてあります。パウロがフィリピの地に最初に訪れたのはたった数日でした。そこにキリストを信じる者がほんの数人与えられたのですが、そのことで騒動が起こり、逮捕されて、その地を出て行かざるを得なくなります。普通に考えるならば、キリスト者になりたての、伝道者を欠いた群れが、そのまま存続することは困難だと考えるでしょう。しかも、その伝道者が逮捕されたのですから、常識的に考えるならば、自分たちの信じているものは間違っていたと思うでしょう。しかし、その群れは最初の日から今日まで福音にあずかっていたというのです。たった数人で始められた群れが今も生きているというのです。福音と共に生き続けたのです。そして、段々とその群れが大きくなって監督や長老を立てるまでになった。パウロが大きくしたのではありません。「あなたがたの中で善い業を始められた方が」ここに生きて働いておられる。

このフィリピの信徒への手紙を書きました時、パウロは別のところで、福音を伝道したことで逮捕投獄されていました。要するに、状況が非常に悪かったのです。そんな彼を支えたのが、教会でした。教会といっても、建物のことではありません。「あなたがた」。教会に生きている人々です。その存在が支えになったと言うのです。なぜか。「あなたがたの中で善い業を始められた方が、キリスト・イエスの日までに、その業を成し遂げてくださると、わたしは確信しています」。

本当は不安だったのだと思うのです。自分がしていることが間違っているのではないかと思いがよぎることもあったかもしれない。心折れるようなことが幾らでもあったからです。そんなパウロを支えたのは、「神は決して見捨てられない。主は生きておられる」という事実です。神がご自身で始められた業を成し遂げてくださる。そのことを、教会の交わりを通して確信できたのです。「ああ、あの人にもこの人にも神は訪れてくださったのだ。この人の心にも神は語りかけてくださったのだ。その主が私を召し出してくださった。だからここに教会があるのだね。私のしていることも間違っていないのだね。そのことがあなたがたを見ていると分かる。こんなにすばらしいことはないね。一緒に喜ぼう。キリストは生きて働いておられる」。教会の一人一人を覚えて祈る時、そこで神のご臨在を感じ、祈りの中で慰めと励ましが与えられたのです。

私どもの真の慰めとは何でしょうか。折が良くても悪くても変わらず慰めとなる事柄とは何でしょうか。それは、神の御手の中で自分たちが生きていることを実感できる時ではないでしょうか。自分たちは見捨てられていないのだ。人生の中でどん底を経験する時にも、神が共にいて働き、神のご計画がこの身において行われているのだ。そのことが分かれば、疲れも吹っ飛ぶのです。

私は学生たちと一緒に過ごしていて最近感じることがあります。それは、みんな疲れているということです。若者というのは本来疲れ知らずのはず。ところが、みんな疲れている。なぜか。「自分がやらなくちゃいけない。自分がやらなくちゃいけない」という思いに支配されているからです。自分がやらなくてはいけないと思い続けていると、重荷になってきます。思い煩う。本当に病んでしまう。それは若者だけじゃないでしょう。今、社会全体が疲弊している。そして、もしかしたら日本の教会も疲れているかもしれない。けれども、みなさんは元気ですよね。この教会は希望に満ちあふれていると感じる。なぜでしょうか。若者が多いからですか。教会員が多いからですか。いいえ。神が生きて働いているからです。そして皆さんがその主に目を向けているからです。

今日合わせて読みました旧約聖書の言葉は語ります。「あなたの重荷を主に委ねよ。主はあなたを支えてくださる。主は従う者を支え、とこしえに動揺しないように計らってくださる」（詩五五・二三）。あなたが頑張らなくては成り立たない世界じゃないのだ。あなたが頑張らなければ太陽が昇らないのではない。たとえあなたが頑張れなくても、立ち上がれなくなっても、日はまた昇り、また沈む。「あなたがたの中で善い業を始められた方が、キリスト・イエスの日までに、その業を成し遂げてくださる」のだよ。その主があなたと共におられる。あなたの重荷を主に委ねよう。主は生きておられる。その主が動揺しないように計らってくださる。あなたがたはそのしるしだ。主は生きて働いておられる。このことを一緒に喜ぼう。

かつて主イエスは、思い煩うときに、思い悩むときに、野に咲く花を見なさいとも言われました。それは下を向かないと見えない花です。普段は目にも留まらないような花。落ち込んで下を向いたときに目に入る花。それを見てごらんなさいというのです。挫けている時に、顔を上げろとは言われないのです。下を向けば良い。その時に見えるものを見てごらん。そこで目に入るのは私どもが価値のないと思う花です。明日は炉に投げ込まれるような草花を見なさいというのです。私は思うのですが花屋の花は立派だなあと思うのです。専門家が育てて、品種の開発までして、売り物にできるほどですから、やはり見栄えがいいのです。それに比べますと、野に咲く花はやはり違うと思うのです。形が整っていなかったり、茎がしっかりしていなかったり、あるいは肝心の花びらが小さかったりする。簡単にしおれてしまうようなものが多いと思うのです。主イエスはそれを見よ、と言われたのです。そこにある植物は神が養い育てられている。まして、神は私どもをそれ以上に養い育てられていることを覚えるように薦められたのです。

教会によっては花の日礼拝という日を定めて、病院などに花を持っていくことがあります。弱さの中にある兄弟姉妹と共に、主イエスが教えてくださったように花を見ながら、そこでもう一度自分たちが神の御手の内にあることを覚えるためです。しかし、私は教会の牧師であったときによく病床訪問をしましたけれども、そこに一度も花を持って行ったことはありません。実際は花が一人一人を慰めるのではありません。花以上に物語るものがある。それは私ども一人一人の存在です。主イエスは「まして、あなたがたにはなおさらのこと」と言われました。花以上に神の恵みを物語る存在がここにある。神の愛の心に捕らえられた人々の群れがここにある。何か特別な価値があったわけではない。大事業家がここにいるわけでもない。神の前に立たされれば後ろ指さされるようなことばかりが出てくる者たちです。ただ神の恵みによってここに置かれたのです。この私どもを見れば、神が生きて働いておられることがあなたにも分かる。だから、あなたもここにいらっしゃい。一緒に喜ぼう。

パウロも、失意のどん底にあって、花を見ていたのではありません。「監禁されているときも、福音を弁明し立証する時も、あなたがた一同のことを、共に恵みにあずかる者と思って、心に留めている」と言ったのです。パウロが思い起こしていたのは、共に恵みにあずかる者たちでした。つまり、私どものことを見ていたのです。なぜここにこの教会があるのか。それは主が生きて働いておられるからです。神はあなたを愛しておられる。大丈夫。あなたは一人じゃない。主が共におられる。その主があなたにできないことを成し遂げてくださる。だから、その主に心を向けよう。一緒に祈ろう。ます。

以前、ある牧師の次のような証しを聞きました。その牧師は熱心な仏教徒の家に育ったそうであります。その牧師が若いころ悩みがあって教会の扉を叩きました。実は、自分が望まれて生まれてきた子ではないということを知り、思い悩み、虚無的になり、自分は何のために生まれてきたのか、自分は求められていない、必要とされていないというところで深く思い悩み、自殺まで考えるようになりました。そんな折、ラジオから流れてきた聖書の話に感動し、近くの教会の扉を叩いたのです。その教会の牧師は、創世記の言葉を示して「あなたが今ここにいるのは、神に祝福されたから両親から生まれたのです」と語られ、神に祝福されている自分自身であることを知り、その新しい言葉の響きに感動して、その次の週から毎週礼拝生活を続けるようになりました。そしてその年のクリスマスに洗礼を受けました。その教会の礼拝は、普段、牧師と牧師夫人とその彼の三人で守ることがしばしばあったそうです。小さな教会でありました。クリスマスの洗礼を受けた夜、お祝いに夕食に招かれた時、牧師夫人がこう言ったそうです。「実は、うちの人は牧師を辞任するつもりでしたが、あなたが来られたので辞めることができなかったのです。洗礼を受けてくださってありがとう。うちの人はもう一度ここで牧師をやり直す決心をしたのです」。そう言って涙を流して感謝され、彼は驚いたそうです。その後に続けてこう語られました。「生きることをやめようとしていた者と牧師をやめようとしていた者が出会って一緒に礼拝をささげる中に、生ける復活のキリストが働いてくださいました。私がキリストを信じて立ち上がり、牧師がもう一度やり直そうとして立ち上がりました。『二人または三人がわたしの名によって集まるところには、わたしもその中にいるのである』という御言葉は私の信仰の原点です」。

「生きることをやめようとしていた者と牧師をやめようとしていた者が出会って一緒に礼拝をささげる中に、生ける復活のキリストが働いてくださいました」。この経験がこの二人を立ち直らせ、教会を立ち上がらせたのであります。そしてこの人は伝道者になりました。「あなたがたの中で善い業を始められた方が、キリスト・イエスの日までに、その業を成し遂げてくださると、わたしは確信しています」。

ここに神の業を証しする群れがあります。神が私どもの中で善い業を始めてくださっておられる。それは神の御業です。それが私どもの中に起こる。否、もう既に起こっている。それが始まっている。教会に来ればそのことがあなたにも分かる。ああ、あの人にもこの人にも神は訪れてくださったのだ。この人の心にも神は語りかけてくださったのだ。もう思い煩うことはない。神の恵みが私どもの内に深く来てくださっておられる。その愛の心が私どもの硬い心を溶かしてくださる。この方の愛に心を向けるところに、私どもの本当の喜びがあることを知ることができる。その本当に重要なことが見抜けるように、一緒に祈ろう。「知る力と見抜く力とを身に着けて、あなたがたの愛がますます豊かになり、本当に重要なことを見分けられるように。そして、キリストの日に備えて、清い者、とがめられるところのない者となり、イエス・キリストによって与えられる義の実をあふれるほどに受けて、神の栄光と誉れとをたたえることができるように」。私どもも祈りを深くする者でありたい。

（二〇一八年一月一四日　日本バプテスト同盟金沢文庫教会礼拝説教）

あなたはいかに生き、死ぬのか

第一章一二—二二節

井ノ川勝

兄弟たち、わたしの身に起こったことが、かえって福音の前進に役立ったと知ってほしい。つまり、わたしが監禁されているのはキリストのためであると、兵役全体、その他のすべての人々に知れ渡り、主に結ばれた兄弟たちの中で多くの者が、わたしの捕われているのを見て確信を得、恐れることなくますます勇敢に、御言葉を語るようになったのです。

キリストを宣べ伝えるのに、ねたみと争いの念にかられてする者もいれば、善意でする者もいます。一方は、わたしが福音を弁明するために捕らわれているのを知って、愛の動機からそうするのですが、他方は、自分の利益を求めて、獄中のわたしをいっそう苦しめようという不純な動機からキリストを告げ知らせているのです。だが、それがなんであろう。口実であれ、真実であれ、とにかく、キリストが告げ知らされているのですから、わたしはそれを喜んでいます。これからも喜びます。というのは、あなたがたの祈りと、イエス・キリストの霊の助けとによって、このことがわたしの救いになると知っているからです。そして、どんなことにも恥をかかず、これまでのように今も、生きるにも死ぬにも、わたしの身によってキリストが公然とあがめられるようにと切に願い、希望しています。わたしにとって、生きるとはキリストであり、死ぬことは利益なのです。

（フィリピの信徒への手紙第一章一二―二一節）

私が大学生の時、大学の正門の前に、小さなキリスト教書店がありました。よくその本屋に立ち寄りました。本屋の書棚にはたくさんの「キリスト教入門」「聖書入門」の書物が並べられてありました。それらの本の中で一冊の書物が、私の心を捕らえました。『キリスト入門――福音の再発見』という書物でした。その書物を書かれたのは、当時、滝野川教会の牧師であり、東京神学大学の教授であった大木英夫先生でした。その前書きで、こういうことが語られていました。

本書はキリスト教の知識を分かりやすく説明するものではない。どんなに分かりやすくキリスト教の知識を提供しても、それだけでは決して救われない。本書はキリストを直截に紹介し、読者がキリストと出会うことを目的としている。キリストと出会って、キリストという救いの門に入り、まさにキリストへ入門され、救いへと導かれることを願っている。また、キリストがあなたの心の扉を叩き、あなたの心の部屋に入られ、あなたの心に入門され、あなたに救いをもたらすことを願っている。

もう一冊、ある方を通して紹介され、私の心を捕らえた書物があります。『仏教からキリストへ』です。著者は富山新庄教会の亀谷凌雲牧師です。浄土真宗のお寺の僧侶であった亀谷凌雲は、キリストと出会い、キリストを伝える伝道者となり、檀家のいる富山市で開拓伝道し、富山新庄教会を形成されました。随分大胆なことをされました。お寺の檀家は驚いたと思います。昨日まではお寺の僧侶の跡取り息子が、キリストを伝える伝道者になったのですから。

亀谷凌雲牧師が書きました本の題名に、心惹かれました。『仏教からキリスト教へ』ではなく、『仏教からキリストへ』となっているからです。仏教からキリストへの回心を綴ったものです。教会はキリスト教という知識を宣伝するのではなく、生けるキリストそのものを宣べ伝え、生けるキリストと出会い、救われることを祈り願っています。

私自身、この二冊の書物『キリスト入門』『仏教からキリストへ』を通して、教会という門を入り、キリストとお会いし、救いへと導かれました。そして今、金沢教会の伝道者として説教壇に立ち、御言葉を伝えています。私が語る説教も、キリスト教の知識を伝えるのではなく、生けるキリストを伝えることを祈り願っています。今日、この礼拝堂で、ここにおられるお一人お一人が、生けるキリストとお会いし、救いへと導かれ、生涯、キリストを賛美しながら生き、死を迎えることを祈り願っています。

今朝、私どもが聴きました御言葉は、伝道者である私の真中にある御言葉です。特に、この御言葉です。

　どんなことにも恥をかかず、これまでのように今も、生きるにしても死ぬにしても、わたしの身によってキリストが公然とあがめられるようにと切に願い、希望しています。わたしにとって、

生きるとはキリストであり、死ぬことは利益なのです（二〇—二一節）。

フィリピの信徒への手紙第１章12－21節

この御言葉を語りましたのは、伝道者パウロです。パウロは熱烈なユダヤ教徒として、キリスト教会を迫害していた教会の最大の敵対者でした。しかし、そのパウロに甦られたキリストがお会いし、パウロを異邦人へキリストを伝える伝道者として召し出された。神は実に大胆な、驚くべきことをなされます。伝道者パウロのキリスト経験、キリストとの交わりの中心にある出来事がこの御言葉です。「どんなことにも恥をかかず、これまでのように今も、生きるにしても死ぬにしても、わたしの身によってキリストが公然とあがめられるようにと切に願い、希望しています。わたしにとって、生きるとはキリストであり、死ぬことは利益なのです」。

「わたしにとって、生きるとはキリスト」。伝道者パウロはこのように言い切っています。私にとって生きることは、キリストそのもの。キリストなくして、私という存在はあり得ないし、私の人生は考えられない。

私は昨日まで、北陸学院大学セミナーに出席していました。幼児児童教育学科の学生たちに、御言葉を語りました。主題は、「あなたは何を目指して生きていますか」でした。私どもの生き方を問う、それが主題でした。おそらく、多くの学生が、私の人生は私のものだと考えるでしょう。私が自分の意志に従って生き、私がさまざまな決断をし、選び取り、私が主体となって生きている。しかし、私どものいのちは、その始まりと、終わりの最も大切な日、すなわち、誕生日と亡くなる日を自分で選ぶことはできません。私どものいのちは与えられ、取り去られていく。誰が私どものいのちを与え、私どものいのちを取り去られるのでしょうか。私どものいのちを創造された神ではないでしょうか。私どものいのちは私が生きているように思えますが、実は、神によって生かされているのではないでしょうか。神によって生かされているということは、キリストによって生かされていることです。

新約聖書には、伝道者パウロの手紙が多く収められています。しかし、パウロはキリストとの出会い、回心の出来事を巡っては多くを語っていません。しかし、唯一例外は、このフィリピの信徒への手紙三章で、キリストとの出会い、回心の出来事を詳しく語っています。

パウロは自らが獲得したものを一つひとつ数え上げ、誇りとして生きていました。私は神に選ばれたイスラエルの民に属する者、名門ベニヤミン族出身、誰よりも律法に精通している律法学者であり、誰よりも律法を熱心に、厳格に守り生きているユダヤ教徒であり、キリスト教会への最大の迫害者。「しかし、わたしにとって有利であったこれらのことを、キリストのゆえに損失と見なすようになったのです。わたしの主キリスト・イエスを知ることのあまりのすばらしさに、今では他の一切を損失とみています。キリストのゆえに、わたしはすべてを失いましたが、それらを塵あくたと見なしています。キリストを得、キリストの内にいる者と認められるためです」（三・五―九）。

最後の言葉は、「キリストの内に私を発見した」という意味です。

このパウロのキリストとの出会い、回心を一言で語った言葉が、この言葉です。「わたしにとって、生きるとはキリスト」。伝道者パウロのいのちがかかった言葉です。キリストがいなくなったら、私といういのちはなくなる。私が生きている意味がなくなってしまう。

「わたしにとって、生きるとはキリスト」。実は、改革者ルターとカルヴァンは、この言葉をこのように訳しています。「わたしにおいて、キリストが生きている」。キリストを主語として訳しています。このようにも訳すことのできる言葉でもあります。「わたしにとって、生きるとはキリスト」、「わたしにおいて、キリストが生きている」。実は、この御言葉と響き合っているパウロの言葉があります。ガラテヤの信徒への手紙二章一九―二〇節です。

「わたしは神に対して生きるために、律法に対しては律法によって死んだのです。わたしは、キリストと共に十字架につけられています。生きているのは、もはやわたしではありません。キリストがわたしの内に生きておられるのです。わたしが今、肉において生きているのは、わたしを愛し、わたしのために身を献げられた神の子に対する信仰によるものです」。

真に驚くべきことが語られています。「生きているのは、もはやわたしではありません。キリストがわたしの内に生きておられるのです」。このような出来事が私の身に起きている。それが、「わたしにとって、生きるとはキリスト」「わたしにおいて、キリストが生きている」。しかし、この出来事はパウロ一人に起きたのではなく、キリストと出会った私どもにも起きている出来事なのです。

罪にまみれた私どもです。キリストの心を私どもの心とせず、自分の思いを優先させている私どもです。キリストに反抗ばかりして、キリストの道を踏み外している私どもです。しかし、そのような土の器にすぎない私どもの内に、私どものために十字架で死なれ、甦られたキリストが宿り、この私を生きてくださる。私にとって生きることはキリスト。真に驚くべきことが、この私に起こっている。

私にとって生きることはキリスト。ある方は、「キリストと密着して生きる」と言い換えています。

素敵な言葉です。私どもの毎日の生活において、肌着は欠かすことができません。いつも身に着けている生活の服です。私どもの肌、存在と最も身近に触れ合う服です。私どもの体を包み込む服です。日々の生活において、神の御心通りに生きられず、苦しみ悶え、悲しみの涙を流し、心傷つき絶望の嘆きを上げる私どもの存在を包み込む肌着です。主イエス・キリストは私どもの存在を包み込む肌着のように、私どもと密着して生きてくださる。私どもの荒い呼吸、嘆きの呼吸に、主イエス・キリストも息を合わせ、私どもを生きてくださるのです。

十字架は私どもの罪のために、主イエス・キリストが立たたれたところです。しかし、十字架は私どももキリストと共に十字架につけられて死んだ場所です。私という古い人間は、あの十字架において死んだ。そして今、主イエス・キリストが甦られたように、私どもも新しい人間として甦らされた。甦られたキリストが私の内に宿り、私を生きてくださる。私どもに起きたこの出来事こそ、私にとって生きるとはキリスト。

「わたしにとって、生きるとはキリストであり、死ぬことは利益なのです」。「死ぬことは利益」。この御言葉も驚くべき言葉です。私どもは誰もが、死を恐れます。死を避けたいと願う。死が早く訪れることを願わない。しかし、パウロは私にとって死ぬことは益、恵みだと言うのです。どうして、このように言い切ることができるのでしょうか。

実は、この手紙は獄中で書かれています。パウロは今、捕らえられて、獄の中に入れられている。昼も夜も暗い闇の中に置かれている。いつ殺されるか分からない、死と向き合う緊張の中にあるのです。そのような死と向き合う厳しい状況にあって、一体なぜ、私にとって死ぬことは益と言えるのでしょうか。

私にとって生きることはキリスト。この出来事と深く結び付きます。先程も述べましたように、昨日までの北陸学院大学セミナーで、「あなたは何を目指して生きていますか」という主題で、私どもの生き方を問いました。しかし、それは同時に、私どもの死を問うことでもありました。私どもが生きることと、死ぬこととは深く結び付いています。

私にとって生きることはキリスト。キリストなしでは、私のいのちはない。それと同様に、キリストなしで、私どもが死ぬことは考えられない。私どもの死においても、キリストは共にいてくださる。なぜそのように言えるのでしょうか。主イエス・キリストが私どもの罪のため十字架で死なれ、甦られたこの出来事が、私どもの死の出来事を根底から変えたからです。獄に入れられる以上に、深い闇があります。それは死です。死がなぜ深い闇であり、恐ろしいのでしょうか。死は神に審かれ、神との交わりを断たれ、暗闇に葬り去られ、滅ぼされる出来事であるからです。ところが、主イエス・キリストが十字架に立たれ、私どもに代わって罪人の死を死んでくださることにより、私どもが直面する死が決定的に変えられた。死はもはや、神の審き、神との断絶、滅びではなくなった。死においても、キリストが共にいてくださる。それゆえ、パウロはこのように語ります。

「わたしにとって、生きるとはキリストであり、死ぬことは利益なのです。けれども、肉において生き続ければ、実り多い働きができ、どちらを選ぶべきか、わたしには分かりません。この二つのことの間で、板挟みの状態です。一方では、この世を去って、キリストと共にいたいと熱望しており、この方がはるかに望ましい。だが他方では、肉にとどまる方が、あなたがたのためにもっと必要です」(二二―二四節)。

先週、私どもに先立って生き、死なれた逝去者記念礼拝を捧げました。礼拝後、野田山の教会墓地に行き、墓前祈禱会を捧げました。また、昨年、今年、逝去された五名の教会員の納骨も行いました。教会員、ご遺族、多くの方が出席され、先達の信仰を想い起こし、共に祈りを捧げました。墓碑に刻まれたお一人お一人の名前を見ながら思いました。真に個性豊かな一人一人をキリストが生きてくださり、死においてもキリストが真中に立ってくださった。それゆえ、教会墓地に納骨されても、キリストのいのちの中にある。私は墓前祈禱会を捧げながら、『ハイデルベルク信仰問答』の問一の言葉を想い起こし、口ずさんでいました。「生きるにも死ぬにも、体も魂も、私は私自身のものではなく、私の真実な救い主イエス・キリストのものである。そこに唯一つの慰めがある」。

「わたしにとって、生きるとはキリストであり、死ぬことは利益なのです」。キリストが生きるにも、死ぬるにも、私の真中に立って生きてくださる時に、私どもの生き方も、死に方も変わる。人生の直面するさまざまな試練、苦しみの出来事の捉え方も変えられます。私を生きてくださるキリストからすべてを見るようになります。

伝道者の使命は、ひたすらにキリストを宣べ伝えることです。その伝道者が獄の中に入れられることは、もはやキリストを宣べ伝えられず、伝道者としての使命を果たせない最大の試練です。伝道者の使命に終わりが宣告されることです。ところが、獄に入れられた伝道者パウロは、驚くべきことを語っています。

兄弟たち、わたしの身に起こったことが、かえって福音の前進に役立ったと知ってほしい（一二節）。

私が獄に入れられたことは、キリストのためであった。獄で働いている兵役たち、獄に捕らわれている人々に、キリストが伝えられた。獄に入れられなければ、伝えられなかった人々の魂にも、キリストが伝えられた。暗い獄の中にも、キリストは生きておられる。キリストが生きておられないところはない。それゆえ、パウロ先生が獄に入れられ、教会の伝道はもう終わりではないかと心痛めた伝道者、信徒たちの多くの者が、主にあってこのような確信を与えられ、恐れることなく、大胆に、御言葉を語り、キリストを伝えるようになったのです。

更に、パウロ先生が獄に入れられた後、教会の中にはさまざまな動きが生じました。キリストへの愛から、キリストを伝える者もいれば、今こそ、パウロ先生に代わって自分たちが手柄を上げるのだと、不純な動機からキリストを伝える者もいた。しかし、パウロはこれらのことを、驚くべきことに、このように受け止めました。

口実であれ、真実であれ、とにかく、キリストが告げ知らされているのですから、わたしはそれを喜んでいます。これからも喜びます（一八節）。

日本のプロテスタント教会の初期の中心的な伝道者は、富士見町教会の初代牧師であり、東京神学社、今日の東京神学大学の初代校長の植村正久です。この植村正久の志を受け継いだ伝道者が、信濃町教会の初代牧師であり、東京神学社の校長をされた高倉徳太郎です。高倉徳太郎は金沢の第四高等学校でも学んでいます。西田幾多郎の三々塾でも学んでいます。優れた伝道者であり、福音を迫力ある言葉で説き明かした優れた説教者であり、神学者でありました。

伝道者・高倉徳太郎を生かした最愛の聖書の御言葉が、この言葉です。「我にとりては、生くるはキリスト」（文語訳）。一九三二（昭和七）年一二月一日の待降節に、この御言葉を毛筆で書いています。実はこの時期、高倉徳太郎は、自らが校長を務める神学校、自らが牧会する教会、また日本のプロテスタント教会全体の指導という、さまざまな重責、問題を身に負い、鬱病を発症していました。この時期に、「我にとりては、生くるはキリスト　恩恵の栄光」と毛筆で書きました。二年間、鬱病で苦しみながら、御言葉を語り続けました。しかし、一九三四年四月三日、五〇歳の誕生日を前にして自死しました。高倉牧師の死因は長く伏されていました。余りにも早い死だけでも、日本キリスト教会にとって大きな衝撃でした。その上、死因が自死であったことを告げれば、更に大きな衝撃を与えてしまうことになるからです。

神から与えられたいのちを自らが絶つ、それは大きな罪です。しかし、一人の優れた伝道者をそこまで追い詰めた深い闇があった。それは私どもにも覆いかぶさる深き闇です。高倉牧師は日記を付けていました。亡くなる二週間前の三月二九日を、このように記しています。

「頭脳ばく然として過す。願う、正しく祈る心を与えたまえ、聖書をひもとく心を与えたまえ、願うなり、祈るなり。如何なるときにも感謝あれ。何事も考える余地なくエゴのみにて一パイとなる――困ったことかな」。日記の最後三月二二日はこういう言葉で閉じられています。「春らしき光り――これを受けたし――主の光りを受けたし」。

高倉牧師が死の一か月半前、二月一九日の礼拝で、「神の教練」という題の説教をしています。「我らは人生においてさまざまな理想をもって旅をしても、それは容易に実現をみはしない。真剣な旅立ちをしようとすればするほど、さまざまな煩いが起り、困難が襲いかかってくる。これは年齢を問わず誰もが経験することであろう。それゆえ、要は、いかにしてそれらを避けんかではなく、むしろいかなる精神状態にて、この苦難や試練に直面してゆくかであり、それは我々人生に与えられた大いなる課題である。これについての信仰的態度として、二つのことが考えられる」。このように語り、ローマ書五章の御言葉を引用します。「かく我ら信仰によりて義とせられたれば、我らの主イエス・キリストに頼り、神に対して平和を得たり、……しかのみならず患難をも喜ぶ、そは患難は忍耐を生じ、忍耐は練達を生じ、練達は希望を生ずと知ればなり」（文語訳）。そして、このように語ります。

「さらば苦悩の真只中において、我らの味方でありたもう神が我らの側に立ち、我々がその民なりとの確信を持ってキリストへの信頼と服従に生きる時、我らはさまざまの試練に耐え得て余りある力を与えられ、すべてに克ち得る希望はつねに我らにあるのである」。「他の一つは、苦難と試練とを正しく受け止めることにより神と和らぎ、キリストの真の僕とされることである。この方面から苦難に対する新しい態度を与えられる。……現在我々が受けている十字架、自分の家庭や親戚のこと、自分の生活や友との関係など、さまざまの事柄における煩いと苦難と窮乏とを、神の与えたもう愛の鞭として受け容れることにより、我らは神と和らぎ、その真の僕とされる」。

鬱という病に苦しみ、深い闇の中で自分の罪を責めたて、神に向かって絶望の叫びを上げる。そして自らの手でいのちを絶たざるを得ないところに追い詰められた伝道者。しかし、その伝道者を生かし、支えた御言葉がこの言葉でした。「我にとりては、生くるはキリスト」。一人の伝道者の罪のため十字架で死に、甦られたキリストが、伝道者・高倉徳太郎を生きてくださった。そして深い闇・死においてもキリストが真中に立ってくださったと信じるものです。

高倉牧師が四〇歳の時、伝道者として脂が乗り切った時代に語られた「凱旋の声」という説教があります。「我にとりては、生くるはキリスト」、この信仰が生き生きと語られています。

「我らがキリストを執らえるというところに重心がおかれては、我らの信仰は弱く、偶然なものにあやつられやすい。しかしキリストに執らえられるのである。ここに我らの信仰のたしかさがあり、必然がある。これは恩寵の把握だからである。キリストに執らえられるとは強い言葉である。これはキリストの捕虜となり、戦利品となることである。キリストにむんずと摑まれて、まったく彼のものとなり切ることである。ここにキリストの完全なる我に対する勝利がある。そしてかく、キリストによって勝たれることが、実は、我らの真の勝利となる」。

「キリストにむんずと摑まれて」。高倉牧師の愛用の言葉です。キリストにむんずと摑まれて、全くキリストの者となり切る。ここに私どもに対するキリストの完全なる勝利がある。私どもは完全にキリストに打ち負かされた。しかし、ここに私どもの生きるにも死ぬるにも、喜びがあります。お祈りいたします。

深い闇の中で、絶望の叫びを上げ、罪を犯す私どもを、お赦しください。どんなに罪深い私どもであっても、思い煩う私どもであっても、我にとりて生きるはキリストであり、死ぬことは益です。私どもの罪のため十字架で死に、甦られた主よ、どうか私どもを生きてください。死においても、共にいてください。今、苦しみ、悶えているものを、主よ、御手をもって捕らえてください。この祈り、私どもの主イエス・キリストの御名により、御前にお捧げいたします。アーメン。

（二〇一七年一一月一二日　日本基督教団金沢教会礼拝説教）

第一章二〇―二六節
生きるとはキリスト

池田慎平

そして、どんなことにも恥をかかず、これまでのように今も、生きるにも死ぬにも、わたしの身によってキリストが公然とあがめられるようにと切に願い、希望していま す。わたしにとって、生きるとはキリストであり、死ぬことは利益なのです。けれども、肉において生き続ければ、実り多い働きができ、どちらを選ぶべきか、わたしには分かりません。この二つのことの間で、板挟みの状態です。一方では、この世を去って、キリストと共にいたいと熱望しており、この方がはるかに望ましい。

だが他方では、肉にとどまる方が、あなたがたのためにもっと必要です。こう確信していますから、あなたがたの信仰を深めて喜びをもたらすように、いつもあなたがた一同と共にいることになるでしょう。そうなれば、わたしが再びあなたがたのもとに姿を見せるとき、キリスト・イエスに結ばれているというあなたがたの誇りは、わたしゆえに増し加わることになります。

（フィリピの信徒への手紙第一章二〇―二六節）

わたしにとって、生きるとはキリストであり、死ぬことは利益なのです（二一節）。

私たちが今年の年間標語として与えられた御言葉は、今朝読んでいただいた聖書箇所の二一節の御言葉です。年間標語を決めるときの手続きとしては、牧師が長老会に来年の教会標語としてふさわしいと思われる御言葉をいくつか提出し、長老会でその中からひとつを選んで決定することになっています。そして、毎年新年を迎える際に一人の長老が大きな模造紙にそれを書にしたためてくださって、礼拝堂の前にそれを貼り出すのです。いつからこのようにしているかは調べてはおりませんが、津示路教会は毎年新年になると、新しい御言葉を年間標語に選んで掛け替えて、毎週礼拝後に、また祈禱会の際にそれを読み上げるということをしています。そのようにして、年を追うごとにひとつひとつの御言葉を一年かけて染み込ませて、覚えていきます。この一年を貫く御言葉を与えられたい、そう願って毎年年間標語となる御言葉を、祈りをもって選びます。

今回、年間標語を決める長老会でひとつ議論になったのは、二一節後半の「死ぬことは利益なのです」という言葉です。「生きるとはキリスト」、前半の言葉はとても美しく、キリスト者なら誰もが受け入れることのできる言葉として聞くことができるのだけども、どうも「死ぬことは利益なのです」という言葉は強すぎるのではないか、と。いっそのこと、「私にとって生きるとはキリストです」と短くしてしまってもいいのではないか、という提案もありました。毎週、「死ぬことは利益」と口にすることには抵抗があったのかもしれません。そのように、この言葉は私たちに躓きや戸惑いを生む言葉にもなるのかもしれません。なぜなら、私たち人間にとって、死ぬことは損ではあっても利益ではないことを知っているからです。「生きることはキリスト」。この言葉は受け入れられるのです。しかし、「死ぬことは利益」。この言葉は受け入れがたいのです。それはなぜでしょうか。そのようにこの御言葉は、よくよく考えてみれば、とても不思議な響きを持っているのです。「生きるとはキリスト」。なぜこの言葉はすんなり呑み込めるのに、「死ぬことは利益」、この言葉は呑みづらいのか。それは、いまなおこの「死」というものが我々に対して支配的な力を持っているからであろうと思います。またはそのように思い込んでいるからであろうと思います。

いま私たちにはさまざまな関係性が与えられています。家族であったり、友人であったり、愛する者たちとの関係です。しかし、ひとたび死んでしまったら、その結び付きも、その関係性も絶たれたようになってしまう。なぜなら、それまで生きていた者が、共に生活をしていた者が、この手で触れ、この目で、この耳で、その存在を感じることのできた存在が消えてしまい、見えなくなってしまうからです。目に見えるつながりが、絶たれてしまうからです。それは愛する者だけのことではありません。自分自身においてもそうです。自分自身もまた死ねばこの私の存在は、愛する者の目から消えてしまう。誰からも忘れ去られてしまう。死んだ自分を思ってくれる人は誰もいなくなってしまうかもしれません。無限の暗闇の中へと投げ出されるような心持ちになるかもしれません。だからこそ、私たちは生きることにしがみつき、目に見えるものにしがみつき、執着するのではないでしょうか。そのような、私たちの生きる世が持つ「死んだらすべて終わり」という常識があるのです。しかし、今日の御言葉は、それらの常識に真っ向から抗う言葉です。だから、この言葉が不思議でたまらないのです。この不思議な響きを持つ言葉を語ったのは、イエス様の使徒パウロです。私たちの信仰の先達であるパウロが、生きることと死ぬことについて語っています。愛するフィリピの教会に宛てた手紙を書いたイエス・キリストの使徒パウロは、不思議な高揚に満たされながら、生きることにおいても死ぬことにおいても「本当に生きる道」があるということを教えてくれるのです。

パウロがここで生と死について語るときの語り方の中に、生と死の間における断絶を見出すことはできません。もちろん生きること、死ぬことの違いを見出すことはできます。けれども、使徒パウロはここで私たちのように「死の力」を過大評価することをしません。むしろ、「死の力」の影響下に置かれてもなお切られることのない結びつきについて、生も死も越えて、生も死も貫いている一つの確かな結びつきについて語ります。その結びつきとはすなわち、救い主と救われた者との結びつきです。つまり、キリストと私たちとの結びつきです。キリストとの結びつきは、生も死も越えている。むしろ、パウロは死によってキリストとの関係は純化されるという思いで、死を見つめています。なぜなら地上において生きることの中には私たちをキリストから引き離すものが多いのですが、死ぬことによってそれらの障害は取り除かれ、いよいよ純粋に「キリストと共に生きるようになる」からであるというのです。

この世を生きるにあたって、さまざまなものが私たちをイエス様から引き離そうとします。そして、生きるとはそのような誘惑に囲まれながら歩むことでもあろうと思います。死に抗って、誰もが「生きたい」と願います。そして、その願いというのは、ただ病気にならずに健康で生きていたいとか、たくさんのものに囲まれて幸せな生活を送る、ということだけではなしに、「よく生きる」ということをどこかで求めているのではないかと思います。誰にとっても、よく生きるということは永遠の課題です。しかし、結局何が私たちをよく生かすものであるのか、分からずじまいなのではないかと思います。お金があればよく生きることができるのでしょうか、家族が与えられればよく生きることができるのでしょうか、自分のしたいことを満足行くまですることができればよく生きたことになるのでしょうか。人間の欲望は尽きることがありません。欲望を満たすことでは、きっと満足した一〇〇％の良い人生を送ることはできないでしょう。昨年、私が学生時代からずっと好きだったあるミュージシャンが自分で死ぬことを選びました。彼は音楽的にも成功し、お金にも友人にも困ることはなく、家族も与えられ、これから世界ツアーに出かけようとしている最中であったと聞きます。誰が見てもすべてが満たされ、天賦の才能に恵まれ、何一つこと欠けることがなかったように見えた彼が最後に歌ったのは、何百万とある星の中の一個が消えたとしても誰も気にしないだろう、という歌でした。その歌手が一体何に絶望したのかは分かりません。しかし、生きることに、そして何かにしがみ続けていることに疲れてしまったことを感じることができます。何かにしがみつく力を失ってしまったとき、私たちは生きていく力を失ってしまうのでしょうか。自分を生かすために、何かにしがみつかねばならないのだとしたら、いつまでしがみついていなければならないのでしょうか。

ここでパウロの言葉に戻りたいと思います。二〇節にはこのように記されています。

そして、どんなことにも恥をかかず、これまでのように今も、生きるにも死ぬにも、わたしの身によってキリストが公然とあがめられるようにと切に願い、希望しています。

ここで私たちは知らされます。パウロが人生の目的としているものが、パウロが生きることにおいてまた死ぬことにおいて見つめ続けているものが、自分自身ではない、ということに。パウロが執着するのは、自分ではなくキリストだけです。キリストの救いが伝えられることだけです。パウロはその救いが伝えられることこそ、しかも「わたしの身」すなわち、パウロの存在そのものを通して伝えられることこそ自分の喜びであり熱望であると言います。パウロの熱望であり、益であるにもかかわらず、しかしそれは回りまわって自分の益ではなく、キリストの益であり、さらにはそれが自分の益になるのだという。不思議な循環がここにはあります。なぜ、そのようなことが起こるのか。なぜなら、キリストの救いとは、他でもない、神がこの私に執着してくださったことによって与えられた救いの恵みであるからです。私が私に執着するよりもはるかにまさって、神がこの私に執着してくださった。それが、神がキリストを通して与えてくださった救いの出来事です。神がなぜこの地上に、愛する独り子であるキリストをお送りくださったのか。それは、そうまでして私たちを取り戻したかったからです。そうまでして私たちにこだわってくださったからです。

だから、パウロは自分がこの神の執着を知ったように、自分を通して誰もがこの神の執着とも言える愛に気付いてほしいと願います。自分を通して、この恵みの出来事が伝えられることは他でもない喜びであり、誇りであるのです。

パウロが置かれている状況をもう一度思い出してみるならば、二〇節にある「今も」という言葉は、パウロがこの時立たされている切迫した状況を指しています。「今」、パウロは御言葉を語ったことによって牢に捕らわれている状況です。自分で自分を自由にできるわけではない。これから先の道を保証されているわけではない。自分がいつ処刑されてしまうのか、自分が生きるか死ぬかの権利を自分では持ちえていない、そのような状況でありました。まさに危機的状況が、パウロを取り巻いている。私たちはそんな時こそ、自分の命を見つめるのではないかと思います。しかし、パウロはそれをいたしません。生きるか死ぬかの危機状況の中で見つめているのは、やはりキリストであるのです。それは何も、強がりを言っているわけではないと思います。ガラテヤの信徒への手紙でパウロはこのように言っています。「生きているのは、もはやわたしではありません。キリストがわたしの内に生きておられるのです。わたしが今、肉において生きているのは、わたしを愛し、わたしのために身を献げられた神の子に対する信仰によるものです」（ガラ二・二〇）。パウロという人は、本音でも建て前でもなくいつも同じように考えていたようです。どんな時でも、キリストなくして生きることも死ぬこともなかったのです。パウロにとって、キリストを求めることが、本当の意味で自分を求めること。それほどまでに自分の存在がキリストに肉薄しているのです。このキリストとパウロの結びつきは目には見えない結びつきです。パウロはこの目には見えない結びつきにこそ価値を置くのです。

パウロにとっては、もはや「生きているのはキリストのため」ということですらありません。パウロの生活は、「生きているのはキリスト」と言い切れるような生活です。

わたしにとって、生きるとはキリストであり、死ぬことは利益なのです（二一節）。

パウロのこの言葉は、これまでの教会の歴史の中で印象深く読まれてきた一節です。宗教改革者たちは、このパウロの言葉を、キリストを主語にして、「生きるにも死ぬにもキリストが命であり、益である」と訳します。そのくらい、キリストに筆圧強く、力を込めてパウロは書いていると読んだのです。もともとのギリシア語では、「生きること、キリスト」「死、利益」というように動詞抜きで書かれています。言葉の上からも、パウロにとって生きることとキリストの間に挟み込まれているものが何もないことを知ることができます。そして、二一節「生きるとはキリストであり」と語る、「生きる」という言葉は、この地上での生活だけを指しているわけではないと多くの聖書学者が指摘をしています。ここでは単に肉体をもって生きることだけでなく、「まことに生きる」という意味が大きいようです。肉体をもって生きることを含みながら、キリストによって全く新しい命に生きるということです。この「生きる」ということの中には、死ぬことも含まれているだろうと私は思います。死んでしまったらそこでお終い、ではなく、死んでもなおキリストが生きておられる。「まことに生きる」という点において、死ぬことが除外されているわけではなく、生きるにしても死ぬにしても、キリストの十字架と復活によって与えられた新しい命は、存在すべてを貫いている。死んで失われる命ではないのです。パウロはこの新しい命に生かされている。だからこそ、自分の命を見つめる生活ではなく、キリストと共にある生活を歩むのです。この方に救われて、いまの自分があると確信しているからです。いまの自分は自分によって立っているのではなく、この方の支えによって立たせられているることを確かに信じているからです。「キリストと共に歩む」ということはそういうことです。そして、それはパウロだけのことだけではありません。キリストに救われた者すべての道が、「生きること、キリスト」であり、「死、利益」の道です。キリストと共に歩む、というのはキリストを生きることであって、キリストの教えに従って自分の歩みを修正しながら歩むことでも、キリストに憧れて生きることでもないとある説教者は言います。遠く離れたところからキリストをこっそり眺めながら拝みながら生きていく、というのではなくて、キリストと私との距離がパウロのようにキリストに肉薄しながら、いやむしろキリストに肉薄されながら、もうピッタリ一つになってしまったかのように生きるということです。

死ぬことは益、ということは「死になさい」ということではありません。生きていても、死んでいても、キリストは共にいるということです。死によっても、私たちはキリストと結ばれているということです。死によっても、私たちはこの方と分かたれることはないということです。むしろ死によって、このキリストと共に生きるということが完全になるということです。だから、死は利益なのです。

パウロはこの地上にありながら、キリストと共にあることの純度を願います。そのパウロの願いは、二三節、二四節の言葉の中に見つけることができます。

この二つのことの間で、板挟みの状態です。一方では、この世を去って、キリストと共にいたいと熱望しており、この方がはるかに望ましい。だが他方では、肉にとどまる方が、あなたがたのためにもっと必要です（二三―二四節）。

「あなたがたのために」とは、フィリピの教会のことです。フィリピの教会が福音に前進するために、私は地上で生き続けるという必要を見つめています。パウロは生きること死ぬことを貫いておられるイエス・キリストに目を注いでいるのですが、しかし同時に生きて教会に仕えるべきか、死んでキリストと完全に共にいるかということの間で板挟みになっています。この「板挟み」という表現は、「駆り立てる」とも訳されて、他の手紙の中でパウロはこのように使用しています。「なぜなら、キリストの愛がわたしたちを駆り立てているからです。わたしたちはこう考えます。すなわち、一人の方がすべての人のために死んでくださった以上、すべての人も死んだことになります。その一人の方はすべての人のために死んでくださった。その目的は、生きている人たちが、もはや自分自身のために生きるのではなく、自分たちのために死んで復活してくださった方のために生きることなのです」（Ⅱコリ五・一四、一五）。私はこの聖書箇所を読むと、ある説教者がコリントの信徒への手紙を読みながら、自分の顔を自分の大きな手で挟み込みながら、パウロの思いを語ったことを思い出します。パウロは、キリストの愛に駆り立てられながら、地上の教会に仕えることを熱望します。パウロにとってはフィリピの教会にこれからも仕え続けることが、具体的に地上においてキリストを生きることであったのです。そのパウロの望みは、キリストと共に生きる、とは地上においても、肉において生きるということにおいても、実現可能であるということを教えてくれます。それはつまり、二一節の言葉が、ただの神秘的な、概念的な言葉ではないということです。キリストを生きる、ということは、そのまま教会のために働く、労苦する、ということをも意味するのです。

教会に生きるというのは、具体的には私の喜びを求めて生きるのではありません。キリストの喜びを求めて生きる。キリストを求めている者の喜びを求めて生きる。それが自分の喜びとなっていきます。キリストのために生きるとき、私たちは本当の意味で自分のために、そして愛する者たちのために生きることを発見するのです。パウロが熱望するこの歩みの中に、私たちも自分の欲望から自由になり、何かにしがみつく生き方を捨てる道を見出すことができます。

「わたしにとって、生きるとはキリストであり、死ぬことは利益なのです」。この言葉は高尚なキリスト者だけが語りうる言葉ではありません。パウロはキリストに捕らえられ、キリストに仕える僕としてこの言葉を語ります。私たちもこの言葉を自分の言葉にすることができるのです。なぜなら、教会に生きる者は意識する意識しないに関わらず、誰もが洗礼によって自分に死に、私たちの内にキリストが生き始めたはずだからです。パウロだけでなく、私の内にキリストが生きてくださっています。それは何か、イエス様の思い出をしがんで生きるというようなことではありません。洗礼の思い出に立ち返れ、ということだけでもありません。いつでもキリストは、私たちの内に新しく生き始めてくださるのです。それは、主の日の礼拝で説教に聴き続けるということです。キリストは、いつも新しく御言葉というかたちで私たちの内に入ってきてくださる。御言葉によって、私たちと歩みを共にしてくださるのです。キリストが私の内に生き始める。それは自分を大きくするところから解放されて、キリストが大きくなってくださる人生です。それが「わたしの身によってキリストがあがめられる」歩みです。キリスト者の歩みは、何かにしがみつく生き方ではありません。むしろ、神がキリストを通して私をつかんで離さないことを確信する生き方です。そこにこそ、すべての人が心から安心して歩むことのできる道があるのです。

（二〇一八年一月七日、四月二九日　日本基督教団津示路教会礼拝説教）

第一章二七—三〇節
キリストの福音にふさわしく生活するために

岸本大樹

ひたすらキリストの福音にふさわしい生活を送りなさい。そうすれば、そちらに行ってあなたがたに会うにしても、離れているにしても、わたしは次のことを聞けるでしょう。あなたがたは一つの霊によってしっかり立ち、心を合わせて福音の信仰のために共に戦っており、どんなことがあっても、反対者たちに脅されてたじろぐことはないのだと。このことは、反対者たちに、彼ら自身の滅びとあなたがたの救いを示すものです。これは神によることです。つまり、あなたがたには、キリストを信じることだけでなく、キリストのために苦しむことも、恵みとして与えられているのです。あなたがたは、わたしの戦いをかつて見、今またそれについて聞いています。その同じ戦いをあなたがたは戦っているのです。

（フィリピの信徒への手紙第一章二七—三〇節）

イエス・キリストの使徒パウロは、「ひたすらキリストの福音にふさわしい生活を送りなさい」（二七節）と、私たちに語っています。皆さんはこのパウロの言葉をどう捉えるでしょうか。

私がキリスト者学生会（ＫＧＫ）という宣教団体で働いていた頃、この言葉をめぐって学生たちと話し合ったことがあります。その時、学生たちの多くがこの言葉に戸惑ったようで、「私は福音にふさわしいかどうか、全く自信がない」とか、「福音にふさわしい生活って言われると、プレッシャーがかかる」とか、消極的な意見が飛び交いました。ある学生は、「こんな言葉を読むと落ち込みます……」と口にしていました。ここには福音という言葉が使われているにもかかわらず、彼らは、福音として、つまりグッド・ニュース、喜びの知らせとして聖書を受け取れなかったようでした。

皆さんの中にも、このパウロの言葉を聞いて、「キリストの福音にふさわしい生活って何だろう」と考え込んだり、「自分がキリストの福音にふさわしい生活を送れているかどうか……」と思い悩んだりされる方がいらっしゃるかもしれません。更に、この二七節には「ひたすら」という言葉が付け加えられていますから、余計にプレッシャーに感じるのかもしれません。確かに、私たち人間が、落ち度や失敗のない、罪や過ちを犯さないような、完璧な信仰生活を志しても、それは不可能ですから、イエス・キリストの福音にふさわしい生活を送っているかどうかと問われると、不安に思ったり、自信を持てなかったりするのは当然です。

ここでパウロはプレッシャーをかけるつもりで、「死ぬ気でがんばれ！」などと叱咤激励をしているのでしょうか。もちろん、そうでないことは、改めて言うまでもありません。彼はフィリピの教会の人たちに、「わたしは、あなたがたのことを思い起こす度に、わたしの神に感謝し、あなたがた一同のために祈る度に、いつも喜びをもって祈っています」と語っています（三―四節）。フィリピの教会の人たちのためにいつも祈っていたパウロが、つまらないプレッシャーをかけるはずがありません。

パウロはコリントの教会の信徒たちに宛てた手紙の中でこう語っています。

「あなたがたは、代価を払って買い取られたのです。だから、自分の体で神の栄光を現しなさい」（Ⅰコリ六・二〇）。

神がその独り子であるイエス・キリストという代価を支払って私たちを罪と滅びから救い出し、買い取ってくださいました。私たちはもう神のものです。だからこそ、私たちはこの体をもって、存在を通して、生き方によって、神の栄光を現すことが求められています。それは私たちが救われるためではありません。私たちはもう救われているのです。私たちは神の子供となっているのです。

フィリピの教会の人たちにパウロが語ろうとしているのは、そのような私たちへの励ましであり、温かい忠告です。私たちが聴くべき神の言葉です。私たちはパウロの言葉を注意深く聴き取らなければなりません。

パウロはフィリピの信徒への手紙第三章二〇節で、「わたしたちの本国は天にあります」と語っています。この言葉は、「我らの国籍は天にあり」と言った方が迫力あるかもしれません。これは、私たちが本当に属しているのは天であるということの宣言であると共に、私たちがどこに属すべきなのかということを問いかける言葉でもあります。ここにある「本国」あるいは「国籍」とある言葉は、古代ギリシアのポリスという都市国家の市民であることを表す言葉です。そのため、ここを、「私たちは天国の市民権を持っている」と翻訳される方もあります。

古代ギリシアのポリスでは市民が積極的に政治に関与していたようです。ポリスには議会の役割を果たす市民大会のようなものがあり、そこでは一定の責任を果たし、資格を持った市民が積極的に意見を述べ、ポリスの運営に関わることが求められていました。実は、二七節に「生活を送りなさい」とありますが、ここは、ポリスの一員として生きなさい、市民としての責任を全うしつつ生活しなさい、という意味です。先ほどの「国籍」や「本国」と翻訳された言葉が動詞として、しかも命令形で使われています。

使徒パウロがこの手紙を記したとき、フィリピの町はローマ帝国の植民地となっていました。フィリピの町に住む人々は、かつてのギリシア風の生活様式を選ぶのか、それともローマ風の生活様式を選ぶのか、自らの責任をもって選択しなければなりませんでした。あるいは、ギリシア風にせよ、ローマ風にせよ、何をどこまで取り入れ、残すのか、知恵が求められていました。いずれにせよ、そこで問われるのは、何を基準に、何に根ざして生きるのか、ということです。

私たちもそうです。私たちは天に属する者で、ヘブライ人への手紙第一一章にあるように、この地上では寄留者、仮住まいの者です。天に属する私たちもまた、この地上で、何を基準に、何に根ざして生きるのか、ということが問われています。二七節でパウロは、「キリストの福音にふさわしく生きなさい」、あるいは「キリストの福音にふさわしく歩みなさい」という、ありきたりの表現を用いませんでした。彼は、ポリスの市民のように、一つの国に属する者として、そこにある務めを果たしながら生活をしなさい、と語りました。それは、天の御国に属する者として、しっかりとその責任を果たしつつ生活をしなさい、ということです。パウロは私たちの生き方を問うのです。

なぜパウロはそのようなことを語るのでしょうか。天の御国に属する者の責任ある生き方について、なぜパウロは語るのでしょうか。それは、私たちの信仰生活には戦いがあり、私たちの信仰に反対する者たちがいるからです。パウロはこう語っています。

ひたすらキリストの福音にふさわしい生活を送りなさい。そうすれば、そちらに行ってあなたがたに会うにしても、離れているにしても、わたしは次のことを聞けるでしょう。あなたがたは一つの霊によってしっかり立ち、心を合わせて福音の信仰のために共に戦っており、どんなことがあっても、反対者たちに脅されてたじろぐことはないのだと。このことは、反対者たちに、彼ら自身の滅びとあなたがたの救いを示すものです。これは神によることです（二七―二八節）。

信仰を持つと、穏やかで、平安な生涯を送ることができる。そう思う人たちが多いかもしれませんが、それは信仰生活の一面にすぎません。確かに、罪と滅びから救い出され、天の御国に属する者となった私たちには、主が共におられ、導いてくださることでの平安は与えられます。そのことには感謝しましょう。けれども、私たちが福音の信仰のための戦わなければならない時があります。私たちを生かす福音の信仰に反対する人たちが現れることがあるからです。

フィリピの教会の人たちに反対する者たちとは一体誰のことだったのか、詳細は分かりませんが、彼らは何らかの迫害に直面していたようです。ただし、フィリピはギリシアの中にあってローマ帝国の支配下にあったものの、この当時はローマ帝国による本格的な迫害がまだ始まっていませんでした。おそらく、フィリピの教会の人たちへの迫害というのは、教会に敵対心を燃やした暴徒たちだったと思われます。もしかすると、フィリピの教会の人たちは物理的な攻撃や嫌がらせを受けていたのかもしれません。

残念なことに、教会の歴史を紐解きますと、ユダヤ教徒たちを中心とした律法主義、ローマ帝国による迫害や弾圧など、福音の信仰に反対する人たちは形を変えていつも現れました。教会には、いつの時代も戦いがあるのです。昨年一一月半ばにアメリカの姉妹教会を訪問させていただきました。イリノイ州にある、地方の、のんびりとした教会です。その教会で、礼拝が始まる直前、テキサス州の教会で襲撃事件が起きたこともあり、万が一のことを考えて、これから礼拝堂の入口に鍵をかける、というアナウンスがありました。礼拝が終わって教会堂の中を歩いていると、ピストルを持ったガードマンを目にしました。教会への襲撃事件のことはテレビや新聞などで知っていましたが、その影響が異なった州の地方の教会にまで及んでいることに、キリスト者が多いアメリカの教会にも形を変えた戦いがあることを改めて教えられました。

私たちはどうでしょうか。私たちはキリスト者が一％にすぎない日本という国に住んでいます。かつてこの国では、キリスト者が信仰を捨てろと迫られたり、偶像礼拝を強制させられたりしました。今はそのような厳しい弾圧や迫害に遭わないかもしれませんが、それでも、私たちがキリスト者として礼拝を大切にし、神のみを崇めて生きようとすると、そのことを邪魔したり、妨害したりする人たちが必ず現れます。職場や学校で、あるいは家庭で、人間関係の中で、信仰の理解が得られないことがあるばかりか、キリスト者であることを馬鹿にされたり、攻撃されたりすることもあります。私たちの信仰に反対する人たちは、どこにでもいるものです。この教会でも、一年に何度か、門をいたずらされたり、嫌がらせのような電話がかかってきたりします。そういう時にこそ、私たちはどう生きるのかが問われます。

もっとも、福音の信仰に反対する者とは、いつも外側にいるとは限りません。私たちの心の中にも福音の信仰に反対する思いが現れてくることがあります。このことについて、ある聖書学者が次のようなことを言っています。

「キリスト者の戦いはまず自分の相手を固定し、その相手に対して自分の立場を主張し、相手を屈服させることの中には存（在）しない。それは自分のための戦いではなく、『福音の信仰のため』の戦いだからである。その敵は、しいて言えば、『闇の世の主権者』である。しかし、この『闇の世の主権者』は、時としてキリスト者自身をも支配しかねないのである」。

私たち自身の心の中にも、神を信じることなど無駄ではないか、信仰はほどほどで構わないのではないか、というような思いが現れることがあるのではないでしょうか。「神は隣人を愛しなさいというけれど、そんなの無理だ」とか、「どうせ誰も見てはいないし、自分にしか分からないのだから、こんなことやっても大丈夫だ」とか、私たちを神から遠ざけようとする誘惑の声が、私たち自身の心の中で響くこともあるのではないでしょうか。信仰の戦いは、私たちの外側だけでなく、内側にもあるのです。

そのような福音の信仰の戦いの中に私たちは置かれています。だからこそ私たちは、生き方の根拠をどこに置くのか、パウロの言葉に従って、そのことをしっかりと考えなければなりません。

二九節を読みますが、そこにはこうあります。

　つまり、あなたがたには、キリストを信じることだけでなく、キリストのために苦しむことも、恵みとして与えられているのです。

これが、二七節で「ひたすらキリストの福音にふさわしい生活を送りなさい」と語られたことの、もう一つの理由です。

我々の信仰はご利益信仰ではない。そのように教会ではしばしば語られます。神さまを信じれば必ずお金が儲かって幸せになるとか、信仰を持てば必ず病気が治って健康になるとか、そのようなメッセージを教会で聞くことはありません。それでも、神さまを信じているからには何もかも平穏無事で上手くやっていきたい、と思うのが私たちです。神さまを信じているのだから苦しみなんか遭うはずがないし、苦しみなんかは避けて通りたいと、心のどこかで考えがちなのが私たちです。

ここでパウロは、あなたがたにキリストを信じる信仰が恵みとして与えられたように、それだけでなく、キリストのために苦しむことも恵みとして与えられている、というのです。それは、キリストを信じる恵みとキリストのために苦しむという恵みの両方が与えられている、ということです。言い換えれば、私たちの信仰生活には苦しみが伴うということと、信仰における苦しみはキリストのためであって、それは恵みとして与えられているということです。おそらく、こういうことを聞いても、「はい、そうですか」と納得される方は少ないと思います。正直なところ、私自身も、「キリストのための苦しみですか。分かりました。感謝します」とは素直に言い難いところが多分にあります。

しかし、この説教準備のためにある説教集を読んで、キリストのために苦しむということについて、私はハッとさせられました。そこにはこう記されていました。

「われわれが苦しむだけではありません。主イエス・キリストが、例えばゲッセマネの園において、あるいは十字架において、われわれのために苦しんでくださったではありませんか。われわれは人間同士だったならば、自分のために苦しい思いをしてくれた両親のために苦しみたいと思うのです。その時には分からないで、あとになって、悔みきれないような残念さをもって、自分のための苦しみを思うのであります。それなら、なぜ、われわれを救ってくださったキリストのために苦しもうとしないのでしょうか。そしてそれがなくて、どうして信仰の生活が健全であるといえるのでしょうか。そのことをわれわれはよく思ってみる必要があるのではないでしょうか」。

主イエス・キリストはゲッセマネの園で地面にひれ伏し、できることなら、この苦しみの時が自分から過ぎ去るようにと、「アッバ、父よ、……この杯をわたしから取りのけてください。しかし、わたしが願うことではなく、御心に適うことが行われますように」と祈られました。また、十字架の上で、「エロイ、エロイ、ラマ、サバクタニ、わが神、わが神、どうしてわたしをお見捨てになったのですか」と叫ばれました。しかし、私はそのような主イエスの苦しみに満ちた歩みを横へ置いたままで、主イエスが私の苦しみを取り除くのは当たり前だと思い込んでいました。主がいつも最善の道を備えて、私を苦しみから遠ざけてくださるものだとばかり考えていました。いや、必ずしもそうではないことは頭では理解していましたし、実際にそうでした。けれども、ここで説教者は、「主イエスもわれわれのために苦しまれたではありませんか。なぜ、われわれを救ってくださったキリストのために苦しもうとしないのでしょうか」と問うことで、私をキリストのための苦しみへと招かれたのです。苦しみを通してキリストと共に生きることへと招かれたのです。主イエスが私たちの救いのために苦しまれ、十字架で命を投げ出されました。このことを私はどう受け止めているかということを深く考えさせられました。皆さんはいかがでしょうか。

私たちの苦しみについて、ヘブライ人への手紙第一二章七―八節にはこう書かれてあります。「あなたがたは、これを鍛錬として忍耐しなさい。神は、あなたがたを子として取り扱っておられます。いったい、父から鍛えられない子があるでしょうか。もしだれもが受ける鍛錬を受けていないとすれば、それこそ、あなたがたは庶子であって、実の子ではありません」。

キリスト者として神を信じて歩む以上、忍耐すべき苦しみがあり、それは父なる神からの鍛錬、訓練であるというのです。もしも鍛錬や訓練がないとするならば、それは神の子供になっていないということにもなると、というのです。苦しみがあるということは、神が罰しておられるということではありません。キリストのために苦しむとき、神はそのことで私たちを鍛錬されるのです。

私たちは、安易に苦しみを避けることばかりを願うのではなく、キリストのために苦しむということを受け入れる必要があるのです。プロテスタントの改革運動を推進したカルヴァンという人は、「こういう苦しみというものは、神の子として受け入れられたことのしるしである」と言いました。私たちの信仰の歩みにおいて苦しみは切り離すことができません。天の御国に属する者として、しっかりとその責任を果たすとは、キリストのための苦しみを受け入れるということでもあります。

「ひたすらキリストの福音にふさわしい生活を送りなさい」というパウロの言葉が、「天の御国に属する者として、しっかりとその責任を果たしつつ生活をしなさい」ということだと申しました。そして、そこには福音の信仰のために戦いがあり、キリストのために苦しむことがあることも申し上げました。その上で申し上げたいことは、私たちには教会の交わりが必要だということです。キリスト者は独りぼっちで天の御国に属する者としての責任を果たすことはできません。独りぼっちでは福音の信仰を戦えません。独りぼっちでは、キリストのためとはいえ、苦しみには耐えられません。天の御国に属する者としての責任を果たし、福音の信仰のために戦い、キリストのために苦しむためには、主にある交わり、共同体としての教会が必要です。そのため、パウロは、「あなたがたは一つの霊によってしっかり立ち、心を合わせて福音の信仰のために共に戦っており」と言ったのです。教会に連なる私たちが聖霊によって一つとなり、心を合わせることが求められているのです。

一つの霊とありますが、それは聖霊です。聖霊なる神は、私たちキリスト者一人一人にバラバラに働かれるのではありません。私たちは既に聖霊にあって一つとされています。そして、教会として導かれているのです。

ある神学者が、「現代の最大の異端は個人主義である」と言いました。個人主義は信仰を変質させたり、歪曲させたりします。しかし、教会の人間関係に躓いたのか、それとも自分独りで充分だと思うのか、神への信仰があれば、教会は不要で、兄弟姉妹の交わりは要らないと考える人が増えているようです。けれども、このことについて、ディートリッヒ・ボンヘッファーというドイツ人の牧師が、「だからキリスト者は、彼に御言葉を語ってくれる〔ほかの〕キリスト者を必要とする。彼は、心が不確かで気落ちしている時には、いつもほかのキリスト者を必要とする。というのは、彼は自分では自分を助けることができない、そうすれば真理をいつわることになるからである。彼は、神の救いの言葉の担い手・宣教者としての〔ほかの〕兄弟を必要とする。自分の心の中のキリストは、兄弟の言葉におけるキリストよりも弱いのである……」と言いました。

私たちには主にある兄弟姉妹が存在するのです。いや、私たちに兄弟姉妹の交わりが必要なのです。神に与えられた賜物を分かち合い、労苦を共にすることによって、私たちは福音の信仰を戦い抜くことができるのです。そうすることで、パウロの言う通り、「どんなことがあっても、反対者たちに脅されてたじろぐことはないの」です。

最後に、主イエス・キリストの言葉に耳を傾けましょう。

「あなたがたには世で苦難がある。しかし、勇気を出しなさい。わたしは既に世に勝っている」（ヨハネ一六・三三）。

私たちは信仰の戦いにおいて苦しむことがあるかもしれません。しかし、十字架で私たちのために命を投げ出してくださった主イエスがこの世に打ち勝たれたのです。キリストの福音にふさわしい生活とは、この主イエスに導かれ、力を与えられ、生かされていくことなのです。

（二〇一八年一月二八日　キリストの教会 旭基督教会礼拝説教）

キリスト・イエスにもみられるもの

第二章一—五節

三浦陽子

さて、アダムは妻エバを知った。彼女は身ごもってカインを産み、「わたしは主によって男子を得た」と言った。彼女はまたその弟アベルを産んだ。アベルは羊を飼う者となり、カインは土を耕す者となった。時を経て、カインは土の実りを主のもとに献げ物として持って来た。アベルは羊の群れの中から肥えた初子を持って来た。主はアベルとその献げ物に目を留められたが、カインとその献げ物には目を留められなかった。カインは激しく怒って顔を伏せた。主はカインに言われた。
「どうして怒るのか。どうして顔を伏せるのか。もしお前が正しいのなら、顔を上げられるはずではないか。正しくないなら、罪は戸口で待ち伏せており、お前を求める。お前はそれを支配せねばならない」。

（創世記第四章一—七節）

そこで、あなたがたに幾らかでも、キリストによる励まし、愛の慰め、〝霊〟による交わり、それに慈しみや憐れみの心があるなら、同じ思いとなり、同じ愛を抱き、心を合わせ、思いを一つにして、わたしの喜びを満たしてください。何事も利己心や虚栄心からするのではなく、へりくだって、互いに相手を自分よりも優れた者と考え、めいめい自分のことだけでなく、他人のことにも注意を払いなさい。互いにこのことを心がけなさい。それはキリスト・イエスにもみられるものです。

（フィリピの信徒への手紙第二章一―五節）

何事も利己心や虚栄心からするのではなく、へりくだって、互いに相手を自分よりも優れた者と考え、めいめい自分のことだけでなく、他人のことにも注意を払いなさい（三―四節）。

今日は、このみ言葉を聞いただけで、自分の心に迫るものを感じられる方が多くおられるのではないかと思います。心に、ぐさりと来るような方もあるかもしれません。「自己中心、虚栄、へりくだり、人を自分よりもすぐれたものと」と聞くと、自分の心のうちが探られる。そのようなみ言葉です。

私は、もう三〇年近く前のことですが、ある聖会でこのみ言葉から語られた時の衝撃を忘れることができません。

その時の講師の先生は、説教の冒頭で「自分は、人を自分よりすぐれたものと思うことができません」と言われました。驚きました。私たちはみなそのように思っていても、なかなかそれを口にすることはないと思うからです。ましてや、講師として説教者として立っているその場所で、その告白をされたのです。しかし、その先生を軽蔑することはありませんでした。その言葉は驚きでしたが、むしろ正直な先生だと思い、何が語られるのだろうと耳が開かれたのを覚えています。

私たちは、皆、すべての人に対して、自分より優れたものと思うことは難しいことを知っています。あの人のあのことは、自分よりすぐれていると思えても、この人が自分よりもすぐれたものとは思えないということがあります。そういう思いは、日頃、自分はすぐれたものではないと自分のことを思っている人であっても持たれるのではないでしょうか。誰もが抱く思いに対して、今日ここでは何が教えられているのでしょうか。

聖書の中には、いろいろな教会に宛てられた手紙があります。主に使徒パウロが書いた手紙から、コリントの教会、ガラテヤの教会、エフェソの教会、フィリピの教会など、それぞれにその教会の現実にあった具体的な課題をパウロが聞き、祈って、勧めている手紙です。

教会というのは、主イエスを信じた者の群れで、キリストを頭とした神の家族です。しかし、教会は人の集まりです。いろいろな人が共に歩むというのは簡単なことではありません。皆が願っているのに、とても難しいと思うことのひとつは、一致するということです。

教会は、みな主イエス様を信じているから、平和で、一致があるのが普通だと思っている人もあるかもしれません。しかし、パウロの手紙で特に繰り返されるのは、教会の一致を保ちなさいという教えです。フィリピの教会は、特に一致するということにおいて課題があったのでしょう。今日の箇所でも「あなたがたは一致を保ち」という言葉があります。また、四章になりますとこんな勧めもあります。「わたしはエボディアに勧め、またシンティケに勧めます。主において同じ思いを抱きなさい」

ここは、新改訳ですと、「ユウオデヤに勧め、スントケに勧めます。あなたがたは、主にあって一致してください」と訳されるところです。

エボディア、シンティケにというのは、当時の教会の姉妹たちの名前です。おそらく行いにも言葉も、大きく教会で用いられていた姉妹たちだったのでしょう。しかし、残念なことにその二人に一致がなかったのです。おそらく姉妹たちは、熱心だったでしょう。しかし、その熱心が、不一致を生んだともいえる自分の熱心だったのです。自分の熱心は、神様の熱心と同じではありません。パウロは、心を痛めながら、ここまで教会が建て上げられてきたことを喜びつつも謙遜を勧めるのです。

聖書は、非常に具体的に私たちが救われた者としてどのように生きたらいいか、救われた者がどのように生きたらいいのかを教えています。

先日読んでいたある本に、聖書の戒めを読む時に、「禁止の言葉を裏返して読めば、現実というものがありありと目に浮かんでくる。まことに増悪、情欲、物欲、欺瞞の修羅場である」と書かれていました。なるほど、と思いました。フィリピの教会にこのような詳細な勧めがあるのは、このような教会が現実にあったということです。

キリスト・イエスにもみられるもの

しかし、この勧めの中に、不思議な言葉が飛び込んでいます。

「わたしの喜びを満たしてください」。パウロは、ここで自分の願いを入れているのです。パウロは、キリストのことで牢に捕らえられ、獄中からこの手紙を書いています。明日のいのちの保証はないといった状況で、「わたしの喜びを満たしてください」と教会に書き送るのです。たいへん大胆な願いです。

「喜びを満たす」とはどんなことでしょうか。端的に考えると、パウロが喜ぶようなことは何か、嬉しくなることは何かと考えます。どうしたらパウロは、喜びに満たされるのでしょう。いったい何を教会にしてほしいと願っているのでしょうか。

それは、教会がひとつになるということでした。それが、自分の喜びだとパウロはここで言っています。フィリピの教会を愛し、祈り、勧める中で、パウロは、自分の喜びが満たされるように、あなたがたは一致を保ちと語るのです。パウロはフィリピの教会を愛しているのです。教会を愛するということは、教会の喜びが自分の喜びとなり、教会の悲しみが自分の悲しみになるということです。切に祈る心で「私の喜びを満たしてください」と言うパウロは、教会がひとつとなることを願っています。

フィリピの信徒への手紙第２章１−５節

フィリピの教会の現実は、悲しい現実でした。一致がなかったのです、教会に一致がないということは、どういうことでしょうか。それは、主イエス・キリストの福音宣教が、すべての人が救われるためという主の御心が妨げられるということです。教会に一致がないということと、福音宣教が妨げられるということはひとつのことです。

昨年末、ひとりの友人牧師と話をしました。それは、「教会内のもめごとで時間や労力を使うので、外に伝道にいく力がそがれてしまう」ということでした。教会がキリストのしもべとして喜びで一致している時は、あの人にもこの人にも、あっちもこっちにも伝道しようという思いが沸き上がります。

けれども、目の前で不一致がありますと、それが気になります。またどうにかしなければならないので、外に出ていく、伝道する力がそがれてしまいます。新しい人への伝道、外へ出ていく力がさまたげられる、時間もとられてしまうのです。

私たちは、福音宣教を共に担うものですが、教会の一致を保つということで、主イエスの福音宣教が進むということを忘れないようにしたいと思います。どのようにして、みことばを伝えるか、みことばに仕えるかということのまず第一はこの一致を保つということでなされるのです。自分と離れたどこか遠くにみ言葉に仕える行為があるわけではなくて、自分が教会を愛し、そこに置かれている者として、自己中心、虚栄心でなく、へりくだって、自分のことだけではなく、他の人のことも顧みることが、教会に仕え、福音に仕えることです。

ある先生が、フィリピの教会は、そうはいっても問題は少ない良い教会であったのではないかと書いているのを読みました。それは、他のガラテヤの教会やコリントの教会の問題と比べればということです。

ガラテヤの教会は、律法主義が広がり、「ああ、愚かなガラテヤ人」とパウロが言うほどでありましたし、コリントの教会もいろいろな罪がありました。それに比べればということです。しかし、それでも、分裂の力が働いていたのだと書いてありました。サタンは、私たちが、教会が一致することを妨げようと誘惑します。ひょいと心の中に入り込んで、一致しないように仕向けます。心を合わせ、主を喜び感謝する者たちがすることとは、主の栄光を現し、主を礼拝し、主を賛美し、主イエス・キリストの福音を大胆の延べ伝えることだからです。主イエスの福音宣教をみごとに邪魔するのが、この分裂の力です。

私たちは、このサタンの手に誘惑されることがないようにしなければなりません。自分の心に教会を批判するような思いや、自分の熱心と合わないからと投げ出したくなるような思い、自分が報われないような思い、自分の存在がと自己主張したくなったら、それは誘惑です。

私たちは、あくまでも、教会は、神様の宮であり、キリストを頭とする神の家族の場所であることを見失わないようにしなければなりません。神様の祝福があるところに、サタンの誘惑も多くあります。

だから、私は、教会を守ってくださいと心から祈っています。いつも祈っています。それでも、いろいろな攻撃が来ます。さらに祈らねばなりません。そして、共に祈りたいのです。いまは、それほどの問題を感じないから大丈夫ということはありません。みなが心を合わせて初代教会のように歩むのは、もちろん神様の奇跡ですけれども、今日も与えられる奇跡であると信じて祈りたいのです。

使徒言行録の中に、初代教会の喜びが語られています。「信じた人々の群れは心も思いも一つにし、一人として持ち物を自分のものだと言う者はなく、すべてを共有していた。使徒たちは、大いなる力をもって主イエスの復活を証しし、皆、人々から非常に好意を持たれていた」（使四・三二、三三）。新改訳聖書では、「使徒たちは、主イエスの復活を非常に力強くあかしし、大きな恵みがそのすべての者の上にあった」と訳されます。この初代教会の奇跡の一致は過去のことではありません。

奇跡の一致は祈りのうちに、信じる群れになされます、教会の喜びが満たされます、そして私たち一人一人の喜びも満たされるのです。

そこで、あなたがたに幾らかでも、キリストによる励まし、愛の慰め、〝霊〟による交わり、それに慈しみや憐れみの心があるなら……（一節）。

パウロは、ここで「幾らかでも」と語り始めます。この言葉は、「もし」とも訳されることばです。もし、キリストの励まし、愛の慰め、聖霊の交わりがあるならと言うのです。キリスト、愛、聖霊、これは、キリスト・父なる神・聖霊なる神、三位一体の神の交わりを指し示しています。そこに慈しみと憐れみがあるならと続きます。私たちの神は、御子イエス・キリスト、父なる神、聖霊の神です。三位一体には愛の交わりがあります。そこに私たちは罪赦され神の子として加えられています。そこに慈しみと憐れみがあるのです。ここで慈しみと訳されている言葉は、内臓が動くほどの憐れみを表す言葉で、やさしい思いやり、愛情、熱愛とも訳されます。

重ねるようにして、憐れみという言葉が続きます。「慈しみの心があるなら」「憐れみの心があるなら」と強調されています。三位一体の神の愛の交わりがあるところには、慈しみの心はあるでしょう。切なる憐れみがあるのです。この憐れみがない教会は教会ではありません。主がおられないからです。主がおられるところにキリストの励まし、愛の慰め、御霊の交わりがあります。

しかし、ここでパウロは、「幾らかでも、あるなら」「もし、あるなら」というのです。無いかもしれないとでも思ったのでしょうか。それなら、フィリピ教会は本当に大変大きな課題を抱えていたことになります。教会が教会でなくなってしまうからです。主がおられないなら、教会ではありません。表面的には課題がそれほど多く見えなくても、主がおられないなら、教会にとって大問題です。存在にかかることです。

「もし、あるなら」、と語りながら、パウロは、「それがないわけがないでしょう」、「あるでしょう」というフィリピ教会を信じる信仰をここで語っているのです。「もし」といいながら、「必ずある！」ことを確信しつつ、「ないわけがない」と語っているのです。

同じ思いとなり、同じ愛を抱き、心を合わせ、思いを一つにして、わたしの喜びを満たしてください（二節）。

同じ思い、同じ愛、一致を保ち、同じ愛の心をもち、心を合わせひとつになる。この教会の一致と愛の一致こそ、パウロの喜びです。パウロの喜びが満たされるのは、この教会の姿です。具体的には、自己中心、虚栄ではなく、へりくだって、互いに人を自分よりもすぐれたものと思う心です。

ここで、自己中心と訳されることは、利己心とも言われます。利己心とは、どんな心でしょうか。また、虚栄心とはどんな心でしょうか。ある先生が、こう説明していました。「利己心とは、神が何ごとかに際して、相手の側にではなく、自分の側につくことを欲する姿勢を指し、虚栄心とは、自分が神と人とに特別に認められる心をいう」と。自分がどうであっても、相手の側ではなく、自分の側に神様についてほしいというのは、自己中心だというのです。しかし、自分の正しさを神様に保証してもらいたいという心はよく分かります。他の人ではなく、自分の正しさを神様に保証してもらいたいのです。自分の側についてもらいたいのです。

お読みした創世記第四章には、カインとアベルの出来事が記されています。最初の人アダムとエバの子供たちの事件です。兄カイン、弟アベル、ふたりは献げ物を神様にもっていきます。主は、アベルとその献げ物に目を留められますがカインの献げ物には目をとめられません。カインは、ひどく怒りました。顔を伏せました。面白くなかったのです。自分は兄です。兄のメンツもプライドもあったでしょう。神様に献げ物をしなかったわけではありません。同じように献げ物をしたのです。それなのに、神様は、カインに言うのです「あなたが正しく行ったのであれば、受け入れられる。ただし、あなたが正しく行っていないなら、罪は戸口でまち伏せして、あなたを恋い慕っている。だが、あなたは、それを納めるべきである」と。

しかし、このあと、カインは怒りを爆発させ、弟アベルを殺すのです。悲惨な兄弟の事件です。カインは、自分の側に神様についてほしかった。自分の正しさを神様に保証してもらいたかったのです。自分がどうであったかということよりも、相手の側ではなく、自分が特別に認められたかったのです。しかし、それを求めるところに一致はありません。平和はありません。あるのは、何でしょうか。殺人なのです。相手がいらなくなるのです。

私たちは神様の義を自分のうちにいただき義とされ、神の子とされた者です。キリストの福音を信じて救われている人たちは、このことに反対はないと思います。神様を忘れてしまったとか、神様を考えられなかったということではないのです。熱心に神様を求め救いを求める、そのただ中で、虚栄心が出るということがあります。自分こそ、神様の御前に特別に認められたいと思い、相手のことを思わない心、自分のことしか顧みない心です。だから、他の人を顧みなさいと勧められています。「自分のことだけではなく、他の人のことも顧みなさい」と。

ここを、注意深く読んでみますと、「めいめい自分のことだけでなく、他人のことにも注意を払いなさい」とあります。自分のことも顧みることも含まれています。本当に神様と出会う時に、自分のことを本当に顧みることができるようになるからです。主イエスが教えられた教えの中に、「あなたの隣人をあなた自身のように愛せよ」という教えがあります。これは他の人のことだけを顧みて自分のことを顧みないということではありません。自分のことを愛していない人には分からない教えです。自分を顧みる、その心で、自分自身のように愛すると教えているのです。

へりくだって、互いに相手を自分よりも優れた者と考え……（三節）。

「へりくだって互いに人を自分よりもすぐれたもの」とするというのは、言い換えると謙遜ということです。しかし、このへりくだりは、ただへりくだった心をもつのとはどうも違うのです。「あの人は自分にはないものがある」ということを認めるということだけなら、へりくだる必要なく、あの人はすぐれていると思うだけでいいのです。ほかの人のよいところを認めなさいという教えでもないのです。

ここで、「へりくだって」というのは、神の前にへりくだってということです。人の前における謙遜な姿ではなく、徹底的に神様の前にへりくだるということはどういうことでしょうか。自分は神の恵みがなくては生きられないということをよく受け止め、感謝の心をもって、互いに他者を自分よりもすぐれた者と思う心です。私たちは神様に創られた者です。神様の御前にへりくだるということは、当たり前のことです。神様は神であられ、私たちは創られた者だからです。

人の罪は、人が、神様に創られたものであることを忘れ、神様のようになりたいという思いから発しています。ここで言われる、互いに人を自分よりもすぐれたものと思うということも、神様の恵みを徹底的に受けることなくして、この神様の恵みを知ることなくしては分からないのです。

しかし、神様の恵みに生かされている自分をよく知り、神に感謝して生きる時に、つまり、自分の弱さも、自分の罪深さも、どんな中から自分が救い出されたか、どこから救われたか、切り出されたのかということを知るときに、初めて他の人を見るまなざしが変わるのです。

この世では当たり前の競争に生きるのではなく、神様の恵みによって生きるということ、神の家族として互いに愛し合って生きるということは、罪人のかしらである自分を認める時、自分で自分を救えないことを知る時であり、その時、利己心や虚栄心などから解放されると言われるのです。

すると、変わるものがあります。それは、私たちの祈りです。

私たちの祈りが変わる。日ごとの悔い改めの祈りが変わる。神様の御前での自分を知る時、日ごとの祈りが変わってくるのです。祈るということは神様に祈ることです。神様のまなざしの中で、ただ、今日もあの罪、この罪、ごめんなさいというところから、神様の御心に沿わない自分というものがどういうものであるかを知る時、祈りにおいても、この「自分のことだけではなく、他の人のことも顧みなさい」という祈りが与えられていくのではないでしょうか。

私たちには主の教会が与えられています。具体的には安中聖書教会が与えられているのです。この地上の教会には、いろいろな課題も弱さも欠けもあり完成されるのはまだ先です。しかし、主イエス様が十字架にかかり、甦られ、天に昇られたあと、聖霊が与えられて、教会が誕生しました。世の終わりまでという約束と希望が与えられ、主イエス・キリストのからだである教会があります。

聖書にありますように、今までお話ししてきましたように、教会には代々、いろいろな課題があったのです。今日もです。それなのに、今日も教会が与えられています。信仰者は、ひとりで信仰を全うし、天へ迎え入れていただきなさいとは言われません。むしろ、教会に生きることが与えられています。「お互いに」とすすめられ、「共に生きる」ことが与えられています。それは、なぜでしょうか。教会を通して、神様の恵みを知るからです。だから、私たちは、分かち合うことを大切にします。

主イエス・キリストが十字架にかかり贖いの死を遂げ、私たちを贖ってくださったからです。新しいいのちが与えられました。新しく生かされるそのあり方は、自分をふさわしく愛し、他の人をもふさわしく愛し、何よりもまことの神様を神とし、神に奉仕するもの、仕えるもの、神のしもべとして生きるあり方です。

互いにこのことを心がけなさい。それはキリスト・イエスにもみられるものです（五節）。
今日の礼拝で『讃美歌』一二一番を歌いました。

1　馬槽のなかに　うぶごえあげ、木工の家に　ひととなりて、貧しきうれい、生くるなやみ、つぶさになめし　この人を見よ。
2　食するひまも　うちわすれて、しいたげられし　ひとをたずね、友なきものの　友となりて、こころくだきし　この人を見よ。
3　すべてのものを　あたえしすえ、死のほかなにも　むくいられで、十字架のうえに　あげられつつ、敵をゆるしし　この人を見よ。
4　この人を見よ、この人にぞ、こよなき愛は　あらわれたる、この人を見よ、この人こそ、人となりたる　活ける神なれ。

この人を見よ。主イエスを見るのです。誰よりもへりくだり、誰よりも報いられなかったキリストを見つめる。誰よりも愛が明らかにされているキリストを見つめるのです。
続く二章六―一一節にはこうあります。

キリストは、神の身分でありながら、神と等しい者であることに固執しようとは思わず、かえって自分を無にして、僕の身分になり、人間と同じ者になられました。人間の姿で現れ、へりくだって、死に至るまで、それも十字架の死に至るまで従順でした。このため、神はキリストを高く上げ、あらゆる名にまさる名をお与えになりました。こうして、天上のもの、地上のもの、地下のものがすべて、イエスの御名にひざまずき、すべての舌が、「イエス・キリストは主である」と公に宣べて、父である神をたたえるのです。

私たちが見つめるのは、このお方です。私たちの中心にこのお方がいてくださいます。三位一体の神様の憐れみがあります。一致は難しい、他の人をすぐれたものとは思えないと言い張る自分の弱さを超えて、まことにへりくだってくださった私たちの救い主、この救い主の恵みにあずかっているものとして、生かされたいと思います。主にある奇跡の一致を求め続けたいと願わされます。このキリストの心を自らの心とし、確かに、私たちが信じたとおり、祈ったとおり、昔、初代教会の奇跡ではなく、今日の教会にも、パウロが喜び満たされる教会の一致がもたらされることを信じるところからこの歩みは始まるのではないでしょうか。共に主キリスト・イエスのうちにある心をもって、共に祈り合いつつ、互いに愛し合う群れとして成長させていただきましょう。

天の父なる神様、御名を崇めます。あなたの大いなる憐れみを心から感謝します。既に、主イエス様の恵みは、私たちの上にあります。その中を生きよと今日も励ましてくださりありがとうございます。私たちは自分の罪や弱さのゆえに本当にすぐに落胆し、脱線しやすい愚かな者であることを告白いたします。しかし、主が先に先に、平和を与え、一致を与え続けてくださり、憐れんでいてくださることを心から感謝します。共に喜ぶ、その喜びに与せようと勧めが与えられていることもありがとうございます。どうぞ、主よ。徹底的に、主の恵みの中に生かしてください。あなたの御前にへりくだる、この信仰を与えてください。安中聖書教会を通して主の御心が、主の栄光が現され、一人でも多くの人の救いのために豊かに用いられる教会となりますように。主イエス・キリストの御名によって祈ります。アーメン。

（二〇一八年一月一四日　日本同盟基督教団安中聖書教会礼拝説教）

第二章五―一一節

キリスト・イエスの賛美を歌いつつ、ともに戦おう

加藤常昭

主よ、あなたの慈しみは天に
あなたの真実は大空に満ちている。
恵みの御業は神の山々のよう
あなたの裁きは大いなる深淵。
主よ、あなたは人をも獣をも救われる。
神よ、慈しみはいかに貴いことか。
あなたの翼の陰に人の子らは身を寄せ
あなたの家に滴る恵みに潤い
あなたの甘美な流れに渇きを癒す。
命の泉はあなたにあり
あなたの光に、わたしたちは光を見る。

（詩編第三六篇六―一〇節）

互いにこのことを心がけなさい。それはキリスト・イエスにもみられるものです。キリストは、神の身分でありながら、神と等しい者であることに固執しようとは思わず、かえって自分を無にして、僕の身分になり、人間と同じ者になられました。人間の姿で現れ、へりくだって、死に至るまで、それも十字架の死に至るまで従順でした。このため、神はキリストを高く上げ、あらゆる名にまさる名をお与えになりました。こうして、天上のもの、地上のもの、地下のものがすべて、イエスの御名にひざまずき、すべての舌が、「イエス・キリストは主である」と公に宣べて、父である神をたたえるのです。

（フィリピの信徒への手紙第二章五―一一節）

私が伝道者として最初に赴任したのは、北陸の金沢でした。金沢は明治一〇年代に既にプロテスタント教会の宣教師が伝道を始めており、一〇〇年以上の歴史を持つ教会が幾つかありました。その上、金沢は米軍の空襲を受けなかった街でしたから、古い資料を所有する教会が多かったのです。私はそのような教会を訪ねて古い資料を読ませてもらうことを楽しみにしておりました。

ある教会に小会、今日の教会の長老会、役員会の記録がありました。明治前半、伝道困難な時代のものもありました。ある年、若い女性が洗礼を願い出ましたが、長老会との面接で許可されなかったとありました。なぜ洗礼を志願するか、と尋ねられて、「賛美歌が好きですから」と答えたからです。びっくりして、その後、どうなったろうかと、少し心配しながら会議記録を読み進めると、その女性はひるまず、その後も聖書を学び続け、一年後に受洗しておりましてホッとしました。おそらく長老たちもきちんと指導したのでしょう。しかし、賛美歌の力がまずこの若い女性を捉えたことを忘れてはならないでしょう。

明らかに日本の教会の伝道において賛美歌が果たした役割は大きいでしょう。私の母も明治の女性でしたが、徳川家の奥女中をしているとき、植村正久牧師が伝道に来て、導かれて洗礼を受けたひとです。とても賛美歌を愛し、よく愛唱賛美歌を口ずさんでいました。炊事をしながら歌い、風呂の焚き口に座って歌いました。習ったことがある長唄や清元の節使いが混じり、少し奇妙な節回しになりましたが、私の懐かしい思い出です。

賛美歌が魅力になったということは、今よりも伝道状況が困難であった金沢の小さな教会が、それでも警戒したように、ただ美しいメロディに陶酔して歌うのが好きだということに終わりかねません。しかし、賛美歌は、本来信仰の根幹に関わる大切な意味を持つものでした。同じパウロの獄中からの手紙に数えられるエフェソの信徒への手紙第五章一九節には、こうあります。「詩編と賛歌と霊的な歌によって語り合い、主に向かって心からほめ歌いなさい」。興味深い教えです。歌と語り合いがしっかり結びついています。かつて東ドイツという国があったとき、同国の教会は政府の干渉、弾圧で苦しんでいました。学校教育のなかで学校の強制的な体制教育と戦っていた生徒たちと語り合ったことがあります。話題はとても苦しいものでした。ローティーンの若者が七〇人ぐらいいたでしょうか。万策尽きたようで沈黙が支配しそうになると、リーダーがギターを爪弾きつつ、「賛美しよう！」と言います。そうすると元気に歌い出します。若者の賛美の歌を。自分たちで作ったのかもしれない、私の知らない歌を。そして、元気を出して語り合いを続け、深夜に及びました。

どうして長々と賛美歌のことを語り始めたのでしょうか。この六節以下の言葉は、分かち書きされてもいないし、特に韻を踏む訳文でもないので、分かりにくいかもしれませんが、この部分は、明らかに当時の教会に伝えられ、パウロも知っていた賛美歌であったのではないかと言われます。聖書学者たちは皆、そう考えており、はっきり賛美の歌らしい訳文を整えた訳もあり、この部分についてだけで一冊の大きな書物を書いた研究者もいます。『カルメン・クリスティ』、『キリスト賛歌』という題なのです。

使徒言行録第一六章によると、パウロたちはフィリピで伝道していた時に捕らえられます。そして獄中で真夜中に賛美歌を獄中に響くように歌い、看守たちが慌てるという忘れ難い出来事を起こします。この地にやがて生まれた教会のなかで、自分たちの信仰の歴史の最初に起こった、この賛美歌事件、その物語は、教会員の最も愛するものとなったのではないでしょうか。

なぜ、ここで賛美歌を引用したのでしょうか。パウロが、ここで歌いたくなったのかもしれません。一緒に歌おうと促したのかもしれません。前に戻ってみますと第一章末尾では、パウロは、フィリピの教会は、今「わたしの戦い」をともに戦う戦友だと言いました。パウロは、このとき獄中にありました。自分が獄を出るのは、殉教の死を遂げるときだと覚悟していたのではないか、と推測するひともいます。そこで、教会の人びとに、改めて教会の一致を勧めます。戦いのなかでこそ、自分のことだけ考えないで、お互いに他者のことを考えようと勧めます。そこで賛美歌の歌詞を思い起こしたのです。

このことをよく理解するためには、既にこれに先立つ説教で取り上げられている六節を、改めて聴かなければなりません。もともと原文は、六節と七節の間は切れておりません。ひとつの文章です。

六節は前の部分とも、これに続く部分とも関係が深く、両者をつなぐ言葉なのです。

私が幼い時から覚えていた文語訳聖書の訳文は、「汝ら、キリスト・イエスの心を心とせよ」というのでした。これは明治以来、長く受け継がれた訳文でした。きびきびした良い文章だし、意味は子供にも分かりますし、記憶しやすいものでした。しかし、これは原文の意味を正確には訳していないのではないかとして、今は用いられておりません。そこでいろいろな訳が試みられます。試みに私は、こう訳してみました。「これと同じことを、あなたがた自身のなかでも、またキリスト・イエスにおいても、よく黙想しなさい」。黙想しなさいと、一応訳したのは、二節では「思う」と訳されている言葉です。そこでは二度繰り返されています。考えなさい、とも訳せますが、何かを考え出せ、というのではありません。何かをじっと見つめ、思念を凝らすという意味でもあります。ですから、近頃では、教会でよく用いる言葉で言えば、黙想しなさい、と訳してもよい、と思っているのです。

私どもの教会も、フィリピの教会も、同じように、今戦っています。信仰の戦いです。宣教・伝道の戦いです。この戦いの教会は、こころをひとつにしなければなりません。そこで一番邪魔なのは自分にこだわるこころです。虚栄心です。利己心です。そこで教会員がひとつになることを牧師パウロは、こころから願います。そこで言うのです。

愛唱する賛美歌を歌いながら、このことを思い出そう。そこに思いを集めよう。それは、何かの思想、考え、思想体系、教理、というようなものでありません。出来事です。あなたがたのなかで、キリスト・イエスのなかで起こったし、起こりつつある出来事です。

当時の教会は既によく歌った教会であったようです。先に引用したエフェソの信徒への手紙の言葉には「詩編と賛歌と霊的な歌」とありました。詩編というのは、われわれも愛誦している旧約聖書の詩編です。これを歌ったのでしょう。三番目の「霊的な歌」というのは、集会をしている時、霊感を与えられた信仰者が自由に、即席で賛歌を歌った賛歌のことのようです。そして二番目の「賛歌」というのが、当時の諸教会の信徒たちが共有するようになった賛歌のようです。今日の私どもが賛美歌集を作って歌っている賛歌と似ている歌でしょう。

この賛歌は、誰が作ったのか、分かりません。そこで、その成り立ちをめぐって、とても丁寧な研究がなされました。明らかにパウロ以外のひとの手が加わっています。日頃パウロが用いていない言葉が用いられています。当時の教会の外にあったさまざまな思想、宗教の言葉も混じっていると思われます。そのようにして他の教会で生まれたかもしれない賛美歌にパウロが手を加えたのではないか、とも言われます。

こころに留めていただきたいのですが、ここでパウロは「キリスト・イエス」と呼びます。普通は「イエス・キリスト」ですが、ここは違います。イエスという人間が、実は私どものキリスト、つまり救いをもたらしてくださった方であることを特に強調する言葉遣いです。ですから、まずキリストと呼ぶのです。つまり、そのようなキリスト・イエスを讃える賛美歌です。キリストの救いのみわざ、その出来事を語る歌です。しかも、それは「あなたがたのなか」でも起こっている出来事だと言います。

第三章一〇節に「その苦しみにあずかって」とパウロは語ります。迫害を受け、獄中にある自分はキリストの苦しみにあずかっていると言うのです。ここで使われているギリシア語は、キリストの苦しみの「コイノーニア」という言葉です。私どもがよくそのまま使う言葉です。教会での交わりを意味することもあります。同じものを共有するというのです。キリストの苦しみを共有するのです。苦しみにおいてキリストの仲間なのです。同志です。戦友です。今教会が戦う戦いは、キリスト・イエスの戦いなのです。その共有しているものとは何かを黙想しようというのです。そのように、今知る私とあなたがたの共有する苦しみ、戦いがキリストと同じものであることに改めて気づこうではないか、と言います。いや、それはもっと大きく、広く、高いものであることに思い至ります。それが私とあなたがたを慰め、励ますものとなるのだ。パウロが言いたいことはそれです。

もう一度、賛美歌を読んでみましょう。共に歌う思いで。明らかに、ふたつの部分から成り立っています。今日の賛美歌で言えば、ふたつの節に分かれていたのかもしれません。まず第一部です。六節から八節までです。

キリストは、神の身分でありながら、神と等しい者であることに固執しようとは思わず、かえって自分を無にして、僕の身分になり、人間と同じ者になられました。人間の姿で現れ、へりくだって、死に至るまで、それも十字架の死に至るまで従順でした。

パウロの手紙では読むことのない珍しい表現です。いったい、キリスト・イエスとは何者であられたのか、が一所懸命に語られています。キリストに何が起こったかを語りつつ、この方が、私どもにとって、どのような存在であるかを語ります。

神に等しい存在であった方が、イエスという私どもと同じ存在になられたという出来事が語られています。のちの教会において語られ、教えられるようになった教理のうちでも、その中核にあるのは、キリスト論です。主イエス・キリストは、まことの神であり、同時にまことの人間であられるということです。それは神が人間となられたという出来事を語るものでもあります。ここにも、そのようなキリスト論を語る根拠になる聖書の言葉があるのです。

ここでパウロが強調したかったこと、教会の仲間たちにこころに刻んでほしかったこと、それは、キリストが、神の身分に固執されなかったということです。自分で手に入れたものだからと言って、それにこだわらなかったという面白い表現です。まさにそこで、ご自身を虚しくされたと言います。自分を無にしてくださらないと、主は完全な意味で人間と等しくなりません。ただ仮の姿をお取りになっただけになります。当時、既に、そのような誤解が生じました。そう思い込んだひともおりました。そのような考えを仮現論と呼びました。イエスという存在は神が仮に人間として現れたにすぎないというのです。しかし、それでは、そのような仮の人間は、キリスト・イエスにはなりません。もちろんここでパウロは、そのことによって、なかなか自分を虚しくし、無にして信仰の仲間とともに戦い得ない教会員に、キリストを思い起こしてごらんと言っているのです。いや、一所懸命、自分を殺して戦う信仰者に、先立つキリストの歩みを賛美しつつ、思い起こさせているのです。しかし、それだけではありません。

人間となられたということは、神の身分を得ておられたのに、僕の身分になられるためであった、と言い換えます。驚くべきことです。人間のなかの僕です。他の人間に無報酬で仕える人間です。それはひたすら従順に仕える歩みです。しかも、それは「死に至るまで」の服従の道です。それは、確かに従順に人間に裁かれるままに殺されるにまで至る歩みでした。しかし、私どもは、よく承知しております。それはまた、根源的に言って、このキリストの従順の歩みをお許しになった神のご意志に対する従順でありました。だから、それはただ「死」と呼ぶのではなく、あの「十字架の死」と呼ぶべきものでありました。

聖書学者の間で、ほぼ定説となっておりますのは、この「十字架の死に至るまで」という言葉は、当時歌われていた賛美歌の歌詞に、パウロが追加したのではないか、という意見です。しかし、これは確かな証拠があるわけではなく、推測です。多くのキリスト者の学者が、そう推測する思いも分かります。しかし、パウロも、誰よりも、十字架の死の恵みを強調して語っていることは誰もが承知しております。しかし、パウロが、主の十字架の死を含む福音の言葉は、自分も受け継いだ言葉、説教の根幹をなすメッセージだと言います。コリントの信徒への手紙一には、第一五章三節以下に、そのように述べております。「最も大切なこととしてわたしがあなたがたに伝えたのは、わたしも受けたものです。すなわち、キリストが、聖書に書いてあるとおりわたしたちの罪のために死んだこと、葬られたこと、……」。今日では、十字架と言えば、至るところに掲げられる私どもの信仰の象徴です。パウロの時代に、既に、教会に生きる者たちの誰の魂にも刻まれた恵みのしるしであったでしょう。聖餐を祝っては十字架を思い、説教を語っては、十字架において起こった神の赦しを思い起こしたでしょう。罪人の共同体である教会であり、十字架なくしては生き得ないものであることを知る者たちの共同体です。十字架の死に至るまで、父なる神のみこころに従順に服従されたキリスト・イエスの救いの歩みを語る賛美歌を歌ったことは当然です。

そこで第二部です。

このため、神はキリストを高く上げ、あらゆる名にまさる名をお与えになりました。こうして、天上のもの、地上のもの、地下のものがすべて、イエスの御名にひざまずき、すべての舌が、「イエス・キリストは主である」と公に宣べて、父である神をたたえるのです。

ここで主語が入れ替わります。キリストを主語とする第一部、第一節から、神を主語とする第二部、第二節に移ったのです。第一部でもキリストを私どもの罪を赦すために送ってくださり、十字架に至るまでの従順を求められた神が、ここでは、そのキリストに何をしてくださったかを歌っているとも言えます。

キリストの十字架の出来事に続き、復活の出来事が起こりました。しかし、ここでは、キリストを天にまで高く挙げられたという出来事が語られます。復活と昇天の出来事を含む出来事です。天にまで挙げられたのです。これをキリストの「高挙」と呼びます。しかし、ただ高く天に挙げられておしまいになったというのではありません。天上、天下、地下までに、キリストを主とする告白の言葉が満ち、すべてのものがキリストを礼拝する姿が描かれます。天上の教会の礼拝、地上の教会の礼拝のイメージを鮮やかに描き出したヨハネの黙示録の言葉を思い出させられます。パウロも、パウロが導く教会の仲間も、いつも礼拝に集まりました。フィリピの教会は、使徒言行録第一六章一一節以下の

フィリピの信徒への手紙第２章５－11節

伝道報告によれば、川辺の野外礼拝から、その歴史を始めました。今も礼拝堂などはありません。野外礼拝も、なおしていたかもしれません。ローマの帝国の権威、ユダヤ人の信仰の世界での権威の元で、ひっそりと集まったかもしれません。しかし、どんなことがあっても礼拝は続けたでしょう。私どものようなしっかりした礼拝堂での礼拝などはあり得なかったでしょう。しかし、そこで既に、自分たちは宇宙、全世界を代表して礼拝をしていると歌うことを知っておりました。ここにこそ、人間であるならば告白すべき信仰があるとわきまえていたのです。「イエス・キリストは主である！」。毎日、いやひととき、ひととき、告白している言葉です。言葉とともに、兄弟姉妹が作る生活を通して。パウロとともにしている戦いを通して。

このような賛美歌を、改めて信仰の仲間に書く手紙を書きながら、使徒パウロは口ずさんだでしょう。獄中です。もしかしたら伝道者であるがゆえに、仲間より先に死ぬかもしれません。しかし、歌う歌は、もろもろの舌が口にすべきキリスト信仰の歌です。キリストを主とする歌です。生においても死においても！　そしてパウロは、仲間を励ましつつ、慰められていたでしょう。賛美をしつつ、慰められ、励まされていたでしょう。キリストを高く挙げられた神は、そこで既にすべてにおいて勝利しておられます。戦う教会は、その神の恵みによる凱歌を歌うことを知っているのです。祈ります。

主イエス・キリストの父なる御神！　キリスト・イエスを知り、その恵みの歩みをいつも思い起こしつつ、賛歌を歌い、信仰を言い表し、膝をかがめて礼拝し得るさいわいを、全存在を賭けて感謝します。ただそのことにのみ生かされます。そこにのみ生きます。いつもみ言葉を聴きつつ！　賛美を歌いつつ！　主のみ名によって祈ります。アーメン。

（未発表）

第二章一二―一八節

あなたは星のように輝く

川﨑一路

わたしは数えきれない満天の星のように、量り知れない海の砂のように、わが僕ダビデの子孫と、わたしに仕えるレビ人の数を増やす。（エレミヤ書第三三章二二節）

だから、わたしの愛する人たち、いつも従順であったように、わたしが共にいるときだけでなく、いない今はなおさら従順でいて、恐れおののきつつ自分の救いを達成するように努めなさい。あなたがたの内に働いて、御心のままに望ませ、行わせておられるのは神であるからです。何事も、不平や理屈を言わずに行いなさい。そうすれば、とがめられるところのない清い者となり、よこしまな曲がった時代の中で、非のうちどころのない神の子として、世にあって星のように輝き、命の言葉をしっかり保つでしょう。こうしてわたしは、自分が走ったことが無駄でなく、労苦したことも無駄ではなかったと、キリストの日に誇ることができるでしょう。更に、信仰に基づいてあなたがたがいけにえを献げ、礼拝を行う際に、たとえわたしの血が注がれるとしても、わたしは喜びます。あなたがた一同と共に喜びます。同様に、あなたがたも喜びなさい。わたしと一緒に喜びなさい。

（フィリピの信徒への手紙第二章一二―一八節）

二週続けての台風ということになりましたけれども、雨で足元の悪い中、教会に集まったお一人お一人の皆さんの上に、神の祝福を祈ります。

昨日、東舞鶴からまいりまして今朝起きて、空を見ましたら、まだ雨は降っておりませんでしたが、もしも電車が止まったら大変だと思い早くまいりました。もしかしたら、まだ教会の皆さんは来ておられないかとも思いましたが、早い時間にもかかわらず明かりが点いていて、皆さんが今日のバザーの準備を一生懸命やっておられました。そういう浜寺の教会の皆さんの生き生きした主に仕える姿を見ながら、心を備えて御言葉がともに聞けること、まことに幸いなことと存じています。

さて、今日は多くの皆さんがご存知と思いますが、一〇月三一日の宗教改革記念日を覚えての礼拝です。ここには、小さな子供さんから中学生、高校生ぐらいの方々、ご年配の方もいらっしゃいます。みなさんは宗教改革というとどんなことを思い出すでしょうか。多分、多くの人々は人の名前をまず思い出すのではないでしょうか。ルター、カルヴァン、ツヴィングリなどの、この日本でも社会の教科書などにも載ってるような人、とても豊かな教会の働きをした有名な人々です。その名が綺羅星のように輝いてる人々といってもよい人々です。そのように輝くような教会の先達の名を覚えながら、改めて皆さんに覚えていただきたいことがあります。そのような人々とまったく同じく、今ここにいる皆さん方一人一人が神の前には綺羅星のように輝いている存在だということ、まずこのことを第一に覚えていただきたいのです。

今日の説教題は「あなたは星のように輝く」といたしました。今日聖書を読んでいただいてすぐ分かったと思いますが、聖書のみことばをそのまま書き抜いたような説教題です。つまり、聖書がそのように私たちに語りかけているのです。私が何かここで、皆さんたちを励まそうとして言っているのではなくて、聖書そのものが私たちに、あなたがたは星のように輝くと言ってくださっているのです。

宗教改革者たちが訴えたことの一つは、神はこの地上での一人一人の人々に、それぞれの役割とか務めとか働きとかは異なるけれども、すべての人に尊い務めを与え、すべての者を神の前に尊い者、愛する者として見ていてくださる、そういうことを強く訴えました。皆等しく神の子です。愛されている神の子供です。そこに上下も、区別もないのです。そして神は一人一人に、それぞれに与えてくださった輝きを備えていてくださる。目立つとか目立たないとかは、あるでしょう。また、名前が有名だとかそうでないとか、そういうことはあるでしょう。しかし、それはあくまでこの地上の限られた中での外見でしかない。神は私たち一人一人を輝くものとしてご覧になっていてくださる。

では、その輝きとはどのような輝きであるのか、それはただひたすらに父なる神の子としての輝きです。フィリピの信徒への手紙を聞きましたが、同じパウロが書いた手紙でコリントの教会に書いた手紙の中にこうあります。「私たちは皆、鏡のように主の栄光を映し出しながら栄光から栄光へと主と同じ姿に造りかえられていきます」。

主の栄光を鏡のように反映させると言うのです。私たちの中に光があるのではない、そうではなくて父なる神が、父なる神の光をもって私たちを照らしていてくださる。その光を私たちは反映するのです。星とはそういうものです。星そのものが光っているのではない。私たちの住む太陽系であるならば太陽があり、その太陽の光を反映して星は輝くのです。ここでいう神の子としての輝きというのは、主の栄光を反映する、映し出す輝きなのです。

ですから私たちにとって大切なことは、いつもこの光の源である神のほうにまっすぐに向き合うということになります。パウロは「私がともにいる時だけでなく、いない今はなおさら従順でいて、いつも従順であったように」と従順ということを重ねて教会に語りかけています。神のほうを向くというのは、この従順であるということに他なりません。ここの言葉は日本語では従順と訳していますが、聖書が書かれた時の言葉を丁寧に見てみると、戸を叩くノックの音、トントンと戸を叩く、それに答えて「はい」と応えて戸を開ける。そういう意味の言葉だそうです。つまり語りかけてくる方に対して、応えていること、それが従順の意味なのです。神の語りかけてくる声、私たちの心の扉をたたく御言葉・説教の言葉に対して「はい」とそれに応えていくこと、それが神のほうを向くということに他ならない。

宗教改革者たちが大事にしたことはこれです。聖書です。「聖書のみ、信仰のみ、恵みのみ」、神の言葉に対して、語りかけてくる神の言葉に対して応えていくことです。

人間同士でもそうですが、その人の声や話を聞くときというのは、顔はどっちを向くでしょうか。

話しかけられたらそっちのほうを向きます。あさっての方を向いて「はい」という応えの仕方はない。語りかける方に向かい体を前のめりにするように、そして語りかけてくる声のほうに歩を進めていくように応えていく。語られる御言葉に、語られる神に、向き合っていくのです。

宗教改革者たちが、教会の改革をなす前の教会といいますのは、間違いばかりではなかったのです。しかし長い期間の中で歪んでしまったところが多々ありました。大きな過ちの一つが、神の言葉を聞くということが、事実上、なされないようになってしまっていました。ラテン語でミサがなされる。そうすると何を言っているのか当然分からない。ラテン語は、ローマのその昔にはちゃんと通じる言葉でしたが、その後それぞれの国の言葉が確立していくとそれぞれのドイツ、フランスなどで、ラテン語は通じない言葉になってしまっていたのです。そうするともう聞く人々にとっては言葉が分からないのです。神の言葉である礼拝が聞き取ることができないものになってしまいました。そしてそこでさらに歪んでしまったのが、何を言ってるのか分からないからありがたい、となってしまったのです。これは私たちにも思い当たるところがあるのではないでしょうか。私が信仰を持つ前に、家には仏壇がありましたから念仏とかを耳にしたものです。子供の頃に親に言ったことがあります。「あのお坊さん何言ってんだか分かんない」。そうしましたら、「分からないからいいんだよ」と叱られたことがあります。何だか分からないけどありがたい、というふうになってしまっていた。何だか分からない方が何だか分からないことを言ってるのだったら当然、応えようもないのです。

そうではなくて、神はあなたがたを愛している、イエス・キリストはあなたがたのために十字架についてくださいました、そして復活してくださいました。あなたがたは神の子だ、そういう神からの福音を、しっかりと分かる言葉として伝えよう。そしてその福音に応えることこそが信仰ではないか、そのように訴えかけたのが、改革者たちの言ったことなのです。

語られる御言葉を聞き続ける。私たちが今日こうしてここにいるのは、何のためでしょう。それは、御言葉にあって主に出会い、そしてその主にあって礼拝をささげるためなのです。

そして神の言葉を聞くときに、私たちの中に起こることがあります。それは畏れです。おののきです。神を前にして、正しい意味での畏れや、正しいおののきというものを知る者とされるのです。「畏れおののきつつ自分の救いを達成するように努めなさい」とパウロは言いました。「畏れおののきつつ」とは、神様は怖いからとかそういうことではありません。そうではなくて、聖なる方であり、私たち人間とは全く違ったお方である生ける全能の神の前に、御言葉にあって出るときに、私たちには畏れが生じるのです。おののきが生じます。礼拝の姿勢というのは、日本的な礼儀作法ということではなくて、やはり神の前に出るときの私たちが畏れおののきつつ御前に出るという姿が、礼拝の姿には現されてくるのです。

旧約聖書を読むと「神を信じる」という表現は割に少ないのです。旧約聖書の言い方では「神を畏れる」を信じることと同じ意味で使っています。畏れおののきつつ神の御前に出ること、旧約の人々はそれが神を信じることと理解しているのです。

この「畏れおののき」を失うと私たちの信仰というのは、語り給う神の姿を見失い、言葉だけを神から切り離して聞くようになります。そこには神に対する真の応答というのは起こらなくなります。

自分で好きなように聖書を解釈し自分の手の中で聖書の御言葉を利用し弄ぶということにさえなってしまうかもしれません。本来は御言葉に聞き、神に向き合うべき教会もまた単なる聖書の勉強の会のようにもなってしまいます。教会という名の聖書サークルのようになり、教会は人間の集まりにすぎなくなってしまうのです。

そうなると先ほどの従順というのも神にではなくいわゆる、人への従順のような形になってしまいます。あの人が言うから聞くとか、この人が言うから聞かないとか、あの人は教会に長くいるから聞くとか、そういうことになってしまいます。そうではなくて、その人の中に教会の中にその人を通して語られる御言葉があるから、神がその人の中から臨在して語りかけておられるから、だから私たちは神に従順になるのです。その結果、神様が造ってくださったキリストの体としての教会に従順になるというのはもちろんあります。けれどもその順番が逆ではないのです。神の言葉に畏れおののきつつ従順に従っていく、それが教会に従うということにもつながってくるのです。

教会の基準というのはいつも御言葉なのです。人ではない。いつも御言葉です。私たちの救いを達成させてくださるのは何でしょう。「畏れおののきつつ自分の救いを達成するように努めなさい」とありますが、これは人間の努力とか何かで救われようなどという意味ではもちろんありません。救いは恵みのみによります。ここで言っているのは神の言葉であるキリストのみにただひたすらに信頼していく、そこに救いの達成はある。ここに信頼することなのです。そして神はその向き合う者たち、一人一人の中に働いてくださるのです。そしてあなたがたの内に働いて御心のままに望ませ行わせておられるのは神とあるように、神がそのように私たち一人一人の中に働いてくださる。

すばらしいことです。あなたがたは聖霊の宮であるとパウロは記しました。神は私たちの中に働いてくださるのです。御心を望ませてくださるのです。そして行わせてくださるのです。奉仕の業も教会の業もあらゆる業も皆このように神に向き合うところからしか生まれないのです。

しかしそのようなまことに感謝な恵みの中に置かれているときにこそ私たち肉なる者の中に罪が見えてきます。不平や理屈という形で罪があふれてくることがある。神の御言葉に聞いて、そして神が御心をこのようになしてくださると言ってくださるのに、しかしそれに対して素直に従えない自分というものを見出すのです。

旧約聖書の出エジプトの物語を皆さんご存知でしょう。教会学校のみんなも多分何回も聞いたことがあると思います。モーセがイスラエルの人たちをエジプトから連れ出す。そしてその時奴隷だった、エジプトから連れ出されるのでイスラエルの人たちはみんな喜ぶ。そして一緒にエジプトを喜んで出た、契約の地に行こうと。そのあと何度も何度も繰り返し起こったのが文句です。呟きです。不平です。理屈です。水がない。私たちを水がないところに連れてきたのか、と騒ぐ。食べ物がないとつぶやき神がマナを降らせてくださると、今度は毎日毎日マナばかりでは飽き飽きしたと文句をまた言います。モーセが不在になると、偽物の神・金の子牛をこしらえて真の神に背を向けてしまう。モーセがいたらいたで神はモーセだけに働くのか、私たちにだって働くのではないかと神に従わないための理屈をこねていく。そしていよいよ契約の地に行き、斥候を遣わしていったらヨシュアとカレブという二人はもう行きましょう、と言いましたが、他の人々は、いや、だめだ、と。あそこの人たちはあんなに背が高い、あんな連中に敵うわけはないと。

神の御心でそちらへ行こうと言っているのに、それに対して出てきたのは不平と呟きの連続。そしてそれをこじつけるための理屈の連続でした。エジプトのほうがよかったというのも何回も何回も言います。時々教会でも、口に出さないかもしれませんが未信者のときのほうがよかったとか、そんな理屈が、呟きが私たちの中に生まれてくることがあるかもしれない。そしてそういう不平とか理屈も、実は私たちも気持ちは分かったりもする。そしてある意味ちょっとは理があったりもするように思いもする。水がないから水がないと騒ぐ、お腹がすいたからお腹がすいたと騒ぎ立てる。その思いは実は私たち自身の肉の声、罪の声でもあります。

しかし、そこには大事なものが欠けているのです。それは神への信頼です。御心を与えて私たちを動かし働かせてくださる神に対する信頼が欠けていくときに、そこに不平が起こってきます。そしてその不平をこじつけるための理屈が、いくらでも積み重ねられてきてしまいます。

神への信頼というのが信仰であります。そしてこの信仰というのは私たちはいつも祈りの後に「アーメン」と言いますけども、この「アーメン」という言葉のもとの意味は、まことにその通りです、本当にその通りです、という意味です。そして信じるというのはこの「アーメン」を御言葉を語り給う神に向かって告白することにほかなりません。その信頼、信仰、アーメンの心を見失ってしまうとこういう罪のあぶくがブクブクと出てくるのです。

私たち人間に神は知恵を与えてくださいました。知恵というのは神の像として神がくださったものです。この神がくださった知恵を神に向き合わないで自分のために使うと、神の御心に従うのではなく背くためにこの知恵を使ってしまうと不平になるのです。理屈になるのです。信仰なき知恵というのは不平と理屈になります。

C・S・ルイスという人がおります。たくさん本を書いています。その中に、『悪魔の手紙』という本があります。大悪魔と小悪魔が出てくるのです。この小悪魔がキリスト者の信仰をだめにしようと企み大悪魔が小悪魔にアドバイスをいろいろ送るという体裁のものです。こういうふうにすれば信仰がだめになるからこうやれとか、そういうことを言う。その中で、教会に通い始めている若者がいるのですが、その若者をダメにするための悪いアドバイスとしてこういうことを言うのです。彼を教会の目利きにしなさい。鑑定家にしなさい。評論家にしなさい。そして色んな教会を物知り顔で歩き回るようにしなさい。つまり、そこにある粗を探す人になれということです。どんな所でもどんな時でも、足りないところはあるものです。うまくいかないことはあるのです。教会も人間の集まりだからです。そういうことの粗をつついて、そして理屈を立てて、つぶやき続ける人間にしてしまえばいい。そうすれば、彼はいくら教会に行っても、本当の信仰には至らないだろうと、言うわけです。なるほど、と思います。

意見は大事です。問題を見ることももちろん大事です。ダメなものはダメと言うことも、これも大事です。御言葉に則ってそうすることは大事です。でも、御言葉から出てきていないこと、そして、粗を探すようなことは決して神の知恵から出てくるものではありません。人の心の中から出てくるそういうものは、神の栄光を汚すだけです。個々人もそうですが時として、教会も歴史を重ねていくときに本人たちが気付かないうちに、そういうものがこびり付いてくることがあります。独特の理屈を作ってしまったりする。こうしてきました、ああしてきました、これはこういうものです、昔からってきた……。そういう理屈が澱のようにたまってくるのです。

宗教改革者たちが向き合った、当時の中世の教会というのも、別に昔から悪くなろうと思って悪くなったわけではありません。むしろ善くなろうと思って祈りながらやってきたのです。ところがいつの間にか、だんだんだんだん歪んでいってしまった。御言葉に聞かなくなっていって、歪みが固まっていってしまった。理屈をこねるようになってしまった。宗教改革の大きなきっかけになったことは、教会が免罪符というものを売り出した。そして、この免罪符を買えば、そうすれば一足飛びに天国に行くことができます、ということを言ったのです。そしてそれにはちゃんと理屈がありました。神のために大きな聖堂を建てるためにはお金がいる、その金をどうやって集めるかと考え一計を案じて、こうしたらどうでしょう、こうすればお金が集まります、という理屈をこじつけたのです。そういう理屈を何かとこじつけて間違ったことをしていってしまった。それに対してルターが、それは違う、どう考えても間違っていると指摘しました。それが改革の口火を切ることとなったのです。

人間の理屈は怖いものです。私たちもしばしば気付かずそういう状態に陥ることがある。教会の中でこれはよく言われることですけれども、よく問題だ、問題だという人が一番問題なのだと言われることがあります。もし気に障る方がいたら許していただきたいのですが、私も若いころそういう所がありましたから自分を顧みて思うのです。問題に向き合うことは大事かもしれません。しかし、それが不平や屁理屈になっていないか、まことに御言葉に立った中でなされているか、赦し合う中でなされているか、愛をもってなされているか、互いの徳を高めるためになされているか、そういうことは一人一人がやはり神に向き合う中で検討していくべきことです。

パウロはさらに書きます。「咎められるところのない、清いものとなり」と。咎められるところがない、とそのようなことを言われたら私たちは咎められるところだらけではないだろうか。もう四〇年間教会に来ていてもむしろ咎められるところだらけではないだろうか、と思われるかもしれない。

ここで言われている「咎められるところがない」というのは、神によって咎められたら素直に悔い改められるということです。神は言ってくださいます。御言葉で必要な時に、あなたのこういう所は違いますよ、と。そうしたら、分かりました、そうでした、と悔い改めるのです。そのようにしていくことが咎められるところのない清いものになるということです。自分が立派になるとか、完成したとか、そんなことではありません。

キリストが赦して、そして恵みのうちに与えてくださる命の言葉にいつも応えて悔い改めをなし続けていく。悔い改めというのは、イエス様が与えてくださっている赦しを自分の罪を認めて素直に受け取るということです。示されたときにそれをしっかりと悔い改めて、そして主の赦しを受け入れていく。使徒信条で告白する聖なる公同の教会の聖というのも同じことです。素直に悔い改め、赦されているという清さなのです。

この世界は、邪まな世界です。曲がった時代です。これはいつの時代もそうです。パウロがこの手紙を書いた時もそうだし、今もそれは変わることはないでしょう。しかし、この世界が邪まである、曲がった世界であると言って、だから私たちも曲がって当然ではないかと開き直るのではないのです。また、もうあんな人たちとは付き合っていられないと、私はどこかで一人でいるとか、清い人たちだけで、小さな集まりでも作ってそこでやっていくというのでもありません。むしろそういう世界から離れて清い交わりを作ろうとすると清くなくなるのです。大体内輪もめとかが起こったりする。

神は私たちがこの世界の中にいることを大変だということをよくご存知です。でもだからこそ、この曲がった世界の中で、邪まな世界の中で、あなたがたは私の子として私の光を輝かしてこの世界で生きていくんだと私たちに仰ってくださっているのです。

まっすぐなものがなかったら曲がっていることは分かりません。もしもこの世界が全部曲がったものだけならば、まっすぐというのは分からないでしょう。皆こういうものだ、で済ませられてしまうでしょう。そうではなくまっすぐなものがあればそれに合わせて、「あっ、これは曲がっている」と分かるわけです。

「わたしが道であり、真理であり、命なのです。わたしを通してでなければ、誰一人、父のもとに来ることはできない」と主イエス・キリストは言ってくださいました。そしてまっすぐな道・十字架と復活の道を、私たちの前に造ってくださった。だから私たちは歪みが分かるのです。このキリスト以外のところで、歪みを知ろうとすると、それはその人のまっすぐになってしまいます。「私はこう思う」、「いいや、私はこう思う」と自分を基準にしたまっすぐ同士になると絶対決着はつきません。国でも人間でも同じです。私はこう思うではなくて、神が、キリストが、御言葉が、どうなのか、が大事なのです。教会の基準はそこにこそある。宗教改革者が言ったことも同じです。御言葉にあってこそ私たちは、ああ、私はここが歪んでいた、曲がっていた、あなたもちょっと曲がってたんじゃないか、そういえばそうだ、と気づかされる。そして、正されながら共にキリストの道を歩んでいく。それが教会の歩む道です。

私たちはこの曲がった世界、邪まな時代の中に神の子として立てられているのです。主イエス・キリストは弟子たちに仰せられました。あなたがたがこれから出ていくところは大変だと。本当にいろいろなことがある、と。でも、だからこそあなたたちは、エルサレム、ユダヤ、サマリア、そして地の果てにまで私の証人となる、と仰ってくださったのです。だからこそ、世界に、この曲がった世界にあなたたちを私は遣わすのだ、私の証人となれ、と。

宗教改革のときに改革された教会というのは、この御言葉にあるキリストを述べ伝えることにおいてまことに熱心でありました。そして、それを支えたのは、先ほどのルターやカルヴァンという人々だけではなく歴史の中に名前は残らないような市井の人々、教会を造り上げた一人一人の人々なのです。神はその人々をまさに綺羅星のように輝かせてくださったのです。

「命の言葉をしっかり保つでしょう」。この保つという言葉のもとの意味は、がっちり握るという意味です。命の言葉をがっちり握るのです。私たちには手があります。手は、一つのものを握ると他のものは握れません。猿などが籠の中の好きな物をつかんでしまって抜けないで困るという笑い話をご存知でしょうか。私たちは何をつかんでいるのでしょうか。私たちがつかんでいるのは命の言葉です。命の言葉なるキリストをがっちりつかむのです。そうすれば、他のものはつかまなくていいのです。逆だと困ります。つまらないものをつかんでしまって、今、手一杯ですと命の言葉をつかもうとしないとどうなることでしょう。愚かな猿を笑うことができません。もしそうであったらどうしたらいいでしょうか。それは放さなければいけません。放す、手放す、悔い改める。そして私が握るものは命の言葉キリスト。ただあなただけですとキリストをガッチリとつかむのです。そこに私たち教会の歩みがあります。

パウロはさらに言いました。「こうしてわたしは、自分の走ったことが無駄でなく、労苦したことも無駄ではなかったと、キリストの日に誇ることができるでしょう。更に、信仰に基づいてあなたがたがいけにえを献げ、礼拝を行う際に、たとえわたしの血が注がれるとしても、わたしは喜びます」。ここで言っていることは、それは礼拝だ、ということをまとめて言っている。パウロがローマの教会に書いた手紙でこういう言葉があります。「自分の体を神に喜ばれる聖なるいけにえとして献げなさい。これこそあなたがたのなすべき礼拝です」。私たち自身がそうなのです。まず一番最初にまことの唯一人のいけにえとして、犠牲としてキリストは十字架についてくださいました。そしてその十字架についたキリストの後に、自分自身を、私に従いなさいと言われて従っていった私たちが自分自身をささげる。そこに私たちの礼拝がある。今ここにいる皆さん方一人一人が、そうなのです。宗教改革者たちがたくさんの人々を養成して、ヨーロッパ中に送りました。その多くが信仰のゆえに迫害を受け死んだり行方不明になったりということがありました。でも、彼らは御言葉を語ったのです。なぜか。それは御言葉を必要とする人々がいたからです。聞いてくれる人々がいたからです。選びの民が世界中にいたからです。パウロもまた、ですからユダヤ人だけにとどまらず、私は異邦人への使徒になる、といってフィリピの教会にも行って御言葉を語りました。たとえ私の血が注がれるとしても、私は喜びます。これは真実の言葉だと思います。まことに礼拝の民がいるところで自分自身がそこで御言葉を語り、そこで殉ずるならば、それは喜べる。喜びなのです。あなたがた一同と一緒に喜びます。同様にあなたがたも喜んでほしい。私と一緒に、礼拝を献げていることを喜んでほしい、と。今この時を喜んでほしい、と言うのです。

その喜びの中にこそ、この世のどのような光とも違う教会の輝きがある。教会は神の光が反映しているところです。一人一人が神のものとして輝くところです。「いや、私は」と思ってしまうかもしれませんけれども、あの綺麗な月を見てください。月もまた星の一つです。月を望遠鏡で見ると、ボコボコであまりきれいではありません。というか、汚いかもしれません。クレーターだらけで、あばただらけです。でも、太陽の光が差すと、とても綺麗なお盆のような月になる。私たちはあばただらけです。あっちこっちにそういうものはあります。そんなことは神はご存知です。だから、キリストの赦しを与える。そして私の光をあなたがたに投げかけるから、それを反射してほしいというのです。

今日の朝、先ほども話しましたように、たくさんの方々が一所懸命奉仕を献げておられました。その姿は主イエスの教会の輝き、美しさです。礼拝堂では同じように早く来られて一心に祈りながら礼拝の備えをしている方もおられました。それぞれの方々の持ち場立場は違いますけれども、主の光を照らされてみな輝いておりました。今礼拝でこうして皆さんとともに主の光を私たちはいただいているのです。

あとひと月ほどでアドベントが来ます。ページェントを浜寺教会でもするでしょうか。博士たちを導いてくれたのは星です。主イエス・キリストのもとに異邦人である博士たちを星が導いてくれた。今、この世界の中で神様を知らない人々を導く星は、天の星ではありません。地に来てくださったキリストが、召してくださった私たち一人一人です。私たちは神が星にしてくださったことを、今この礼拝から、あなたがた一人一人は、神の星として人々を導くものとして遣わされる。神が与えてくださる輝きに信頼して、主の証人として歩みを献げたいと願います。

フィリピの信徒への手紙第２章12－18節

主イエス・キリストの父なる御神、浜寺教会の一人一人をこうして集めてくださり感謝を申し上げます。幼い子供からお年を召した方まで一人一人を神よ、あなたは神の子として愛し、豊かに祝福を注いでいてくださいます。私たちはただひたすらに、あなたに信頼して、あなたの御心のままに歩み続けたいと願うものです。悔い改めるべきことがございます。素直に悔い改めさせてください。そして主イエスの赦しをいつも新しくいただきながら、あなたの子として歩み続けることができるようにさせてください。主イエス・キリストの御名によって祈ります。アーメン。

（二〇一七年一〇月二九日　日本基督教団浜寺教会礼拝説教）

第二章一九節―三章一節

主にある人々に支えられ

楠原博行

さて、わたしはあなたがたの様子を知って力づけられたいので、間もなくテモテをそちらに遣わすことを、主イエスによって希望しています。テモテのようにわたしと同じ思いを抱いて、親身になってあなたがたのことを心にかけている者はほかにいないのです。他の人は皆、イエス・キリストのことではなく、自分のことを追い求めています。テモテが確かな人物であることはあなたがたが認めるところであり、息子が父に仕えるように、彼はわたしと共に福音に仕えました。そこで、わたしは自分のことの見通しがつきしだいすぐ、テモテを送りたいと願っています。わたし自身も間もなくそちらに行けるものと、主によって確信しています。ところでわたしは、エパフロディトをそちらに帰さねばならないと考えています。彼はわたしの兄弟、協力者、戦友であり、また、あなたがたの使者として、わたしの窮乏のとき奉仕者となってくれましたが、しきりにあなたがた一同と会いたがっており、自分の病気があなたがたに知られたことを心苦しく思っているからです。実際、彼はひん死の重病にかかりましたが、神は彼を憐れんでくださいました。彼だけでなく、わたしをも憐れんで、悲しみを重ねずに済むようにしてくださいました。そういうわけで、大急ぎで彼を送ります。あなたがたは再会を喜ぶでしょうし、わたしも悲しみが和らぐでしょう。だから、主に結ばれている者として大いに歓迎してください。そして、彼のような人々を敬いなさい。わたしに奉仕することであなたがたのできない分を果たそうと、彼はキリストの業に命をかけ、死ぬほどの目に遭ったのです。

では、わたしの兄弟たち、主において喜びなさい。同じことをもう一度書きますが、これはわたしには煩わしいことではなく、あなたがたにとって安全なことなのです。

（フィリピの信徒への手紙第二章一九節――三章一節）

ある有名な神学者がこの箇所について、ここには神学的なものはあまりない、私どもがパウロの手紙から期待する、教えや勧めが何も記されていない。そんなことを書いているのです。でもわたしはこうも思います。ここに記されるやり取りは、旧約聖書にまでさかのぼることができる、大切に大切にされてきた旅する人のもてなしについて語っているではないかと。旧約聖書でアブラハムが旅する人を心からもてなしたように、新約の時代にもそれが大切にされましたし、この手紙を書いているパウロだけではなく主イエスの弟子たちも旅を続け、主の御言葉を伝え続けたのです。だからここに記されておりますことは、御言葉を携え旅する者への配慮であります。それがどのように丁寧に行われてきたか。それを聞くところができる大切な箇所ではないかと思うのです。

そしてもうひとつ。他のパウロの手紙を見ますと、このようなパウロの個人的なやり取りの言葉は普通なら手紙の終わりにあるはずだということです。ではなぜフィリピの信徒への手紙の中ほどにあるのか。実はこういう説があるのです。重要ではないと言われたのとは正反対に、パウロにとってここに記された言葉は、実はパウロが伝えたいこと、その核心にあたることがらではなかったか。この箇所の少し前のところに、キリスト賛歌と呼ばれます、おそらくパウロの時代の賛美歌が引用されている箇所がありました。そしてキリストのみわざが賛美歌の言葉を通して語られる前に、パウロの勧めの呼びかけの言葉が、しかも賛美歌にあわせるような詩の形で記されているのです。ある神学者の訳を助けにしますと、こんな具合です。

一節　キリストにあって、心からの呼びかけがあるならば、
　　　すぐかたわらで愛の言葉が語られるなら、
　　　霊の交わりがあるならば、
　　　心からの愛と憐れみがあるならば、
二節　つぎのようでいて、喜びでわたしを満たしてください。
　　　ひとつの思いとなりなさい。
　　　同じ愛を抱くことによって、
　　　一致して、ひとつのことを思うことによって。
三節　争いを好むようなことがなく、
　　　自慢したり、ひけらかすこともなく、

むしろ、へりくだる思いで、
お互いに、相手を自分より優れた者と考えなさい。
四節　それぞれが自分のことでなく、
他の人のことにも注意を払いなさい！

フィリピの教会が自分の利益を求め過ぎており、他人の利益に注意を払っていないことをパウロは苦にしていたのです。僕の役割を強調するキリスト賛歌に導かれるように記す、このパウロの勧めの言葉の核心部、「それぞれが自分のことでなく、他の人のことにも注意を払いなさい！」が、ここに記されていますテモテとエパフロディトにおいて、その実例として示されているのではないかと言われるのです。つまり、実はここに神学的な核心が記されていたというわけなのです。

その派遣のため最初に推薦されるテモテについては、テモテへの手紙があり、またその出自につきましても使徒言行録第一六章などに詳しく記されています。コリントの信徒への手紙一第四章一七節、テサロニケの信徒への手紙一第三章五節以下には、彼がパウロの全権を委任された者としてパウロのメッセージを伝え、また逆にパウロに、派遣された教会の状況、メッセージを伝える、そういう仕事を任されていたことが記されています。そしてここに記されるパウロの推薦の言葉は手放しと言って良いほどの賞賛の言葉です。テモテはパウロと「同じ思いを抱いて」（二〇節）いること。また二二節の「確かな人物」とは信頼の置ける、試されて実証済みの人物という意味で、これらはパウロの手紙にしか現れない特別な言葉遣いです。
一九、二三節で繰り返されます、パウロのテモテ派遣の願いから、パウロが置かれた状況をかいま見ることもできます。判決により生か死か二つの可能性が起こりうること。その結果が未定であるから、テモテは今しばらくパウロのもとにとどまらなければならず、結果が間もなく出るから、そうすればテモテは一切を伝えるためにフィリピへと派遣されると言うのです。二四節は、主が助けてくださるとのパウロの確信をもった希望の言葉です。

そして次に名前が挙げられますのがエパフロディトです。パウロはエパフロディトのことも熱心に推薦します。ところがこのエパフロディトという人は実は評判が良くないのです。

コロサイの信徒への手紙などに出てまいりますエパフラスという人がおります。パウロはこの人のことを「キリスト・イエスの僕」(コロ四・一二)と呼び、信仰の仲間たちのために熱心に祈っている人と記します。この名前がエパフロディトという名前の短縮形に当たりますから同じ人だと言う説があるのですが、実は、注解者たちは違うだろうと言うのです。

その評判がすこぶる悪いわけは、この箇所に記されているエパフロディトの病がホームシックと見なされるからでもあります。伝道旅行を中断して帰国する問題はパウロとバルナバの間にもありました。しかしここでのパウロの称賛の言葉の中には、叱りの言葉も皮肉めいたものもありません。

四章一八節によりますとエパフロディトはフィリピの教会からの贈り物をパウロに届け、そのままパウロのもとにとどまっていたようです。どのような務めを担っていたかは記されませんが、彼はパウロとフィリピの教会共同体との間の友情のしるしでありました。しかし、これも不明な理由により、予定よりも早くエパフロディトはフィリピへと帰還せざるを得なくなったのです。

二五節でエパフロディトを帰還させるのはパウロの決定であることが強調されます。彼を兄弟、協力者、戦友と呼んでパウロは賞賛します。福音のための仕事は戦いに等しいのです。パウロはまた奉仕者、すなわち祭司の務めに仕える者という言葉を用い、エパフロディトとフィリピの教会の自分への支援を祭司の務めに結びつけます。エパフロディトはパウロの窮状を確かに救ったのです。古代の監獄の食事は飢えるほどに劣悪だったからです。送り返すのではなくてパウロが派遣する。実際フィリピの教会が意図したエパフロディトの務めはまだ完了してはいませんでした。エパフロディト自身がこのフィリピへの手紙を運んだ可能性もあるのです。

一成人エパフロディトを襲ったのはたしかにホームシックだったかもしれません。ある人は古代二世紀の一兵士が母親に「悲しまないでください。あなたがわたしのホームシックについて聞き知ったと聞いて、ひどく悲しみました」と記した手紙を挙げ、エパフロディトのふるまいがまったく普通の反応であることを示します。

実際、彼はひん死の重病にかかったのです。「神は彼を憐れんでくださいました。彼だけでなく、わたしをも憐れんで、悲しみを重ねずに済むようにしてくださいました」（二七節）。神が憐れみ、パウロ自身も受け入れた人を、フィリピの教会は受け入れるべきだと言うのです。「だから、主に結ばれている者として大いに歓迎してください」（二九節）。あったかもしれない疑惑に対してエネルギッシュにパウロはエパフロディトを擁護し、この人を「主にあって――新共同訳では、主に結ばれて

――」受け入れなければならないと勧めるのです。

そして三章一節で唐突に、あの「喜びなさい」が出てまいります。この言葉が繰り返し手紙に出てきますので、フィリピ書は「喜びの手紙」とも呼ばれます。唐突と言いましたが竹森満佐一先生は、この三章一節だけで一回の説教を語られたのです。先生はこんなことをおっしゃいます。

「同じことをもう一度書きます」（三・一）。これは「煩わしいことではな（い）」（同）。むしろ「嫌になるほど何度も聞かされてちょうどいいのかもしれません。喜びなさい、主にあって喜びなさいということも、機会のあるたびに聞かせてもらった方がむしろ自分の生涯を安全に導いていくことができるのではないでしょうか」（竹森満佐一『講解説教　ピリピ人への手紙（下）』日本キリスト教団出版局、一九九〇年、一一三頁）。

「（あなたがたも）喜びなさい」は現在もギリシアで普通に使われる「こんにちは」というあいさつの言葉なのです。しかしそれはマタイによる福音書第二八章九節で復活の主イエスが婦人たちにかけられた「おはよう」（口語訳では「平安あれ」）でした。また「共に喜ぶ」とは祝う意味でも用いられるのです。たとえパウロが殉教の死をとげるようなことになっても「平安を」、「祝いを祝おう」と言うのです。

フィリピの教会の人々とパウロとはまったく不思議な関係です。同じキリストの恵みにあずかる関係でした。同じ主キリストによって自分は生きている。あなたがたも生きている。だからこそ、このようなことが可能なのです。

ある人はこう書いています。「共に分かち合うようにとパウロは、フィリピの教会をパウロ個人の喜びへと招いている。その喜びの源は、今パウロが置かれている殉教の死が目前に迫っている境遇にある。たとえその死がパウロに臨んだとしても、フィリピの教会は勇気を失ってはならないのである。そうではなくてパウロの喜びを思い起こしてほしいと願うのである」（Ｊ・グニルカ『ヘルダー聖書注解　フィリピ書』一五六頁）。

そしてこの三章一節でこの「喜びなさい」に「主において」が加えられました。キリスト者にとってすべての出来事は、それが喜びであっても、悲しみであっても、キリストのものです。その慰めと喜びの中にあることが、主において喜ぶことです。パウロは確信しています。フィリピの教会の人々が、この非常に積極的なキリスト者の態度、喜びばかりか、悲しみ、苦しみまで、飲み込んでしまう喜びにあるということ。あの詩になったパウロの呼びかけに応えれば、教会をむしばむ事柄、ねたみ、争い、利己心、虚栄心から、教会の人々を解放するに違いない。それこそが、キリスト者の喜びであり、その喜びの中にあれば教会はひとつのものとなることができる。

最初に申し上げましたここには神学的なものがないと書いた人、実はカール・バルトですが、こんなことも言っています。神学的なものがないからこそ、その中に、よりいっそうパウロが何をしたのか、実際彼はどのように生きたのかを見ることができる。それはまるで一冊の絵本のように、手紙の中で自分がフィリピの教会に勧めたことがらを、今パウロ自身が実現しようとしている。ただ考えるだけが神学ではない。その下でキリスト者は常に生きなければならないし、具体的な決定をくださなければいけないのだ。だからこそパウロがここに記すことが地上的なことがらであっても、それは主キリストがわれわれに求めておられることなのだと（カール・バルト『フィリピ書簡解説』七三頁）。

竹森先生も言っています。パウロが自分の殉教について語る二章一八節以前と非常に普通の話を語ることとあまりに違う。しかし私どもの信仰生活とは実はそういうものであり、「一方では、天上のことを語り、他方では地上の話をするというのが信仰の生活の仕方であります」（竹森、同七六頁）。そうおっしゃって、礼拝に集う時、私どもは自分の心の悩みから解放され、日常生活から切り離されるのだと言うかもしれないが、それが礼拝生活の仕方だとは思えない。「むしろ、われわれは毎日の生活の困難をここに携えてきて、神の前にそれを持ち出し、それについて感謝し、懺悔し、祝福を受ける……したがって、信仰生活は別にこの世から離れた特別な生活をすることではなくて、ごく普通な日常生活であります」（同）。その中にあって、神を思い、神を愛し、神をあがめ、そして神にこの世ならぬ望みを託す信仰生活が、礼拝によって生き生きとしたものとなる。そして信仰生活のこのような二つの面を一つの言葉で表すものがここに書いてある。それこそが先ほどから言っております「主にあって」ということだと言うのです。

ここにあるのはその「主にある」人々の事柄です。そしてまた、それは私どもも同じであるということです。加藤常昭先生はしばしば新共同訳の「結ばれて」では弱すぎる。それでは私どももとキリストが離れてしまっていることになる。だからそれを結びつけると言う。そうではなくて、もう重なるようにしてこの私、私どもと共に主キリストはいてくださるのだとおっしゃいます。私どもの信仰者としての歩みは、そのように「主キリストにある」のです。

パウロ、テモテ、そしてエパフロディト。これら御言葉の宣教に携わる人々と、それを支える教会の「主にある（主に結ばれている）」人々の姿。それがこの聖書箇所のキーワードなのです。（未発表）

第三章二―一一節

あなたの人生を確信させるもの

五十嵐成見

あの犬どもに注意しなさい。よこしまな働き手たちに気をつけなさい。切り傷にすぎない割礼を持つ者たちを警戒しなさい。彼らではなく、わたしたちこそ真の割礼を受けた者です。わたしたちは神の霊によって礼拝し、キリスト・イエスを誇りとし、肉に頼らないからです。とはいえ、肉にも頼ろうと思えば、わたしは頼れなくはない。だれかほかに、肉に頼れると思う人がいるなら、わたしはなおさらのことです。わたしは生まれて八日目に割礼を受け、イスラエルの民に属し、ベニヤミン族の出身で、ヘブライ人の中のヘブライ人です。律法に関してはファリサイ派の一員、熱心さの点では教会の迫害者、律法の義については非のうちどころのない者でした。しかし、わたしにとって有利であったこれらのことを、キリストのゆえに損失と見なすようになったのです。そればかりか、わたしの主キリスト・イエスを知ることのあまりのすばらしさに、今では他の一切を損失とみています。キリストのゆえに、わたしはすべてを失いましたが、それらを塵あくたと見なしています。キリストを得、キリストの内にいる者と認められるためです。わたしには、律法から生じる自分の義ではなく、キリストへの信仰による義、信仰に基づいて神から与えられる義があります。わたしは、キリストとその復活の力とを知り、その苦しみにあずかって、その死の姿にあやかりながら、何とかして死者の中からの復活に達したいのです。

（フィリピの信徒への手紙第三章二―一一節）

あなたの人生を確信させるもの

だいぶ昔のことになりますが、ある地区で開催された青年の集まりに行った時のことです。一日のプログラムが終わり、夜の自由時間になって、中学生たちが聖書の解釈を巡って議論を交わしていましたが、次第に二人の男の子の口調がヒートアップしていき、ついに、一方の男の子がこう言い放ったのです。

「俺の方が絶対に正しい！　お前の方が間違っている！　だって俺は牧師の息子だから！」

こういうことを言う彼に私は内心、唖然としたと言うべきか、閉口と言うべきか、とにかく複雑な思いを抱きました。彼の言葉に、私は大変違和感を覚えました。なぜ違和感を持ったかというと、彼のやり方は、議論そのものの正当性に正しさの根拠を置くのではなく、語っている自分自身の「血筋」に正しさの根拠を持たせようとしたからです。自分の血筋によって、自分の正しさを正当化しようとする。このことをもっと広げていうと、自分の肩書や学歴などによって、自分を立て、誇ろうとしていた、ということも言えるでしょう。そういうところに、彼の人生観の危うさを感じたのです。それが、牧師の息子というところを主張したからこそ、なおその違和感がより強くなってしまったのかなと私は思っています。

しかしながら、この話は、私たちにとって他山の石ではないでしょう。私たちも、この中学生と同じような過ちの心に生きていないと、誰が言い切ることができるでしょうか。自分がどんな家系に生まれ育ち、どんな土地や環境で生まれ育ったかのそのようなことで、自分がさほど意識していないにしても、自分の内面で誇ってみたり、あるいは逆に自分の価値を自分で落としてみたり、コンプレックスを感じたりすることが、本当に多いと思うのです。学歴や職業なども同じでしょう。どこの大学を出たとか、どういう職業についているとか、どんな有名人を友人に持っているかとか。そういうことで私たちは、自分の人生の価値を量ったり、他人の人生の価値を量ったりするのです。それは物の所有を巡っても表れている心です。どんな家に住んでいるか、どんな車に乗っているか、どんな服装をしているか、どんな装飾品を身に着けているか。そういうことで、自分が価値ある存在だと誇ってみたり、他人の価値を量ってみたりしている。それが、普通の私たちのやり方ではないでしょうか。

フィリピの信徒への手紙第三章二―一一節までを本日の礼拝の聖書箇所として聞いています。その三節と四節で、「肉に頼る」という言葉が出てきます。「肉」というのは、肉的なもの、物質的、あるいは、見た目からして価値があると思われるものの総称ですが、物質のみならず、先ほどの血筋、学歴、肩書、などもこの「肉」という中に含むことができます。また、フィリピの信徒への手紙はギリシア語で書かれていますが、「頼る」という言葉は、「確信する」という意味も持っています。そこで、「肉に頼る」という文章を正確に訳し直すと、「肉の中に確信する」、という意味になります。肉によって自分を確信させるのです。自分という存在の値打ちを肉的な所有によって量る、肉的なものが自分の存在の確信であり、もっと言えば存在の根拠とさえなっている。それが「肉に頼る」という言葉の意味です。
パウロは、今は自分を「肉に頼らない」と三節で言っています。しかし、かつてのパウロは「肉に頼る」人間でした。五節と六節で、「肉」に頼っていた様子がよく描かれています。ここでパウロは自分の経歴を語ります。

わたしは生まれて八日目に割礼を受け、イスラエルの民に属し、ベニヤミン族の出身で、ヘブライ人の中のヘブライ人です。律法に関してはファリサイ派の一員、熱心さの点では教会の迫害者、律法の義においては非の打ちどころのないものでした。

この言葉には、かつてのパウロが、自分自身の存在を確信させていた三つの肉的な誇りが明らかにされています。「割礼」、「血筋」、「自らの熱心さ」です。
「割礼」は、ユダヤ民族が神の民となるための肉的なしるしとして、男性器の包皮の先端を切る行為です。ユダヤ人になること、神の民になることは、割礼が必要であり、割礼が、神の民になるための不可欠な儀式でした。それを、パウロは、生まれてから八日目に行った。つまり、最も正式な形で割礼を受けたのです。成長してから神の民になったのではない、おぎゃあと生まれてからすぐに割礼を受けたのだ。すなわち、生粋かつ純粋なユダヤ民族として自分はそのいのちを生き始めた、というのです。

次に「血筋」です。パウロは、自分を「ベニヤミン族の出身」だと告げます。イスラエルはもともと、単一種族で成立していたわけではなく、一二部族――ルベン、シメオン、ユダ、ダン、ナフタリ、ガド、アシェル、イッサカル、ゼブルン、ベニヤミン、マナセ、エフライム――から構成される部族連合でした。「ベニヤミン族」はこの一二部族の一つの種族でした。ベニヤミン族は、歴史から言って、他の種族の中でも誇るべき種族であったようです。彼らはユダヤの南の方に住んでいたので、生活圏内に神殿が置かれてあるエルサレムがありました。自分たちの土地自体に誇りを持っていたと考えても少しもおかしくありません。また、南に住んでいたということは、信仰の純潔さをよく保つのに地理的に都合のいい環境だった、ということも意味しています。イスラエルにとって異民族が侵入してくるのは北からの経路が常でした。それに伴って入ってくる異教的文化・信仰によって、北側のユダヤ民族では信仰的な混交が行われたのです。しかしながら、ベニヤミン族は、その地理的な優位性も手伝って、もっともよく、イスラエル固有の文化・信仰を保持し、継承することができたのです。さらに、イスラエル王国第二代目の王であり、国力を強くし、経済を豊かにし、またもっとも民から信頼されたといわれるダビデ王は、ベニヤミン族から出たといわれています。自分たちの民族から、あの偉大なダビデ王が輩出されたことが、ベミヤミン族の誇りとなっていたのです。

またパウロは「ヘブライ人の中のヘブライ人です」と言っていますが、もともとヘブライ人とイスラエル人というのは同じ意味です。ただ「ヘブライ人」という名称は、イスラエル人と異国人との違いを比べる際に用いられたものでした。日本でいえば、単純に「日本人」ということと、「大和民族」ということの違いでしょうか。パウロは、小アジアにあるタルソスという、純粋なユダヤ文化ではないヘレニズム文化の土壌で生まれ育ったものですが、そのような外的環境においても、自分はヘブライ人としての慣習をいささかも怠ることなく、忠実に守り抜いてきたという自負が、この言葉に表されています。

最後に「自らの熱心さ」です。パウロは「律法に関してはファリサイ派の一員」だったと記しています。ファリサイ派は、再三イエス・キリストによって非難されたユダヤ教の一派です。彼らは、ユダヤ教において守るべき律法を厳格に守ろうとする信仰的立場をもっていました。ファリサイ、という言葉は、「分離する者」という意味です。紀元前二世紀に起こった、ユダ・マカバイを中心とするハシディームと呼ばれる人たちが、マカバイ戦争の中心的な力を持っており、政治的・軍事的行動を積極的に進めようとしたのですが、このハシディームの中から、自分たちは信仰的な自由だけを保持できればいい、と主張して「分離」していったのが、このファリサイ派の起こりだと言われています。しかしながら、彼らの非常に厳格な律法遵守への姿勢が、異民族や罪人、律法をそれほど遵守しないで生活をする人たちに対する侮蔑の心、つまり自分と他者とを分離する心、分け隔てする心を生み出していったと言われます。だからイエス・キリストはファリサイ派を激しく非難されたのです。

パウロは、そのファリサイ派の一員だったのです。しかも、「律法の義については非のうちどころのない者でした」とまで言い切っています。いかに、パウロがまじめに、純粋に、ただ言い方を変えてみれば、非常に頑ななまでに、律法を遵守する生き方を志していたかが分かってまいります。パウロの人生の核を形成していたもの、それは律法による義でした。律法を遵守することによって自分という存在を確信させていたのです。

そして、律法の義を貫こうとするパウロの熱心さが、ユダヤ教の異端だと思われたキリスト者に対する迫害を支持する心を生みました。律法による正義の心が、キリスト者の殺害を正当化させたのです。パウロは、自分は「教会の迫害者」だったと告白します。使徒言行録は、パウロの伝道旅行の軌跡が特に中盤から後半にかけて描かれていますが、使徒言行録で最初に出てくるパウロの記述は、「サウロはステファノの殺害に賛成していた」（使八・一）という文章です。サウロは、回心前のパウロの名称です。また、使徒言行録第九章は、パウロの回心の出来事が記された章ですが、その冒頭は次の通りです。「サウロはなおも主の弟子たちを脅迫し、殺そうと意気込んで、大祭司のところへ行き、ダマスコの諸会堂あての手紙を求めた。それは、この道に従う者を見つけ出したら、男女を問わず縛り上げ、エルサレムに連行するためであった」（使九・一―二）。「この道」というのは、当時のキリスト者に対する呼称です。はっきりと、キリスト者を「殺そうと意気込んで」、連行しようとした、と記しています。パウロの律法に対する熱心さが、キリスト者への殺意を生み、それをパウロは恬として恥じなかった。しかもこの律法に対する熱心さが、パウロ自身の人生を確信させるものとなっていたのです。

これまで振り返ったパウロの生き方は皆、「肉に頼る」生き方でした。しかしながら、今日の聖書箇所においては、これまでのパウロ自身の人生を確信させてきたもの、割礼や血筋、自らの熱心さがすべて、今や「損失」であり「塵あくた」だった、と言うのです。驚くべきことです。今まで自分が誇ってきたもの、自分を支えてきたもの、自分の存在を確信させてきたものを、一蹴してしまうことができるのです。一体、パウロに何が起こったというのでしょうか。何が、これほどまでにパウロを変えさせたのでしょうか。
それは、八節にある「キリストを知ることのあまりのすばらしさ」によってです。キリストを知ることのすばらしさが、これまで自分が頼りにしてきた肉的なものすべてを拒否してでも惜しくない人生の喜びを、パウロにもたらしたのです。
では、パウロの人生を変えた「キリストを知ることのあまりのすばらしさ」とは一体何なのでしょうか。パウロはこの聖書箇所で述べています。九節です。

私には、律法から生じる自分の義ではなく、キリストへの信仰による義、信仰に基づいて神から与えられる義があります。

イエス・キリストによってパウロが与えられたもの。それが信仰による義です。肉に頼る生き方から、肉に頼らない生き方に変えられたのは、キリストへの信仰による義に他ならない。キリストの信仰による義の気づきはパウロの人生にとって決定的だったのです。

あなたの人生を確信させるもの

人生にはしばしば、いわゆるエリート中のエリートだった人、あるいは裕福だった人が、事業の失敗やミスによって一気に凋落してしまったことによって、それまでの人生観を顧みる、というようなことが起こります。しかし、回心以前のパウロに、人生を揺るがす大きな挫折があったのかどうか、必ずしも明確にはなっていません。使徒言行録や、パウロ書簡に表されているパウロの記述において、それらしい直接的な文章が見当たらないからです。だからパウロは、例えば、ファリサイ派のグループの中で著しい混乱に巻き込まれて脱退しただとか、物質的な欲に負けてしまって取り返しのつかないことをしでかした、それらの挫折によってキリストと出会った、ということではありませんでした。むしろ、彼は世間から見れば人生の成功者だったと言っても過言ではない表現でしょう。言い方を変えると、先ほどのパウロ自らの言葉から聞いた通り、肉に頼る生き方において間違いなく成功した人です。そのような彼が、信仰による義によって、劇的な回心を果たしたのです。そうなると、パウロが回心し、やがて宣べ伝えたキリスト信仰というのは、かつてニーチェがキリスト教を、弱者の宗教、などというふうに批判したような類のものでは決してありません。そうではなくて、キリストを信じる信仰は、弱者であろうとも、強者であろうとも、貧しかろうと、裕福であろうと、すべての人に与えられるものです。それほどに、キリストによる信仰の義は、あらゆる人を神へと導く力となっているのです。割礼、血筋、自らの熱心さ、というそれまでパウロの人生を形成し、その存在を確信させていた誇りを、信仰による義は全く捨て去らせてしまったのです。それらを、損失であり塵あくたとさえ、言い放つことができるようにさせたのです。「キリストへの信仰による義、信仰に基づいて神から与えられる義」によって、パウロは回心し、人生の価値観を一八〇度、変えられたのです。

さらに問います。それではなぜ、キリストによる信仰の義が、パウロをして、すべての肉的なものを「塵あくた」と言えるほどにしたのでしょうか。

「キリストへの信仰による義、信仰に基づいて神から与えられる義」によって、パウロは回心し変えられた、と言いました。このパウロと同じような経験をした人がいます。マルティン・ルターです。今年（二〇一七年）は、ルターがいわゆる宗教改革を起こしたといわれる日から五〇〇年目を迎えました。ただ、一般的に宗教改革という呼び方をしますし、皆さんにも理解が通るために、最初に、宗教改革という言い方をしましたが、本来、ルターは、教会の教理や制度そのものの変革を聖書に基づいて行おうとしたので、教会改革と呼んだ方が適切だと思います。ドイツで生まれ育ったルターは、青年期に落雷に出会い、死の危険を感じ、アンナという聖人に助けを求めた後、法律家にさせたい親の反対を押し切ってアウグスティヌス修道会に入会します。厳格な規律のもと、彼は忠実に、事細かに規則を遵守し、罪を犯さないように努力するのですが、後から後から湧き上がってくる罪に対する不安と恐れにとりつかれており、そのたびに彼の聴罪司祭であったシュタウピッツに相談に行くので、シュタウピッツが辟易した、と言われています。その後、彼は、ヴィッテンベルク大学の教授になり、聖書学を講じることになります。その聖書学の研究を通して、彼はある発見をするのです。それは、聖書に書かれている「神の義」の捉え方です。それまでルターはずっと、神の義というのは、自らの徳の功績を積み上げることによって得られるもの、罪を犯さないようにすることによって獲得されるべきものだと考えていました。でもいくら罪を犯さないようにしようとしても、夜寝る前に、一日あんなことをしてしまった、こんなことをしてしまった、という後悔の念に捕らわれてしまう。そうなると、神の義は、自分にとって全く遠く離れてしまっているもの、自分が得たいと願っているのに反して遠ざかって行ってしまうものだと思えたのです。そのような思いをルターはずっと抱えながら、修道士生活を送り続けていました。

　ところが、大学教授になって、聖書を研究しているうちに、特に詩編を読み解いていく中で、だんだんそんなことはどこにも書いていないように思えてきた。それどころか、神の義が自らの徳によって得られるものではなく、ただキリストを信じる信仰によってのみ、与えられるもの、さらに、その信仰さえも、自分で意志し、決断することによって得るものではなく、神から一方的に与えられるものなのではないか、ということに気づいていったのです。自分で獲得する神の義ではなく、神の恵みによって一方的に与えられる義。それが本当の神の義だ。そして、このことにのみ、まことの救いがある。これが、聖書を研究していく中でたどり着いたルターの最終的な結論でした。「啓示」ともいえるべきこの気づきをルターが経験したのが、ヴィッテンベルク大学の室内であったことから、「塔の体験」と呼ばれています。ただ、この塔の体験が何年に起こったのか、というのは、未だに確定されていません。ルター自身が、この塔の体験がいつ起こったについて記していないからです。ただ、この塔の体験が、一五一七年一〇月三一日における九五か条の提題の発表を促した、内的な原因だったことは間違いのないことでしょう。神の義を、聖書に基づいて正確に発見したことが、ルターにとって最大の人生の転機になったのです。

ルターは、この塔の体験以降、この新しく見出した福音理解に基づいて、文章を書き表し、そして説教していきました。ちなみに、説教こそが礼拝の中心だと捉え直したのもルターです。ルターの説教は、数多く残されているのですが、ここで、一五五三年一二月三日にヴィッテルベルクで行った説教の一節をご紹介したいと思います。説教塾を主宰しておられる加藤常昭先生が、かつて恵泉女学園大学の大塚野百合先生と共に、世々のキリスト者の信仰的な名言を三六五日分掲載した『愛と自由のことば』（日本キリスト教団出版局、一九七二年）という著作の中で翻訳したルターの説教の箇所です。

この引用の冒頭で、ルターは、神が私たち人間に与える義は、私たちを装うものだと言います。この世の王たちは、自分たちが絢爛豪華な装飾品で自分を装うとする。それはあたかも、パウロが誇っていた割礼、血筋、熱心さを表しているかのようですが、それらは、「悪臭」を放つものであり、「腹」でしかない、つまり、自分の欲望を満たすような装いにすぎない。そうルターは言います。自分たちの肉的な欲求を満たすために、彼らは必死で自分を飾り、装うとする。しかし、キリストが与えてくださる装いは全く違う。それは「われらを信仰と義の人たらしめるべく飾ってくださる」装いなのだ、と言います。では、「義の人」、というのはどういうことか。ルターは言います。「かつてわたしは『神は義である』との言葉を読んで、おそれおののいた。義に対して義をもって答えるのが義であると思ったからである。神が義であるなどというより、憐れみであってくださると聞き得たらどんなによいかと思った。だが福音書の語る義は、事実は憐れみのことにほかならなかった。しかも書き表し得ぬほどの憐れみ、すなわち、われらの憐れみを取り去り、ご自身の義をもってよそおってくださる憐れみなのである」。ルターは、神の義とは、神の憐れみに他ならないのだ、と言います。神が義なる方であられるということは、同時に憐れみの方であられる。義と憐れみは分離しない。神の憐れみが、神の義を貫いている、と言ってもいいでしょう。

かつてのルターには、神の義の中に、神の憐れみが見えませんでした。だから苦しかったのです。どんなに修道会の会則を守っても、罪を犯さないように心を制御しようとしても、信仰を純化しようとしても、神が憐れみをかけてくれない方であるのだから、どこまで行ってもルターにとって神は裁く神であって、救う神ではなかった。しかし、神の義は、神の憐れみに基づいていることに気づかされた今、神の義は、自分を罪の恐怖に陥れるものなのではなく、自分の存在そのものを装ってくれるものだ。しかも、肉的なもののような自分の腹を満たすようなものではなく、神の憐れみに生きるように装ってくれるものであることを知ったのです。「われらの憐れみを取り去り」、というルターの表現はとても興味深いものです。神の義による装ってくださる、その装いというのは、欠けがあり、愚かさに満ち、自己中心的で、一時的で、肉的な私たち人間の憐れみの心のようなものではなく、それらを取り去って、本当に深い憐れみの心を私たちに与えるものなのです。

パウロは、「神を知ることのあまりのすばらしさ」によって、自分は、それまで誇ってきた、頼ってきた肉的な生き方を、損失、塵あくたと見なした、と言いました。なぜか。キリストへの信仰によって与えられた義に生きた時、そこで、本当の神の憐れみが見えたからです。神の憐れみを見出した時、神の憐れみに気づかされた時、これまで自分の肉に頼る生き方を捨て去り、それらを損失であり、塵あくたと言うことができたのです。神の憐れみは、肉の生き方を頼る生き方による平安よりも、はるかに深くて広い平安をもたらすからです。この平安は、人間存在そのものを慰める平安、と言ってもいいでしょう。肉に頼る生き方は、一時的に肉的欲求を満たすことによって、その場限りの気休めのような平安をもたらすことができるかもしれません。しかしルターがそうであったように、そして、パウロもまたそうであったに違いないように、自分という存在そのものを絶え間のない平安へと導くものにはならなかったのです。しかし、今やパウロは、神の憐れみによって、自分という存在を、肉的なるものを超えて確信することによる魂の平安を与えられたのです。

神の義は憐れみにつながっている。これが、ルターの福音的な確信でした。新約聖書では、あの「よきサマリア人のたとえ」の中で、サマリア人が、瀕死の重傷を負った人を見た時に、「憐れに思」

（ルカ一〇・三三）った、と書いています。そこでギリシア語で書かれている「憐れむ」という言葉は、

「スプランギノマイ」という言葉で、腸がよじれるほどに、相手の苦しみに同感する、という意味です。コイル状になっているバネをスプリング、と言いますが、ぎゅうっとお腹がよじれるほどの痛みをもって、相手の心を受け入れる、ということです。

かつてのパウロは、神の義の中に、神の憐れみが見えなかったのではないでしょうか。だからキリスト者を平気で迫害し、殺害することも厭わなかったのです。腸が痛むほどの思いをもって相手の痛みに寄り添おうとする姿勢があれば、キリスト者を迫害し、殺害することを積極的に支持し、自らそれに加担しようとは思わなかったはずです。神の憐れみに生かされていたのであれば、その憐れみに従って自分もまた生きよう、と思ったはずです。しかし、神の義は分かったつもりでいても、神の憐れみは知らなかった。それは結局のところ、神の義さえもまた、誤って理解していた、ということになります。ここに、かつてのパウロの罪深さがあります。それは、パウロがキリスト者を迫害した、という外的な観点のみならず、自らの正しさを絶対化して相手を裁き、憐れみを持って接することを拒んだ、ということからしてもそうなのです。それは肉的な誇りから引き起こされた罪でもありました。肉的な誇りは、その肉的事柄に属していない人たちに対するあからさまな、あるいはひそかな侮蔑の罪につながるのです。そこにこそ、パウロの罪が極まっていました。しかし、今のパウロは違います。「キリスト・イエスを誇りとし」ているからです。罪人であるにもかかわらず、自分を心底、赦し、生かし、愛し、用いられるキリストを誇りとしているからです。

二節で、パウロは「あの犬どもに注意しなさい」と言います。これは誰を指しているかというと、

ユダヤ人からキリスト者に変わった者のうち、なお割礼を施すことが救いのしるしである、と主張した人たちです。ここでパウロが、犬どもと過激な表現で呼ぶほどに注意を促しているのは、かつてパウロ自身が抱いていた偏屈で狭い信仰観を、もう一度教会の中で聞かされることに対して我慢がならなかったからでしょう。キリストが十字架と復活によって成し遂げてくださった救いを、また肉的な救いに引き戻してしまうような彼らの主張を受け入れることはできなかったのです。自らのかつての罪深さを深刻な形で顧みさせられる思いがしたからでもあるかもしれません。しかしもっと深刻なことは、彼らの主張を受け入れれば、ガラテヤの信徒への手紙の中で詳しく書いてある通り、イエス・キリストが十字架におかかりになられたことが全くの無駄になってしまう、台無しにしてしまうと思ったからです。そのような誤った信仰に本当にならないでほしい。かつての自分のような肉に頼る生き方に戻るようなことがあってはならない。そのような切実な危機感が表れた言葉なのだと言えるのではないでしょうか。

しかし私たちも同じことを繰り返してはいけないのです。よくよく注意すべきことではないでしょうか。私たち、既に洗礼を受けているキリスト者であっても、肉的なもので自分を立て、確信させ、あるいは逆に肉的なものがないと言って自分につまずき、自分を確信させることができず、惨めな思いにとらわれることがあるからです。しかし、キリストが私たちを装ってくださる義によって、私たちは肉的な生き方を既に捨てている、いやキリストによって捨ててもらっていただいているではありませんか。肉的な生き方を誇らず、つまずかず、誘惑に屈しない、神の装いに覆われた、新しい生き方を既に、この礼拝から始めさせているではありませんか。肉に頼る生き方に再び誘惑を感じた時、何度でも私たちはキリストを知り直すのです。神のみ言葉を聞くのです。そのたびに、キリストは、新しい義と憐れみの装いを私たちに新たにしてくださいます。キリストのうちに、自分という存在の確信を置くのです。置けるのです。この確信にこそ、私たちの人生のいのちの、まことの喜びがあります。それは、この世の中が与えようとする何にも勝ってかけがえのない、そして何にも代えることのできない幸いをもたらすものに違いないのです。

（二〇一七年一一月五日　日本基督教団花小金井教会礼拝説教）

第三章一二―一六節

後ろのものを忘れて

吉村和雄

わたしは、既にそれを得たというわけではなく、既に完全な者となっているわけでもありません。何とかして捕らえようと努めているのです。自分がキリスト・イエスに捕らえられているからです。兄弟たち、わたし自身は既に捕らえたとは思っていません。なすべきことはただ一つ、後ろのものを忘れ、前のものに全身を向けつつ、神がキリスト・イエスによって上へ召して、お与えになる賞を得るために、目標を目指してひたすら走ることです。だから、わたしたちの中で完全な者はだれでも、このように考えるべきです。しかし、あなたがたに何か別の考えがあるなら、神はそのことをも明らかにしてくださいます。いずれにせよ、わたしたちは到達したところに基づいて進むべきです。

（フィリピの信徒への手紙第三章一二―一六節）

わたしたちは誰でも時々、信仰生活をしながら、自分の信仰者としてのあり方は、これでいいのだろうか、と思うことがあると思います。もう大分前のことですが、聖書の会に出ておられた方だと思いますが、わたしに質問をされました。正確な言葉遣いは覚えておりませんが、こう言われたのです。「先生、わたしはいつになったら、ちゃんとした信仰者になれるでしょうか」。

自分はいつになったら、もう少しちゃんとした信仰者になれるのか。これは、どういう形であれ、わたしたちみんなが、心の中で思っていることではないでしょうか。そこには、今の自分の信仰者としてのあり方が、これでいいとは思えない、という思いがあります。聖書の知識においても、主イエスに対する思いの深さにおいても、あるいは教会に対する関わりにおいても、まだ十分ではない。まだ確かさが足りない。そういう思いがあると思います。だから、いったいいつになったら、自分は信仰者としてちゃんとした歩みをすることができるようになるのだろうか、と思うのです。

そういうわたしたちにとって、今日のパウロの言葉は、本当に大きな励ましだと思います。「わたしは、既にそれを得たというわけではなく、既に完全な者となっているわけでもありません。何とかして捕らえようと努めているのです」と言うのです。自分もまだ、つかまえてはいないのだ、というのです。この手の中に、本当に確かなものをつかんではいないのです。これでいいんだ、これで自分は大丈夫なのだ、と言えるものを、自分はまだ手にしていない。だから何とかしてそれをつかまえようと思って、努力している。それが、今のわたしの現状なのだ、と言っているのです。

実は、こういうパウロの言葉は、この手紙の受け取り手であったフィリピの教会の状況が反映しているのです。この手紙は、ギリシアのフィリピにあった教会に宛てて、初代教会の伝道者パウロが書き送った手紙です。手紙というのは、必要があって書くものです。この手紙もそうでありまして、こういう手紙を書かなければならない事情があったのです。しかもパウロはこの時囚われの身でありまして、獄中から書いているのです。ですから、かなりの事情があったということが分かります。その事情というのはいくつかあるのですが、その内のひとつが、教会の中に、パウロが教えたこととは違う教えを持ち込んで来た人たちがいた、ということなのです。初めにパウロがイエス・キリストを伝えて、この教会を建てたのです。パウロという人は巡回伝道をしていた人でありまして、一つところに長くいることをしません。ひとつの教会ができあがると、そこを他の人に任せて、他のところへ行くのです。そうやって多くの教会を建てたのです。ところがパウロと同じように巡回伝道をしていた人が当時たくさんおりまして、その中には、パウロとは違った考えを持っている人もいたのです。細かいところで違っているのならよいのですが、大事なところが違うと困るのです。

パウロという人は、ただひたすらイエス・キリストを語り続けた人です。イエス・キリストがわたしたちを本当に愛してくださって、わたしたちが神さまのものとなって生きることができるように、十字架の上で自分の命を捨てて、わたしたちの罪が赦されるようにしてくださった。このキリストの働きによって、わたしたちはすべての罪を赦されて、神さまに受け入れていただいて、神さまの子供にしていただける。だから、キリストを信じて、洗礼を受けなさい。そうすれば救われる、と教えたのです。ただひたすら、このキリストとその救いの業を語り続けた。そして、キリストがわたしたちを愛してくださったように、わたしたちもキリストを愛し、隣人を愛する。そういう愛をもって生きるようにと、そのことだけを語り続けたのです。それは、わたしたちの信仰の中心にあるものです。わたしたちも、そのことを忘れてはならないのです。

ところが、パウロの後から来た人たちの中に、それとは違うことを言う人がいたのです。ひとつは、割礼を受けてユダヤ人のひとりになることが大事だと教えた人たちがいました。キリストを信じることはもちろん大事だけれども、それ以前に、ユダヤ人になりなさい、と言ったのです。ユダヤ人は、アブラハム以来二〇〇〇年の信仰の歴史を持っている。あなたも割礼を受けたなら、二〇〇〇年の信仰の伝統を生きる者になれると、そう教えたのです。それを聞いて、パウロが言うように、ただキリストを信じているというよりも、よほどその方が確かなように思った人たちがいたのです。それで教会が、そういう教えに心を動かされたのです。それが、こういう手紙をパウロが書いたひとつの理由です。

ところがもうひとつ、それと並んで、教会の中に持ち込まれた教えがあったのです。これはユダヤ的な教えではなくて、ギリシア的な教えだと言ってもいいのですが、そういう教えを持ち込む人もいたのです。教会というのは、いろいろな教えが持ち込まれるところなので、わたしたちはよく注意していないといけないのです。うっかりしていると、いつの間にかそれに動かされているということになりかねないのです。

この教えは、知識というものを非常に重んじる教えです。本当の知識を得ることを勧めるのです。イエス・キリストについてもそうです。イエス・キリストという方について、本当の知識を身に付けるのです。あるいは天についても、本当の知識を身に付ける。それが大事だという教えなのです。本当の知識を身に付けると、自分が一段高い人間になるのです。日本でも、悟りを開くという言葉があります。悟りを開くというのは、真理に目が開かれることです。真理に目が開かれて、その真理を自分のものにするのです。その真理の中で自分が生きられるようになる。そういうことを目指す信仰というものも、わたしたちの周りにはあるのです。そのために修行を積むのです。座禅を組んだり、瞑想をしたりして、真理を自分のものにしようとするのです。そういう信仰においては、悟りを開いた人と、そうでない人は違うのです。悟りを開いた人は、言ってみれば完全になった人ですし、そうでない人は、まだ不完全な人ということになると思います。

繰り返して申しますが、こういうことは、信仰の確かさに関わるのです。わたしたちは誰でも、確かなものが欲しいのです。自分は確かだと思いたいのです。そう思って、安心したいのです。ユダヤ人の割礼も、そういう確かさを与えるのです。あなたは割礼を受けた。ユダヤ人の一人になった。アブラハム以来の信仰の伝統の上に立つ者になった。そう言われて、そこに確かさを見出すのです。あるいは、あなたは本当の知識を身に付けた。真理に目が開かれた。悟りを開いたのだと言われて、そこに自分の確かさを見出す。そういうことに、わたしたちは心を惹かれるのです。だからこういう教えが持ち込まれると、教会が動かされるのです。そういう状況に対して、パウロがこの手紙を書いているのです。

ですからここで、「完全な者」という言葉が繰り返し出てきますが、これはパウロが相手にしているその人たちが用いていた言葉だろうと言われているのです。その人たちは、完全な者になれる、と主張していたのです。自分は完全な者になっているし、あなたがたもそうなれるのだ、と言ったのです。そういう相手に対してパウロは、自分は完全な者にはなっていない、と言っているのです。日本語ではあまりはっきりしないのですが、一三節に「わたし自身は」という言葉がありますが、これは非常に強い言い方です。ギリシア語の動詞は主語を含んでいますので、わたし、とか、あなた、という主語は必要ないのです。ですからギリシア語の文章には、普通は、主語は出てこないのです。でもここには、それが出てくるのです。「わたし」という言葉が入っている。「エゴー」という言葉です。エゴイズムという言葉がありますが、その元になっている言葉です。その言葉が入っている。訳せば「このわたし」という意味になるでしょうか。他の人は知らないけれども、このわたしは、既に捕らえたとは思っていない、というのです。自分はキリストを捕らえた。真理を自分のものにしている。完全な者になっている。そう言う主張をする人々を相手にして、パウロは、このわたしは違う、と言っているのです。あなたがたに福音を宣べ伝えたわたし、キリストを心から愛し、あなたがたをそのキリストに導いたこのわたしは、完全な者にはなっていない、というのです。それは裏返せば、完全な者になどなる必要はないのだ、そんなことが大事なことではないのだと言っているのです。

それでは、わたしたちにとっていったい何が大事なのか。ここで言われる言葉を用いれば「自分がキリスト・イエスに捕らえられている」ということです。自分がキリストを捕らえるのではないのです。自分が真理を獲得するのではないのです。捕らえる、というのはいずれにしても、自分中心の考えなのです。自分が、自分が、と言って生きることなのです。わたしたちの信仰は違う、というのです。自分がキリストを捕らえるのではないのです。キリストが自分を捕らえてくださるのです。それが大事なのです。そして、キリストに捕らえていただいている人は、キリストを捕らえようと思うのです。でもそれはキリストを捕らえて、自分が完全な者になってやろう、というのではないのです。悟りを開いてやろう、というのではないのです。この自分を愛して、この自分のために命を捨ててくださった、あのキリストをもっと知りたい。あのキリストにもっと近づきたい。そういう思いです。

いつでもキリストの言葉を聞いていたいし、キリストと共にあることを喜びとして生きていたいのです。そのためにキリストを求める。それが、わたしたちがキリストを求めるというときのやり方なのです。あくまでも、キリストを愛する愛が第一なのです。そして、そういうふうに、この自分の中にキリストを愛する愛があること、キリストに近づきたいという思いがあること、それが、自分がキリストに捕らえられているしるしだと言っているのです。

こういうことは、わたしたちにとって、慰めであるし、励ましです。キリストが自分を捕らえてくださっているのかどうか。これは目に見えません。でも、自分の中に、主イエスを喜ぶ思いがある。あるいは、主イエスの言葉を聞きたいという願いがある。それは分かるのです。それがあったら、わたしたちは間違いなく、キリストに捕らえていただいている。パウロはそう言っているのです。

そういうことから言いますと、自分はいつになったらちゃんとした信仰者になれるのだろうか、という問いも、キリストに捕らえられているところから生まれてくる問いだと、言えると思います。そうでなかったなら、そんなことは考えないでしょう。捕らえられていない人にとっては、ちゃんとした信仰者であろうがなかろうが問題ではないです。捕らえられているからこそ、そういうことを考えるのです。

そういうふうに、キリストに捕らえていただいているわたしたちは、それではどうするのか。わたしたちの信仰生活というのは、どういうものになるのか。それについてパウロはこういうのです。わたしたちがなすべきことは、ただ一つ、後ろのものを忘れ、前のものに全身を向けつつ、神がイエス・キリストによって上へ召して、お与えになる賞を得るために、目標を目指してひたすら走ることです。こういうのです。

初めに「後ろのものを忘れ」と言います。忘れるものがあるのです。あるいは、忘れなければならないものがあるのです。パウロが、後ろのものを忘れ、と言うときに、それはどんなものを意味しているだろうか。これは、いろいろ考えられると思います。この手紙の少し前に、パウロは、自分がキリストに出会う前に誇りとしてきたものを、列挙しています。自分は生粋のヘブライ人で、ベニヤミン族の出身で、律法に関してはファリサイ派の一員、律法の義については非の打ちどころがなかったということ。そういうことを、列挙しています。そういうものについてパウロは、キリストのゆえに、少しも益をもたらすものではなくなった、と言っています。ですから、そういうものはもう忘れたのです。そういうものを後ろに忘れて、前を向いている。それがパウロの姿勢なのです。

もうひとつ、この箇所で説教をしているある牧師さんが、こういうことを言っています。ここで後ろのものを忘れて、と言っているけれども、それはおそらく、人間の罪に関わることだろうと。もちろん、キリストを知る前に自分が持っていたものや、誇りにしていたものもあると思うけれど、わたしたちにとって、後ろに忘れてくるべきものの第一は、罪に関わることだと言っているのです。そういう言葉を読んで、なるほどと思いました。

パウロにとって、一番の大きな罪は、教会を迫害したことです。これはずっとパウロの心に残ったことで、だからこの手紙の中でも「熱心さの点では教会の迫害者」という言葉が書かれるのです。熱心さのあまりに、教会を迫害することになってしまった自分の罪というものを、忘れないのです。そしてそういうものを、きちんと覚えているというのは、大事なことです。まるでそういうものが、何もなかったかのように振る舞うことはできないと思います。でも、それをいつまでも引きずって、それに捕らわれていることはない。パウロは、そういうことはしないのです。実はパウロと敵対していた伝道者の中には、何かというとそのことを持ち出すものがいたらしいのです。あのパウロという男は、今は熱心な伝道者だけれども、昔は教会を迫害した者だということを、ことさらに言い立てる者がいたらしいのです。しかし、そういうことに関してはパウロの姿勢ははっきりしているのです。そういう自分の罪を忘れることはないけれども、それに捕らわれることはしない。捕らわれそうになったら、きっぱりとそれを拒否する。そういう意味において、後ろのものを忘れるのです。

ヘブライ人への手紙の第一二章に、「すべての重荷や、絡みつく罪をかなぐり捨てて、自分に定められている競争を、忍耐強く走り抜こう」という言葉があります。絡みつく罪です。罪が絡みついてくるのです。そして自分を引き戻そうとするのです。そういうものを、かなぐり捨てよう、というのです。わたしたちにとっては、どういうものでしょうか。どういうものが、わたしたちに絡みついて、わたしたちの妨げになっているでしょうか。これはいろいろあると思います。人を赦せない思い、人に傷つけられたこと、あるいは過去に失敗したこと、思い出す度に心が引き戻されて、キリストに向かなくなってしまう。そういうものを、かなぐり捨てよう、というのです。そういうものは、かなぐり捨てて、後ろに放り投げて忘れてしまう。パウロが言っていることは、そういうことです。おそらくパウロにも、そういうものがあったに違いないのです。でも、そういうものを後ろに投げ捨てるのです。もう忘れて、思い出さない。そう決めるのです。それは、わたしたちができることです。過去に囚われるのは、やめましょう。うじうじといつまでも心に留めておくことはやめましょう。そうやって、後ろに投げ捨てるべきものを投げ捨てて、前を見るのです。後ろを見るのではない。前を見るのです。最近、「断捨離」という言葉が流行っているようです。いらないものを思い切って捨てるのです。信仰的な断捨離をしましょう。

そうやって、後ろのものを忘れて、前のものに全身を向けながら、神さまが主イエスによってわたしたちを上へ召して、与えてくださる賞を得るために、ひたすら走ろう、というのです。賞がいただけるのです。ご褒美があるのです。わたしたちは、何となくこういう考えが子供っぽい考えのように思って、素直に受け入れられないことがあります。何かをもらうために信仰生活をするのではない、というようなことを考えるのです。それは間違っていないと思いますが、でもパウロはもっと素直に、賞がいただけるというのです。それを期待して、それを目指して走ろう、というのです。いったい、どんな賞なのか。

実は今日の初めの箇所ですが、何とかして捕らえようと努めている。自分がキリストに捕らえられているからだ、という言葉ですが、これを、こういうふうに訳している人がいるのです。「キリストが自分を捕らえていてくださるので、自分もキリストを捕らえられるのではないかと思う」。その方が原文に近いというのです。何とかして捕らえようと努める、というと、キリストがずっと遠くにいるように感じます。だから努力するのです。でも、キリストがわたしを捕らえていてくださるので、わたしもキリストが捕らえられる、という場合には、キリストがずっと近くにいるのです。このわたしを捕らえていてくださるのですから、キリストはすぐそばにいてくださるのです。だから自分もキリストが捕らえられるのです。

こういう考えは大事だと思います。わたしたちの主は、決して遠くにはおられない。遠くの方から、こっちへ来なさいと、呼びかけているのではないのです。キリストはわたしたちのすぐ近くにいてくださる。すぐ近くから、わたしのところに来なさい、と声をかけてくださるのです。後ろのものを忘れて、わたしに向かって身を伸ばしながら、わたしを目指して走りなさい、と言ってくださるのです。だから走れるのです。だから、後ろのものを忘れて、前を向くことができるのです。

だから、わたしたちの中で完全な者は、だれでもこう考えるべきだ、とパウロは言うのです。完全というのは、悟りを開くことではないのです。ああ、自分もちゃんとした信仰者になったと言って安心することではないのです。こうやって、いつでもキリストに励まされながら、後ろのものを忘れて、前を向いて、キリストを目指して走る。その時に、これは最後の言葉ですが、わたしたちは、到達したところに基づいて進むべきだとパウロは言うのです。自分がどこにいようと、そこから出発すればいいのです。だから他の人と自分を比べる必要もないのです。今いる場所は人によって違うのです。でもそれがどこであろうと、そこから出発すればよい。そこから一歩を踏み出せばよい。他の人よりも、歩みが遅いと思っても、気にする必要はありません。前へ向かって歩いていれば、わたしたちは、必ずキリストに近づいているのです。そして、そのようにわたしたちがキリストに向かって近づいていくことが、完全のしるしです。キリストに捕らえられているしるしです。だから、あせる必要はない。失望する必要もありません。ただ、後ろのものを忘れて、前を向く。そのような歩みを、続けていくのです。

わたしたちの神さまは、新しく歩み出そうとするものを、いつでも励ましてくださいます。いつでも喜んでくださいます。その神さまのまなざしの中に、わたしたちの信仰者としての歩みがあるのです。

（二〇一五年二月二二日　キリスト品川教会礼拝説教）

第三章一七節―第四章一節

天に望みを抱く者

平良善郎

兄弟たち、皆一緒にわたしに倣う者となりなさい。また、あなたがたと同じように、わたしたちを模範として歩んでいる人々に目を向けなさい。何度も言ってきたし、今また涙ながらに言いますが、キリストの十字架に敵対して歩んでいる者が多いのです。彼らの行き着くところは滅びです。彼らは腹を神とし、恥ずべきものを誇りとし、この世のことしか考えていません。しかし、わたしたちの本国は天にあります。そこから主イエス・キリストが救い主として来られるのを、わたしたちは待っています。キリストは、万物を支配下に置くことさえできる力によって、わたしたちの卑しい体を、御自分の栄光ある体と同じ形に変えてくださるのです。

だから、わたしが愛し、慕っている兄弟たち、わたしの喜びであり、冠である愛する人たち、このように主によってしっかりと立ちなさい。

（フィリピの信徒への手紙第三章一七節―四章一節）

主の御名を賛美します。皆様はインターネットを利用されたことがあるでしょうか。インターネットを通してさまざまな情報を多くの人々に発信することができるFacebookという便利な通信システムがあります。私は以前それを利用していましたが、しかし、いつの間にか、利用しなくなっていました。あまり必要を感じなかったせいでありましょうか。しかし、最近再びFacebookを始めたのであります。何がきっかけで再び始めたかと言いますと、県外にいます知り合いのある大学の神学部教授と連絡が取りたくて再び始めたのであります。その教授は日頃から携帯電話も持ち歩かない方で、住所も分からず、連絡が取れずに困っていました。その教授のメールアドレスも分からない状態でしたので、半分あきらめかけていました。

そんな時、たまたまその教授のFacebookを見つけたのであります。早速、連絡を取ってみましたら、感謝なことにその教授とつながりました。大きな喜びでした。そして、そのFacebookを通して会話を楽しみました。その教授と語るのは、二十数年ぶりでしたので、さまざまな情報を交換し、喜びにあふれた経験をしました。私はこの時、つながるということの喜びを体験いたしました。そして、それをきっかけに、これまで全く触っていなかったFacebookを再開しました。

Facebookを通して多くの人とつながりができました。そして、なんと以前、私に主イエスの愛と恵みを紹介してくれたアメリカに住んでいます友人とも連絡を取り合うことができたのであります。約一五年も連絡が取れなくなっていましたので、とてもうれしく思いました。今は楽しみながら、パソコンの前に座り、つながった人々の言葉を読み、写真を見ています。人と人とのつながりがいかに大切であり、喜びであるかを体験しています。

本日の聖書は手紙であります。使徒パウロが獄中から書いた手紙であります。パウロは皆様も知っているように、多くの手紙を書きました。パウロが福音宣教者として歩んでいた時代に、もし、Facebookがあったとしたら、たぶん、私たちの想像もできないほど多くの人々とパウロはつながっていたのではないか、そう思いました。つながっている人々に、毎日、毎日、御言葉を発信しているパウロの姿を想像しても楽しいと思います。

そのFacebookという便利な道具は、心を通わせるだけではなく、心の通った相手に神の愛と恵み、また、慰めを伝える道具としても用いられます。最近こういうことがありました。アメリカの友人のお父様が召されたのであります。その時、神の慰め、励ましを心を込めて伝えました。友人は、お父様の写真も見せてくれました。その友人も遠い沖縄から慰めの言葉が送られてきたので、「本当に慰められた。神の愛によってつながっていることは大きな喜びであり、慰めだ、ありがとう」と語ってくれました。以前、インターネットがない時代、その友人と、何日もかけて手紙でやり取りをしていました。そのアメリカの友人は、私が大学生であった三二年前、絶望の中にいた私に、主イエスの愛を紹介してくれた恩人であります。引越や何やらで、居場所が分からなくなり、会話する方法を失っていましたが、しかし、Facebookを通して、またつながりが回復したのであります。そうです、愛の交わり、心の交わりが回復したのであります。

Facebookは現代の便利な手紙と語ることができると思います。その便利な手紙を通して、愛を確認し、心を通わせ、あるいは誤解を解き、祈る言葉を一つひとつ紡ぎ出し、手紙を書くのです。本日の聖書の箇所でありますフィリピの信徒への手紙もパウロがフィリピの教会に宛てた手紙であります。それも獄中から書いた手紙であります。主イエスのために投獄され、困難な状況に陥れられましたが、それでもなお互いに愛し合い、心を通わせている、そういうパウロとフィリピ教会のつながりの中で、手紙を書いたのであります。愛の手紙であります。その愛の手紙を通して、神の愛の深さを力強く語ると共に、フィリピ教会の兄弟姉妹が抱えている問題に対しても、どのように対処すべきかを語っている手紙であります。私たちも知っています。手紙を書く時、相手の顔を思い浮かべ、書くのではないでしょうか。手紙の内容が深ければ深いほど、はっきりとその人の顔、その人の言葉、そして、さまざまなその人との思い出の一つひとつを思い浮かべて書くのではないでしょうか。

パウロとフィリピ教会の兄弟姉妹との心のつながりは非常に深いものがありました。なぜならば、パウロは次のように語ります。「わたしは、あなたがたのことを思い起こす度に、わたしの神に感謝し、あなたがた一同のために祈る度に、いつも喜びをもって祈っています」（一・三—四）というように、パウロがフィリピ教会の兄弟姉妹のことを思い起こすと、そこに感謝があふれてきたのでありま す。心と心が深くつながっているのです。喜ぶ者と共に喜び、泣く者と共に泣く、という愛の交わりが、双方の心の絆となっていたのであります。

私たちの教会の交わりも、愛の交わりであると語ることができると思います。なぜならば、私たちの内に聖霊なる神がおられ、その聖霊なる神は、私たちが互いに愛に生きるように導くのであります。もし、私たちが愛に生きていない歩みをしているならば、また兄弟姉妹に対して心を閉ざしているならば、聖霊なる神が私たちの内に働かれ、私たちが愛と赦しに生きるように、悔い改めへと導くのであります。だから、私たちは兄弟姉妹を憎み続けることが、もうできなくなっている、そういう者へと変えられているのであります。そうです、私たちは神の似姿へと造り変えられ続けている者であり、神の愛に生きる者であります。

しかし、もし、その愛に生きる交わりの中で、ある兄弟姉妹が聖書の真理から遠く離れて、違った教えによって歩み、そして、愛の交わりをつくれないでいるならば、その時、私たちはその兄弟姉妹に対して、愛をもって、その誤りを聖書から正しく語らなければならない、そのように思います。間違ったままで歩んでいる姿を見て、それを間違っていると伝えずにいるならば、それは愛でもなんでもありません。そうです。本当に愛しているならば、「聖書はそう語っていないのではないでしょうか」と愛を込めて、相手の心に届くように語ると思います。そうです、その兄弟姉妹のために心から祈り続ける者として歩んでいると思います。

しかし、その違った教えに対する信仰の戦いは、私たちも知っているように簡単なことではなく、厳しい戦いであると思います。パウロは本日の聖書の箇所の少し前で次のように語りました。「あの犬どもに注意しなさい。よこしまな働き手たちに気をつけなさい。切り傷にすぎない割礼を持つ者たちを警戒しなさい」。厳しい言葉です。フィリピ教会の兄弟姉妹の信仰をどうしても守らなければならない、そのパウロの真剣さがこの言葉から伝わってくるようであります。この言葉からも分かるように、この時、フィリピ教会はユダヤ人キリスト者によって教会が混乱させられていました。そのように福音の真理を曲げて、教会の交わりを壊している者に対しては、厳しい言葉でパウロは叱責しているのであります。そのパウロの真剣さは、フィリピ教会の兄弟姉妹が福音の真理を正しく理解し、そして、霊的命を失ってはいけない、というフィリピ教会の兄弟姉妹に対するパウロの深い愛を感じさせられるのであります。

そして、パウロはフィリピ教会に違った教えを持ち込んできた人々に対して、「彼らは腹を神とし、恥ずべきものを誇りとし、この世のことしか考えていません」（一九節）と叱責するのです。つまり、フィリピ教会に入り込んできた違った教えは、ユダヤの慣習に従って異邦人キリスト者も生きなければならないと、教えていたようであります。その違った教えは、あからさまに違っていると判断できるような内容ではなかったのではないでしょうか。聖書を持ち出してきて、巧みにユダヤの慣習に従うように勧めていたと考えられます。だから油断してしまって、いつの間にか迷ってしまった、そう考えてもいいと思います。ガラテヤの信徒への手紙を見るならば、アンティオキア教会において、あのペトロでさえ、いつの間にか、知らず知らずのうちに、ユダヤの慣習に囚われて、そして、異邦人キリスト者にプレッシャーをかけるように歩んでしまった、ということが記されています。その違いを、なかなか見分けられない、そういう人が多かったのではないでしょうか。その当時の聖書は、旧約だけでありました。その聖書をキリストの光を通して読むことが求められた時代でありました。まだ、新約聖書が完成していない時代であります。フィリピ教会もパウロの教えを守りつつ、旧約聖書を読んでいたと考えられます。

そこにパウロの使徒としての立場を疑い、パウロのこれまで語ってきた教えと違った教えを語る者が教会に訪れてきたのであります。果たして何が正しいのか、その違いをどのようにフィリピ教会の兄弟姉妹が見分ければよいのか。その違った教えに迷わされないために、どのような信仰の眼をもって見分ければよいのでしょうか。

パウロは、フィリピ教会の兄弟姉妹に、その違った教えに対処するその方法を次のように語りました。

兄弟たち、皆一緒にわたしに倣う者となりなさい。あなたがたと同じように、わたしたちを模範として歩んでいる人々に目を向けなさい（一七節）。

パウロは、私を見なさい、そして、私に倣う者となりなさいと語ったのであります。ここで私は思いました。パウロはなぜ、「わたしに倣う者となりなさい」と語れたのであろうかと。私たちは弱さを持っています。人から良く見られていたとしても、自らの弱さは自分自身が知っています。聖霊の導きの中で神の愛を知れば知るほど、私たちは聖くなったと確信するのか。いや、そうではありません。信仰が増せば増すほど、自分の弱さに気づくのであります。神の愛のすばらしさを知れば知るほど、ただ神の恵みによって生かされているという自分の姿に気づくのであります。

パウロは、ローマの信徒への手紙で次のように語りました。「それで、善をなそうと思う自分には、いつも悪が付きまとっているという法則に気づきます。『内なる人』としては神の律法を喜んでいますが、わたしの五体にはもう一つの法則があって心の法則と戦い、わたしを、五体の内にある罪の法則のとりこにしているのが分かります。わたしはなんと惨めな人間なのでしょう。死に定められたこの体から、だれがわたしを救ってくれるでしょうか」（七・二二―二四）とパウロは、聖霊の働きを通して、神の聖さに触れ、そして、自分の本当の姿、そうです、自分の肉の弱さが見えてきたのであります。そして、その弱さのゆえに、徹底的に主によって生きるという歩みがパウロに導かれました。

また、パウロはテモテへの手紙一第一章一五節で次のようにも語りました。「『キリスト・イエスは、罪人を救うために世に来られた』という言葉は真実であり、そのまま受け入れるに値します。わたしは、その罪人の中で最たる者です」と語りました。そうです、パウロも、そして、私たちもそうですが、信仰が増し、神の愛と恵みの深さを知る時に、それと同時に、自分の弱さを知る者となるのであります。そして、ただ神の栄光を求める者へと変えられるのです。

その自分の弱さを自覚しているパウロが、「兄弟たち、皆一緒にわたしに倣う者となりなさい」と語ったのです。果たしてパウロはどういう意味で「わたしに倣う者となりなさい」と語ったのでしょうか。もし、私だったら、「わたしに倣う者となりなさい」とは言えないのではないかと思いました。皆様だったら、そう言えるでしょうか。自分をよく知っているのは、自分自身であります。また、聖霊によって本当の姿を教えられた私たちは、更に「わたしに倣う者となりなさい」と言えなくなっているのではないかと思ったのであります。では、パウロはここでどのような意味で、「わたしに倣う者となりなさい」と語ったのでしょうか。

フィリピの信徒への手紙は、パウロが獄中で執筆した手紙であります。その不自由であり、困難と思われる獄中の中で執筆された手紙でありますが、その四章しかない短い手紙ですが、実に「喜び」という言葉があちらこちらで語られています。たとえば、「そこで、あなたがたに幾らかでも、キリストによる励まし、愛の慰め、〝霊〟による交わり、それに慈しみや憐れみの心があるなら、同じ思いとなり、同じ愛を抱き、心を合わせ、思いを一つにして、わたしの喜びを満たしてください」（二・一―二）、また別の箇所では、「主において常に喜びなさい。重ねて言います。喜びなさい」（四・四）と語りました。主によって喜びなさいと、何度も、何度も折り重なるようにして、パウロは喜びを語ったのであります。

そして、その喜びとは、フィリピ教会の兄弟姉妹が心を合わせ、思いを合わせ、その愛の交わりの中で生きる、それがパウロの喜びであり、フィリピ教会の兄弟姉妹の喜びであるとパウロは語っているのであります。主イエスを信じる者に与えられる愛の交わりに生きる。それがパウロの喜びであります。フィリピと獄中、場所は違っていますが、主イエスを信じ、その信仰による心のつながりは、パウロの喜びでありました。そのように、いかなる環境の中でも、パウロは喜ぶことができるし、また、フィリピ教会の兄弟姉妹にも喜ぶことを薦めています。それでは、その喜びはどこから来るのでしょうか。それは、十字架の主イエスを見上げ続け、その主イエスの愛の姿を心に刻む、そこにパウロの喜びの源がありました。たとえそれが獄中であったとしても、変わらない喜びなのであります。

しかし、フィリピ教会を迷わせている人々は、十字架を見上げるという最も大切な信仰の姿を語っていませんでした。逆に十字架に敵対して歩んでいる者たちでありました。彼らは十字架を誇りとせず、腹を神とし、恥ずべきものを誇り、この世のことしか考えていない、そういう人々でした。そうです、彼らはこの世の喜びを何よりも求めている人々なのであります。その人々の行き着くところは永遠の滅びであります。そうパウロは断言します。そのユダヤ人キリスト者が、フィリピ教会の兄弟姉妹を迷わし、永遠の滅びに誘おうとしていたのであります。その姿を聴いて、そして、どうしてそのように迷わされたのか、という悲しみでパウロは涙を流していたのであります。そして、パウロはフィリピ教会の兄弟姉妹に、その真理の道、十字架の道からそれてはいけない、という熱い思いを持って語り続けます。

わたしたちの本国は天にあります。そこから主イエス・キリストが救い主として来られるのを、わたしたちは待っています（三・二〇）。

私たちの本国は、この地上ではない。そうではなく、天にあるのです。それゆえ、地上のことに望みを置くのではなく、天の本国に望みを置くようにパウロは語ります。そして、フィリピ教会の兄弟姉妹に語られている御言葉が、私たち、今、共に礼拝にあずかっている私たちにも響いてくる御言葉であります。そうです、天の国民として私たちはこの地上で生きているのであります。その天に主イエスがおられるのです。やがて、主イエスが再び天から救い主としてもう一度この地上に来られることを待っています。

獄中にいるパウロが再臨を待っているように、私たちも再臨を待っています。昨年T姉が病と闘い、ついに天に帰っていきました。亡くなる前、こう語っていました。「先に信仰を持って天に帰られた息子に会える。息子はイエス様と共にいて、痛みも苦しみもない天国にいるんだね。そのイエス様のもとに行ける。また息子に会える。先生、今、平安ですよ」。そう語っていました。そして、皆さんも知っているように安らかに天に帰っていきました。

私たちの本国は天にあるという信仰は、私たちのこの地上の歩みを平安に変えます。そして、再臨を待ち望む信仰は、私たちに揺るぎない希望を与えます。その希望を持って生きるのであります。たとえ獄中であろうと、何であろうと、その天の御国の約束と再臨の約束を握るならば、どんな境遇の中でも、揺るぎない平安が与えられるのであります。パウロだけではなく、私たちにも既に聖霊が与えられていますので、揺るぎない平安の中を歩む者として生きるのです。そのように聖書は語ります。

ともすると、ある方は、こう思う人もいるかもしれません。つまり、主イエスを信じていますけど、果たして、投獄され、拷問されるような目にあった時、本当に平安でいられるでしょうか。今でも苦難や困難に遭遇した時、動揺し、平安がないのに、自分は果たして本当に揺るぎない平安でいられるのであろうか、ましてやパウロのように喜べるだろうかと悩む人もいるかもしれません。しかし、聖書は次のように語ります。

　キリストは、万物を支配下に置くことさえできる力によって、わたしたちの卑しい体を、御自分の栄光ある体と同じ形に変えてくださるのです（三・二一）。

そうです、主イエスは万物を支配する力を持っておられるお方であると聖書は語ります。そのすべてを支配しておられる全知全能の偉大な神の力が弱さのゆえに悩んでしまう私たちに注がれているのです。そして、卑しい体の私たちを、主イエスと同じ栄光ある体に変えてくださるのであります。そのような希望が与えられて、私たちは生きているのです。その揺るぎない希望を持って生きるとき、この世のいかなる境遇の中でも、思い悩まない平安の道が開かれていくのです。
そのようにすべての歩み一つひとつを、主に委ねて生きている、それがパウロの姿であり、今、共に礼拝を献げている私たちの本当の姿であります。私たちの人生を神にお任せするのです。試練の時、困難の時も、これからのすべての歩みを主イエスにお任せし、信仰を持って歩むのであります。委ねるのです。パウロはフィリピ教会の兄弟姉妹に、ただ主イエスに望みを置いて生きるその自分の姿に、そういうすべてを神に委ねて生きる、その生き方に倣ってほしい、パウロはそう願っているのです。身も心もすべて主にお任せし、歩んでいるパウロのその姿に、そして、そのパウロの姿を模範として生きている人々に目を向けてほしい。その歩みをフィリピの兄弟姉妹も歩んでほしい、そうパウロは願っているのです。そのパウロの言葉が私たちの心にも語られています。私たちの心にも深く響いていると思います。
パウロはフィリピ教会の兄弟姉妹に次のような励ましの言葉を語ります。その励ましの言葉が、私たち今共に礼拝にあずかっている兄弟姉妹の心にも語られています。パウロは次のように語ります。

だから、わたしが愛し、慕っている兄弟たち、わたしの喜びであり、冠である愛する人たち、このように主によってしっかりと立ちなさい（四・一）。

神に愛され、その愛の中で生かされている者として、すべてを主に委ね、しっかり立ちつつ共に歩んでいきましょう。

（二〇一八年二月二五日　沖縄バプテスト連盟安慶名バプテスト教会礼拝説教）

福音の喜びに生きる教会

第四章二―七節

古屋治雄

わたしはエボディアに勧め、またシンティケに勧めます。主において同じ思いを抱きなさい。なお、真実の協力者よ、あなたにもお願いします。この二人の婦人を支えてあげてください。二人は、命の書に名を記されているクレメンスや他の協力者たちと力を合わせて、福音のためにわたしと共に戦ってくれたのです。主において常に喜びなさい。重ねて言います。喜びなさい。あなたがたの広い心がすべての人に知られるようになさい。主はすぐ近くにおられます。どんなことでも、思い煩うのはやめなさい。何事につけ、感謝を込めて祈りと願いをささげ、求めているものを神に打ち明けなさい。そうすれば、あらゆる人知を超える神の平和が、あなたがたの心と考えとをキリスト・イエスによって守るでしょう。

（フィリピの信徒への手紙第四章二―七節）

二月を迎え私たちは教会の年度のまとめと同時に新しい年度の準備をする時期に入ってきました。主日礼拝を中心に私たちの教会の活動がなされてきました。またそこから長老会をはじめ、各部会や委員会のまとめをし、新しい展望に立ちたいと願っているところです。これまで教会のいろいろな奉仕に共に協力することができたことを主に感謝し、また新たな奉仕者が与えられるよう願っています。そのような折に私たちはフィリピの信徒への手紙から御言葉が与えられています。使徒パウロは第二回伝道旅行でアジアから今日で言うとヨーロッパになるマケドニアに足を延ばして伝道し、ローマ帝国の要衝であったフィリピにも教会が生まれました。以後パウロにとってこのフィリピの教会は大事な教会の一つとしていつもこころの中に思い起こされていました。この手紙の冒頭にはこう語られていました。「あなたがた一同のために祈る度に、いつも喜びをもって祈っています」（一・四）。

パウロは伝道者としての生涯の中でフィリピの教会の人々をこころにかけ、その動向にはいつも関心を寄せていました。現在私たちは聖書の御言葉としてフィリピの信徒への手紙を与えられていますが、このかたちは実はパウロによる一回の書き下ろしではなく、三回ほどの手紙が寄せ合わせられたものであることが分かっています。

先ほどの一章四節に示されているように、パウロとフィリピの教会の人々は強い信頼関係に結ばれていました。しかし、そのことはフィリピの教会にまったく問題がなかったということではありません。地上の教会は聖書の時代であっても今日であっても、一つは外側から大きな挑戦を受けるものであり、他方教会の内側においてもいつもしっかり福音に結ばれて歩んでいるかと言うと決してそうではないことを私たちは経験しています。ちなみに三章二節を見ると、フィリピの教会の人々にとってユダヤ教的背景を強くもった人々がいて外側から攻勢をかけ、だんだん教会本体にも影響を及ぼしていたことがうかがわれます。

今日与えられている四章二節以下は、外側から教会への挑戦ではなく、教会内部に抜き差しならぬ問題が起こったことが伝えられています。

現在は遠く離れている人とも瞬時に連絡を交わすことができますが、パウロの時代はそうではありませんでした。パウロがエフェソで獄中にありながらもフィリピの教会の動向が耳に入り、心配のあまりこの手紙を書いたことが分かっています。

ここに取り上げられている事情とは、教会のエボディアという女性とシンティケという女性が引き起こしていたことでした。この女性たちの対立が、二人の個人的なことにとどまらず、フィリピの教会全体を揺るがす事態になっていました。具体的にどういう原因があったのか、両者の主張がそれぞれどうであったかは定かではありません。

私たちの個人的な経験でも、また教会での経験でも、一度対立関係が生まれてしまうとそのことを克服していくことは難しく長く尾を引いてしまうことを知っています。パウロはここで「エボディアに勧め、またシンティケに勧めます。主において同じ思いを抱きなさい」と、個人名をはっきり出しそれぞれ二人に「勧めます」と重ねて呼びかけています。

主イエスはマタイによる福音書で、教会内で問題を起こした者に対しては、まず「二人だけのところで忠告しなさい」（一八・一五）と、限られたところで話すように言われました。しかしパウロはここで実名を出し、教会の中で広く公に読まれるであろうことを前提にしてこのように勧告しているのです。パウロの中には二人のことが公に取り上げられ皆に知られるようになることへの躊躇はありません。もし少しでも躊躇する思いがあったならば、このような取り上げ方はしなかったでしょう。パウロのこの判断は、フィリピの教会全体に対する信頼があったから、そうしたと思われます。また二人の婦人たちに人間的な度量の広さを発揮して折り合いをつけるように勧めたのではありません。ここで見落としがちですが「主にあって」という言葉を語っています。教会に結ばれている者は誰でも主イエスに結ばれた者なのです。それぞれ主に結ばれた者が招かれて一つの群れとされているのです。既に二章一―四節でフィリピの教会の人々に呼びかけていました。「そこで、あなたがたに幾らかでも、キリストによる励まし、愛の慰め、〝霊〟による交わり、それに慈しみや憐れみの心があるなら、同じ思いとなり、同じ愛を抱き、心を合わせ、思いを一つにして、わたしの喜びを満たしてください。何事も利己心や虚栄心からするのではなく、へりくだって、互いに相手を自分よりも優れた者と考え、めいめい自分のことだけでなく、他人のことにも注意を払いなさい」。

この箇所に続いてパウロは「キリスト賛歌」(二・六―一一)を導入し、私たちを結んでくださったキリストご自身が、へりくだって僕のかたちをとり、十字架の死に至るまで従順を示されたことを語らずにはいられなかったのです。このキリストによって私たちは皆一つの群れとされたのですから、私たちはキリストを模範として教会生活を送ることができるのです。

パウロの勧告の続きを見ると、二人の婦人たちのみを当事者とするのではなく、「真実の協力者よ」と別な一人にも呼びかけています。この「協力者」とは「共に軛を負う者」という意味があります。ここでの話の流れからこの人の名前がそうであったのではないかという人もいますが、おそらくフィリピの教会で指導的立場にあった人がここに呼び出されているものと思われます。

私たちは教会の中に激しい対立が起こってしまうとどう対処したらよいか苦慮します。時には判断を誤って片方だけに味方し、他方が教会にいることができずに去っていくこともなくはありません。「教会も人間集団であり、それ以上のものではない」と言われてしまい、返す言葉に窮することもあります。

パウロはここでそういう対処はしていません。当事者である二人の婦人たちに対しても、主にあっては同じ思いに立つことができる、と確信していますし、指導的な立場にある人が積極的に介入することを求めています。「真実の協力者よ」と呼びかけているのは、教会には問題を解きほぐすことができる本当の道筋があることをパウロは知っているからです。それは、キリストがお示しくださった真実に源があり、そこから本来的な役割が示されてくるのです。それゆえに教会で問題を抱え、問題を起こしていても渦中にある者を「助けてあげる」（三節、口語訳）ことができるのです。

私たちは礼拝のたびごとに使徒信条を告白しています。その末部で「（我は）教会を信ず」と告白します。ここでの「教会」は、直接的には公同の教会、つまり目に見ることはできない、まことの一つにして聖なる使徒的な教会を指しています。しかしその教会に地上に建てられている具体的な教会、私たちの教会が結ばれているのです。私たちの教会が公同教会につながる教会として結ばれているのです。公同教会は信じることができるけれども、今私たちが連なっている教会を信じることができないならば、私たちが教会に結ばれていることはむなしいことになってしまうでしょう。

教会に結ばれている者は、主に結ばれているがゆえに対立関係に陥っても一つとなることができ、キリストによって注がれた真実を受け入れているがゆえに福音から離れてしまっていても助け出してもらうことができるのです。

三節以降の勧告の言葉からパウロは、渦中の二人の婦人たちを今陥っている現状の中に見ていないことに気づかされます。フィリピの教会を支配しているのはキリストの福音であり、同信の者たちは皆キリストの贖いの恵みが支配している、「命の書に名を記されている」者たちである、とパウロは断言して譲らないのです。

信仰を与えられ洗礼を受けた者は、試練に遭い福音の恵みから迷い出すことがあっても、私たちを贖い取ってくださった方が、神様のご支配とは別のところに連れ去られてしまうことをお許しにならないのです。ここに登場している二人の婦人たちもかつてパウロと共に福音のために戦い、その戦いに負けてしまうことなく、はっきりと福音の力が勝利したことを身をもって体験した二人なのです。

二人への具体的な勧告から始まったこの箇所ですが、この手紙は教会全体に向けて発信された公の手紙であり、教会の人々全体に向けられていることが見て取れます。そして全体への呼びかけが喜びへの招きとなっています。二章三節の言葉を見てきましたが、続く四—七節の部分は喜びへの招きとなっています。

主において常に喜びなさい。重ねて言います。喜びなさい。

この三節から四節への進み具合は、不思議な展開に見えてきます。二人の婦人の対立に端を発した具体的な問題への勧告から教会全体に喜びなさい、とパウロは呼びかけているのです。

パウロが諸教会に喜びなさい、と勧告している箇所は他にも見られます。「いつも喜んでいなさい。絶えず祈りなさい」。これはテサロニケの信徒への手紙一の末尾のパウロの勧告です。ここでは教会の問題を指摘してその続きでこのように呼びかけているのではありません。手紙の結びとして喜びが語られていて、私たちには自然な流れに思えます。

これに比べて、ここでは具体的勧告に続いて喜びなさいと語られているのです。フィリピの教会の人々の中で、二人の婦人が起こしている問題をどれだけの人たちが知っていたのでしょう。正確なところは分かりませんが、パウロはこの事態を決して教会の中で小さなごく一部のこととは受け止めていなかったと思われます。たとえ一部の問題であっても教会全体に影を落としている事態だ、とパウロは見ているのです。そしてパウロは教会の中に福音に生きる喜びが失われていると感じ取ったゆえに、喜びなさいとの勧告を続けているものと思われます。

信仰生活を喜びのうちに送りたいと私たちは願っています。そのように実現できていると思える時もありますが、それどころではない……という時もあります。具体的生活の中で嬉しいことがたくさんあり、神様に感謝する思いに満たされている時もありますが、毎日、毎週そうであるわけではありません。嬉しいことに囲まれている時は喜べるけれども、そうでない時は喜べないのが私たちの実感です。

パウロは二節でもそうでしたがここでも「主において」と呼びかけています。主の教会に結ばれている私たちは、個人的につらい経験をしなければならない時も、寂しい時も、教会が混乱に包まれてしまう中にあっても、そのただ中に主が働いてくださるのです。私たちは決して放り出されてはいません。主イエスに結ばれた者は主御自身がその者のために働いてくださるのです。個人的なことについてそうであるだけではなく、いやむしろ主は教会の群れの中に働いてくださるのです。五節でパウロは「あなたがたの広い心がすべての人に知られるように」と呼びかけています。主に結ばれている喜びが教会の中に生まれるとそこから困難な事柄にも忍耐して臨むことのできる心の広さ、言い換えると寛容（口語訳）や温和さ（佐竹明）が与えられるのです。

パウロはフィリピの教会が主の教会として立てられていることを信じ、そして喜びました。そのことはこの手紙の冒頭部分に既にはっきり語られ伝えられています。

「わたしは、あなたがたのことを思い起こす度に、わたしの神に感謝し、あなたがた一同のために祈る度に、いつも喜びをもって祈っています。それは、あなたがたが最初の日から今日まで、福音にあずかっているからです。あなたがたの中で善い業を始められた方が、キリスト・イエスの日までに、その業を成し遂げてくださると、わたしは確信しています」（一・三―六）。

私たちは教会の日常に触れているとどうしても具体的なことに心奪われ、教会がそもそも「神が御子の血によって御自分のものとなさった神の教会」（使二〇・二八）であることを見失ってしまいます。パウロはフィリピの教会に対して、決して小さいとは言えない教会の問題を具体的に取り上げながら、確かな希望につながる展望を語っています。この言葉は二〇〇〇年経過してなお福音を宣教する使命を与えられている、私たちの教会にも同じように与えられている希望です。

私たちの教会は年度の節目を迎える中で毎年二月一一日を創立記念日として与えられています。一

フィリピの信徒への手紙第４章２－７節

月末には例年のように水曜日の祈禱会で教会の草創の歴史を振り返りました。草創期だけでなく、その後もいくつかの危機を迎えながらも主の憐れみによって教会の歴史が支えられ今日までその歩みを続けることができました。パウロがフィリピの教会の人々に「あらゆる人知を超える神の平和が、あなたがたの心と考えとをキリスト・イエスによって守るでしょう」と呼びかけている七節の言葉は、私たちの教会をはじめすべての地上に建てられている主の教会がその歴史を回顧するときに心から感謝をもって告白することのできる言葉です。

私たちの教会は今、新年度に向けての準備に入っています。皆が一つとなって具体的な教会の態勢を整えていかなければなりません。私たちの教会も諸教会と共にキリストが現してくださった福音に生きる喜びに招かれています。そしてその歩みは決して徒労に終わることなく、「あなたがたの中で善い業を始められた方が、キリスト・イエスの日までに、その業を成し遂げてくださる」（一・六）、その希望に向かっています。

私たちの教会を建て、福音に生きる喜びの中に完成へと導いてくださる主を見上げながら新たな歩みに進みましょう。

（未発表）

第四章八—九節

こころの底から新たにされて

徳田宣義

終わりに、兄弟たち、すべて真実なこと、すべて気高いこと、すべて正しいこと、すべて清いこと、すべて愛すべきこと、すべて名誉なことを、また、徳や称賛に値することがあれば、それを心に留めなさい。わたしから学んだこと、受けたこと、わたしについて聞いたこと、見たことを実行しなさい。そうすれば、平和の神はあなたがたと共におられます。

（フィリピの信徒への手紙第四章八—九節）

こころの底から新たにされて

「終わりに」と始まるこの箇所について、フィリピ教会に宛てた伝道者パウロの遺言とまでいう人があります。遺言には、どうしても伝えたい大切な事柄を記すものです。そうすると、フィリピ教会の設立に関わったパウロが、フィリピ教会の人びとに、どうしてもこれだけは、分かってもらいたいと思っていることがここにあると、私たちは受け止めることができると思うのです。今朝、私たちが、み言葉として聴こうとしていますのは、そのようなまことに真剣な手紙です。そこに記されている言葉を、皆様と共に神の言葉として聴きたいと心から願っています。

フィリピ教会の設立に関わりましたパウロは、ローマを目指して、エグナティア街道というところに沿ってテサロニケに向かったと言われています。フィリピ教会は、テサロニケにおいて活動していたパウロを支え、エフェソで投獄された時も使者を遣わして援助を届けました。このように大変親しい関係がありましたので、フィリピ教会の状況は、パウロにも届いていました。その状況に宛てて記したものの一部が、今朝私たちに与えられている聖書の箇所です。

パウロが去った後、フィリピ教会に、ユダヤ人キリスト者である巡回伝道者たちがやってきました。三章から分かることですが、救いの出来事としての十字架を否定している福音に反する人びとです。彼らは、フィリピ教会の人びとに割礼を要求し、割礼を受けていない多くの教会員を、軽蔑していました。この巡回伝道者たちによって、教会は混乱し、不安の中にありました。

では、フィリピという町は、どういうところなのだろうか、そう思いまして私は調べてみたのです。そうするとギリシア、ローマ、エジプト、シリア、アナトリアの諸宗教が互いに影響し合い、それらが混ざり合った宗教があり、また皇帝礼拝の遺跡や碑文がたくさん残されている、そういう地域であることが分かりました。

また、フィリピは、ローマ軍を除隊した老兵たちが定住していた町で、ローマ軍と関わりの深い土地であることも知ることができました。このように教会は、福音とは異なるものに囲まれていたのです。フィリピ教会は、異教の社会の中に建てられた小さな教会です。信仰を持って生きる。そこには本当に苦労があったと思います。この国で、キリスト者として生きる私たちと、見事に重なるのです。

キリスト者として、他の考えを持つ多くの人と共に生きる、そこに課題があるとパウロは見抜いているのです。

パウロは、これまで、教会の中のことについて、丁寧に助言を与えてきましたが、今日の箇所では、特に、キリスト者としてどう生きたらいいかということを、教会の一人一人の顔を思い浮かべながら語り始めます。いやフィリピ教会に、パウロを通して、神が言葉をくださったのです。それだけではありません。今、ここにおられる皆さんにも、パウロを通して、神が言葉をくださいます。その最初の節を、改めて朗読いたします。

終わりに、兄弟たち、すべて真実なこと、すべて気高いこと、すべて正しいこと、すべて清いこと、すべて愛すべきこと、すべて名誉なことを、また、徳や称賛に値することがあれば、それを心に留めなさい（八節）。

ここに並べられている徳目について、聖書学者たちが口を揃えるようにして、当時のギリシア社会において重んじられていた倫理の言葉だと説明しています。皆さんも、気がつかれたかもしれません。一つひとつの言葉に、わざわざ「すべて」と記されているのです。「すべて」とつけることで、一般的な社会で語られている言葉であることが強調されているのです。福音に根差す言葉ではありません。そうすると、なぜパウロが、一般社会で語られる良き生き方を示す言葉を並べているのかという、謎が残ります。どうして、教会の教えとして聖書に残されているのでしょうか。皆さんは、どのようにお考えになるでしょうか。

フィリピの信徒への手紙第４章８－９節

福音に反するユダヤ人キリスト者といわれる巡回伝道者が、フィリピ教会の人びとを軽蔑していたことを、先ほど少しお話ししました。パウロは、伝道者として教会を守るために、この問題と戦いました。しかし、パウロは、もういません。フィリピ教会の人びとは、この戦いを自分たちで戦わなくではなりません。軽んじられていたフィリピ教会の人びととです。しかしながら、彼らが、教会の建物から出て生活をするときに、多様な考えが満ちている社会で、市民道徳に生きている人びとを見下すことが起こっていたのです。ですから、パウロは、市民道徳の言葉を、一つひとつ並べながら「心に留めなさい」と戒めを語るのです。

皆さんの中に、戸惑われる方があるかもしれません。私も、正直に告白いたします。今朝の聖書の箇所に出会って、八節が市民道徳の言葉であると知って、私は立ち止まってしまいました。しかし、どうこの箇所を読んでみても、神の言葉の僕であるパウロ、福音に命をかけたパウロ、そのパウロが、市民道徳を心に留めなさいと言っているのです。

私は、いろいろなことを考える中で、この世にあって、しかしキリスト者として生きたドイツのかつての大統領ヴァイツゼッカーという人のことを思い起こしていました。政治と信仰とが分離することのなかった政治家として、よく知られている人物です。この人から何かヒントを得ることができないだろうか。そう思いまして、皆さんの多くもご存知であると思いますが神学者・加藤常昭先生が、お書きになった本を思い出しました。清水書院から発行されている『ヴァイツゼッカー』という本です。

この本の中に、ヴァイツゼッカーが社会主義国家を批判し、同時に西ドイツの状況に対しても批判的な目を向けているところがあります。その文脈の中で、キリスト者の課題が論じられている箇所があるのです。そのことを詳しくお伝えする時間はありません。しかし、今日私たちに与えられた聖書箇所、特に八節に関する大きなヒントが、ここにあると私は感じたのです。

ヴァイツゼッカーは、こう言うのです。

「キリスト者は、他の人びとよりも賢いわけではなく、またより道徳的というわけでもありません。ただ、キリスト者であるがゆえに、われわれが知っていること、それは、人間は誰でも過ちを犯し、罪を負うものだということであります。人間は罪に墜ち、危険な存在となり、破壊的な働きをさえなし得るのです。われわれは、自分自身に対しても他者に対しても守らなければなりません。義が働いて、秩序を整えてくれることを頼りにせざるを得ないのです。社会的倫理、規則・規範なしで、人間が平和に生きることは不可能です。まさしく平和のためにこそ、共に生きるための諸制度を必要とします。それがないと混沌に身を任せることになってしまうでしょう」（加藤常昭『ヴァイツゼッカー』清水書院、一九九二年、一六四頁）。

ヴァイツゼッカーは、このように語りながら国家の重要性を説いていくのですが、大切なのは、社会的倫理なしで、多様な人びとが平和に生きることは不可能であり、平和のためにこそ、共に生きる諸制度を必要としているという視点です。強い人は、国家の保護を必要としません。しかし、強い人も弱い人もいるのが、この世界です。私たちにとって、国家というとあまりにも大きなことになるのかもしれませんが、しかし、市民道徳があるから、多様な考えがある中で、多くの人が平和に生きられるということも考えられると思うのです。

フィリピ教会には、人を蔑視する問題がありました。巡回伝道者は、フィリピ教会の人びとを馬鹿にし、フィリピの教会の人びとは、神の救い、神の愛を知らない教会の外の人びとの生き方を軽んじていました。

しかし、私は思いました。キリスト者だけが特別優れているのだろうか。キリスト者だけが、この世の問題を解決できるのだろうか。私たちも、新聞やテレビが伝えるニュースを見て、王のように批判し、問題を論じる。自分の正しさに思い高ぶることがある。この社会も、この世界も間違っている。自分だけは正しいという傲慢の罪にとらわれてしまう。私たちキリスト者も、自分たちが正しいと主張するところから抜け出せないのです。罪は、人との関係を壊す力であることを、私は思わずにおれなくなりました。

そして、ハッとしました。よく考えてみれば、教会の中にも主イエスを悲しませるような争いがあるのです。教会に生きていれば、理想的な生き方が自然にできるのかといえば、そうではないのです。フィリピ教会がまさにそうでした。教会の外の世界を嘆いてみながら、教会には依然として争いがあります。フィリピ教会の現実は、そうか、私たちの現代の教会と地続きなのだ。私は、そのことに気がつかされたのです。

神は、フィリピ教会の神でいらっしゃるだけではありません。皆さんの町の、また私の住んでいる町の一握りのキリスト者のためだけの神ではありません。そんな小さなお方ではない。天地を造られ、全人類の支配者でいらっしゃる。そこで、キリスト者だけにすべての解決の道をお示しになっているのではないのです。主イエスを信じると告白していない人であっても、神の御心がこの世に実現にするために用いられる人もあることでしょう。それを、フィリピ教会の人びとも、私たちも軽んじない方がよいのです。私たちが救われて、解き放たれて、しかし、愛や正義に対して潔癖になって、世を見下していると、力を合わせないとならないところで、キリスト者が孤立してしまうのです。

神のパートナーとして、隣人のパートナーになる。私たちに与えられた賜物を尽くして神に仕え、世に仕える。それを心に留め、心の向きを変えなさいとパウロは悔い改めを求めているのです。それがパウロの語りたかったことなのです。

より良く生きようとする人々の生き方を軽んじてはいけない。確かにそうなのです。私たちの生活は、キリスト者でない多くの人びとの善意によって支えられているからです。

先日、広島に住む元保護司の方で、貧しい子供たちのために食事を提供し続けている人の働きをＮＨＫが放送していました。市営住宅の自宅で、三〇年以上、貧しい少年たちのために、無償で食事を提供されているのです。そのひとつのきっかけとなった出来事が、やはりありました。保護司をされていたころ、ある一人の少年を担当した。シンナーを吸うお金が欲しかったので空き巣をして少年院に入っていたのです。何度注意してもシンナーを止めない。その理由を聞くと、お腹が減ったのを忘れるためだと、その少年は言いました。それから、この方は、少年に食事を作ってあげるようになりました。その少年は立ち直り、同じ境遇の友人たちを、この方のところに連れてくるようになりました。親が暴力団員の子、親が刑務所に入っている子、親が薬物依存の子、貧困家庭の子、皆、食事に飢え、愛情に飢えていたのです。

お腹が一杯だと、短気を起こさない。気持ちが落ち着く。万引きをしなくなる。犯罪を思い留まる。この元保護司の方は、少年たちとの関わりを通して、そのことを実感するようになり、子供たちに自宅を自由に出入りさせ、食事を提供し続け、その輪が広がっていき広島市から援助を受けられるようにまでなりました。私は、このことに感銘を受けまして、この方のことが記されている本を二冊続けて読みました。キリスト者ではありませんけれども、本当にすばらしい働きをされている。

私たちがお世話になっている教育、医療、介護、安全、交通さまざまな分野にキリスト者でない人々が献身的に関わっています。キリスト者だけの善意に頼って生きることは、日本だけでなく、どの国であっても不可能であると言えるでしょう。パウロは、本当に広やかな心で、そのような人々の生き方を支える市民道徳を心に留めなさいというのです。

それだけではありません。パウロには、ちゃんと分かっているのです。この市民道徳にさえ、私たちは挫折することを。このとおりに行えないことを。平和をもたらそうとして、平和を遠ざけてしまうことを。だからこそ、パウロは言葉を続けます。九節です。

わたしから学んだこと、受けたこと、わたしについて聞いたこと、見たことを実行しなさい。そうすれば、平和の神はあなたがたと共におられます。

フィリピの信徒への手紙第４章８－９節

市民道徳を心に留めて生きているパウロが、パウロから学んだこと、受けたこと、パウロについて聞いたこと、見たことを実行しなさい。そういうのです。

「学んだこと、受けたこと」という言葉は、教会の伝承と関わる特別な言葉です。教会の伝承というと、聞き慣れない言葉であるかもしれません。新約聖書が編纂される前、人々の信仰と生活の規範となっていたもののことです。パウロ自身、教会の伝承から学び、それを受け、信仰に生きるとはどういうことであるのかを体で覚えました。

伝道者パウロは、もうフィリピ教会にいません。しかし、どうか共にいた時のことを思い起こしてほしい。私から学んだこと、受けたこと、聞いたこと、見たこと、そのことを実行してほしい。「そうすれば、平和の神はあなたがたと共におられます」とパウロは語るのです。

平和の神が共にいてくださる。そのために主イエスの十字架と復活があることを思わずにおれません。この恵みが、私たち一人一人の罪に気付かせてくれます。今、私はかつてのパウロの姿を思い起こしています。神は、パウロの敬虔さをまとった罪をあばかれたことがありました。パウロも、私たちも神の前に誇れるものは何もないのです。私のために、皆さんのために、皆さんの周りの人のために、主イエスは、十字架にかかられ、私たちの罪の裁きの身代わりとなってくださいました。そのことを知るとき、皆さんも頷いてくださると信じます。自分の命も、周りの人のことも大切にせずにおれなくなるのです。

救われたことを知るとき、この世の歩みを重んじることを知らされます。神が働かれる場所は、教会だけではありません。世界も社会も、教会とは異なった仕方ですが、神の働かれる場所に違いないのです。私たちも、神が造られた世界の中にある市民社会に対して、責任的に加わることができます。福音に押し出されて生きることは、市民的な徳と対決することではありません。逸脱したときに、建設的な批判者として市民的な徳と共に歩むことができる、パウロは私たちにそう語るのです。

そして、先ほどのヴァイツゼッカーも、また語っていました。

「国家に身を向けるということは、しかし、国家をあるがままに受け入れるということではありません。われわれは、愛の基準にふさわしい社会的秩序が作られるために踏み込んでいく責任を持ち続けているのです」（前掲書、一六四―一六五頁）。

道徳を支えているのは、人間の思いです。それだけに、ひとつ気にかかっていることが、皆さんにもあると思います。一般の徳目には、決定的な何かが欠けているということです。気がついている方もおられることでしょう。それは神の名です。

フィリピ教会は、ローマ軍の力、ギリシアの哲学と道徳、いろいろなものが混ざり合った宗教、そして教会の中には、敵対者が入り込んでいました。パウロは、いつでも殉教を覚悟していました。パウロと同じ戦いを戦っているフィリピ教会への、ユダヤ人キリスト者の迫害も厳しいものであったことでしょう。徳目は、良き生き方を問うことができたとしても、そこでフィリピ教会の人びとの感じる不安、死の問題を解決することは、どうしたってできないのです。なぜなら、「平和の神はあなたがたと共におられます」という出来事は、徳目を守るだけでは起こらないからです。

ローマ軍の力も、ギリシアの道徳も、「平和の神はあなたがたと共におられます」という約束を与えることはできません。だからこそ、パウロは九節で「わたしから学んだこと、受けたこと、わたしについて聞いたこと、見たことを実行しなさい。そうすれば、平和の神はあなたがたと共におられます」と語っていたのです。

先日、日曜学校の礼拝前のことでしたが、小学五年生の女の子が、受付にいた私に大きな封筒を手渡してくれました。封筒の中には、女の子が通う学校の宗教センターが発行している冊子が入っていました。「お母さんのことを書いたので読んでください」と私のところへ持ってきてくれたのです。

そこには、この女の子と一緒に何年も一緒に日曜学校の礼拝に出席されていたお母様のことが書いてありました。治ることのない病にかかり、八回入退院を繰り返されたこと。亡くなる四日前に、私と教会の長老が病院へうかがい洗礼入会式が執り行われたこと。そして、数日後、幸せそうに、天に召されたことが記されていました。

「わたしから学んだこと、受けたこと、わたしについて聞いたこと、見たことを実行しなさい。そうすれば、平和の神はあなたがたと共におられます」。このパウロの言葉は、洗礼入会式が執り行われた病室において、本当の出来事となりました。パウロがその存在をかけて伝え語った福音。その福音を信じる。そのことを実行した。そこに平和の神が共にいてくださったのです。お母様の表情から、平和の神はあなたがたと共におられるという言葉が、小学五年生の女の子にも、本当のことになったと分かったのです。だからこそ、悲しみの中で、それに耐えながら、「数日後、母はとても幸せそうに、天に召されました」と記したのです。

この五年生の女の子は、お母様から「あなたも、洗礼を受けてね」、そして「幸せにね」という一言によって、いや遺言によって、自分も洗礼を受けたことを記しています。「平和の神はあなたがたと共におられます」。この祝福にあずかりながら、この後の人生を歩んでいってほしい。心からの祈りを、女の子のお母様は、五年生のお子さんに伝え、平和の神がその祈りに応えてくださったのです。

フィリピの信徒への手紙第４章８－９節

パウロも、フィリピ教会の人びとも巡回伝道者の心と戦いました。人を見下す心。人との関係を壊す心。それが巡回伝道者根性です。しかし、神は、自らの豊かさを超えて、恵みを分かち合ってくださるお方です。主イエスというお方が、その証拠です。ですから、パウロが伝える平和の神が共におられる人生は、破壊的な人生ではありません。神のパートナーとして、隣人のパートナーとなる人生です。平和を分かち合う存在として、まず私たちを平和の中に導き入れてくださるのです。この礼拝が、その一つのしるしです。「平和の神はあなたがたと共におられます」。この言葉は、もともと教会の礼拝の祝福の言葉であったと言われているからです。

「平和の神はあなたがたと共におられます」。このことを、無牧の教会に連なる皆さんに告げるために、私は神に遣わされてきました。そのことを今、皆さんの前に立ちながらしみじみ思っています。平和の神が共におられる人生。ここにおられるお一人お一人の本当の人生です。こんな幸いは他にはありません。ここにおられるお一人お一人が、人生の最後を迎えるときまで、この恵みの中に生かされますように。皆さまが献げ続ける礼拝に、平和の神が共にいてくださいますように。

（二〇一八年二月二五日　日本基督教団玉川教会主日礼拝説教）

第四章一〇―一四節

キリスト者は生きる秘訣を知っています

加藤常昭

ダビデの詩、マスキール。

いかに幸いなことでしょう
背きを赦され、罪を覆っていただいた者は。
いかに幸いなことでしょう
主に咎を数えられず、心に欺きのない人は。
わたしは黙し続けて
絶え間ない呻きに骨まで朽ち果てました。
御手は昼も夜もわたしの上に重く
わたしの力は
夏の日照りにあって衰え果てました。〔セラ
わたしは罪をあなたに示し
咎を隠しませんでした。

フィリピの信徒への手紙第４章10－14節

わたしは言いました
「主にわたしの背きを告白しよう」と。
そのとき、あなたはわたしの罪と過ちを
赦してくださいました。　〔セラ

あなたの慈しみに生きる人は皆
あなたを見いだしうる間にあなたに祈ります。
大水が溢れ流れるときにも
その人に及ぶことは決してありません。
あなたはわたしの隠れが。
苦難から守ってくださる方。
救いの喜びをもって
わたしを囲んでくださる方。　〔セラ

わたしはあなたを目覚めさせ
行くべき道を教えよう。
あなたの上に目を注ぎ、勧めを与えよう。
分別のない馬やらばのようにふるまうな。
それはくつわと手綱で動きを抑えねばならない。
そのようなものをあなたに近づけるな。

神に逆らう者は悩みが多く
主に信頼する者は慈しみに囲まれる。
神に従う人よ、主によって喜び躍れ。
すべて心の正しい人よ、喜びの声をあげよ。
（詩編第三二篇一一節）

さて、あなたがたがわたしへの心遣いを、ついにまた表してくれたことを、わたしは主において非常に喜びました。今までは思いはあっても、それを表す機会がなかったのでしょう。物欲しさにこう言っているのではありません。わたしは、自分の置かれた境遇に満足することを習い覚えたのです。貧しく暮らすすべも、豊かに暮らすすべも知っています。満腹していても、空腹であっても、物が有り余っていても不足していても、いついかなる場合にも対処する秘訣を授かっています。わたしを強めてくださる方のお陰で、わたしにはすべてが可能です。それにしても、あなたがたは、よくわたしと苦しみを共にしてくれました。
（フィリピの信徒への手紙第四章一〇―一四節）

キリスト者は生きる秘訣を知っています

この手紙は使徒パウロの手紙です。各地を訪ね、福音を語り、伝道し、教会の群れを形作り、一所懸命働いた教会の指導者であったひとの手紙です。ギリシアにあるフィリピの土地に教会を建設したのちにも、その教会を愛しました。必要ならば手紙を書きました。何通も書きました。パウロ先生から手紙が届くと、集会で、礼拝の席で皆に朗読して聞かせたでしょう。それも一度ならず、繰り返して朗読されたかもしれません。今先生は、捕らえられています。獄中にあります。それだけに、どのように生きておられるか、心配していました。思いがけないほどの喜びに満ちた手紙が届きました。そこでパウロがどのように生きているか、その息吹を感じ取ります。パウロ先生の信仰の鼓動を感じます。その鼓動は、二〇〇〇年の時を経て、日本の地で、それを読む私どもにも伝わります。私どもをも生かします。

今、パウロ先生は獄中にあります。福音を伝えたから権力者に捕らえられていたのです。第二章二五節以下を読むと、フィリピの教会の仲間であったエパフロディトが教会からの贈り物を持ってパウロを訪ね、そこで病気になって帰れなくなったことが分かります。獄中にある先生が困っているだろうと差し入れを持って行ったのでしょう。何を持って行ったかは分かりません。食べ物であったか、衣服であったか、とにかく、生活に困っているだろうと心配したのです。役には立ったようです。

先ほど朗読した言葉、これには、例えば、この新共同訳では「贈り物への感謝」という小見出しがついています。見出しをつけるひとは、皆そうします。ここには差し入れをしてくれた教会の人びとに感謝の言葉が記されているとする解説は多いのです。しかし、普通ならば、感謝であるならば書くべきであるフィリピの信徒たちへのお礼の言葉は書かれておりません。「差し入れてくれてありがとう」という言葉はないのです。こう書いただけです。

さて、あなたがたがわたしへの心遣いを、ついにまた表してくれたことを、わたしは主において非常に喜びました。今までは思いはあっても、それを表す機会がなかったのでしょう（一〇節）。

面白い表現です。原文のギリシア語では言葉の並び方が違います。書き始めが既に違います。原文に即して訳すとこうなります。「ところで、私は喜びました。主にあって、大いに！」。喜んだ、とても嬉しかった。そう書き始めました。もちろん、フィリピの教会からの贈り物が届いたからです。手紙の朗読を聴きながら、この言葉を耳にした時、教会員は顔を見合わせて、ああ、よかった！　喜んでいただいたのだ、と自分たちも喜んだでしょう。そんなに喜んでいただいたのか。そう思って聴いてくれた時、パウロの感謝の思いは伝わったに違いありません。

しかし、ここで心に留めたいことが少なくともふたつあります。

ひとつは、自分は「主にあって」喜んだ、と書いていることです。「主のなかで」という言葉です。主、もちろんキリスト・イエスのことです。この私どもの救い主を、単純に「主」と呼んでいます。「主のなかで」。パウロは何度、この表現を用いたでしょうか。毎日「主のなかで」と口にしていたでしょう。いつもそう思って生きていたでしょう。私は「主のなかで」生きている。牢獄のなかにいても、自分は主のなかに生きている。そして贈り物を届けてくれた教会の仲間も、主のなかに生きている。パウロは教会をキリストの体そのものだと言いました。主のからだです。教会の交わりのなかに主が生きておられる。だから、この贈り物も獄中の私に届いた。「主のなかに」生きているおかげだ。教会からの贈り物は、主からの贈り物です。その主のいのちに生かされ、主の愛に生かされている喜びが込み上げてくるのです。教会の者たちを、それを痛感しつつ、使徒の喜びを共有し、分かち合ったでしょう。

そしてもうひとつは、このパウロの言葉遣いです。「さて、あなたがたがわたしへの心遣いを、ついにまた表してくれたことを、わたしは主において非常に喜びました。今までは思いはあっても、それを表す機会がなかったのでしょう」。何となく遠回しの言い方です。丁寧な言葉遣いとも言えます。とにかく事情はこうだったのでしょう。しばらくフィリピの教会から音信が途絶えていたのです。当時は、手紙のやり取りだけでも面倒だったからもしれません。理由は分かりません。パウロは、そのことを心にかけていたかもしれません。フィリピの教会はどうしているだろうと思っていました。自分のことを、どのように思っているだろう。いつも心配していました。そこへ遂にエパフロディトが贈り物を持って現れたのです。嬉しかったでしょう。そのことを「わたしへの心遣いを、ついにまた表してくれた」と書いています。この「表してくれた」というのは、原文を直訳すると「花を開く」と訳すことができます。実際に「開花した」と訳している翻訳がいくつもあるのです。素敵な言葉です。花が開くと周囲の世界が一変します。ああ、ここにこんな美しい花があった、と気づくことがあります。幾つもの教会を建設し、たくさんの信仰の仲間を与えられていたパウロは獄中にあっても、諸教会を思い、仲間を思っていたでしょう。祈りつつ思い起こしていたでしょう。諸教会は、さまざまな表情をしていたでしょう。しばらく交わりが薄くなってフィリピの教会も混じっていました。少し色のくすんだイメージを抱いていたかもしれません。花が蕾んだままであるのと似ています。ところがそこにパッと花が開きました。自分を思いやってくれている仲間たちの愛の花が開いたのです。

パウロは、喜びにあふれたでしょう。主にあって咲く花です。主の恵みを伝えてくれる花です。獄中で見る花は、どんな色であったでしょう。これが大きな喜びの意味です。

パウロの意表を衝く言葉はまだ続きます。

物欲しさにこう言っているのではありません。わたしは、自分の置かれた境遇に満足することを習い覚えたのです（一一節）。

キリスト者は生きる秘訣を知っています

もっと贈り物を送ってくださいと言っているのではない、と理解することができる言葉です。獄中の欠乏の生活に不平不満があり、それを少しでも満たしてくれてありがたかったから、続けて助けてくれ、などとは思っていないのです。なぜか。この手紙の第三章でも、自分はかつてファリサイ派の代表的存在だったと書いたパウロです。かつてはユダヤ人社会のエリートでした。ファリサイ派は清貧に甘んじたと言いますが、今のような困窮は知らないですんだでしょう。今はローマ社会で犯罪者として扱われています。私どもが現在の社会で犯罪者のように扱われ、社会でも貧しさを強要されたら、どうでしょうか。しかし、パウロは、今自分は習い覚えたのだ、と言っています。どんな境遇にも満足して生きることを。自足することを学んだ、とも訳せます。自由ということです。どんな境遇にも振り回されることはない。自由に自分は自分らしく生きている。これはパウロが「主にあって」生きるようになって、新しく学んだことです。主の恵みに生かされるようになって学んだことです。パウロは、そのことを親しい教会の仲間に語りたくなったのです。喜びの思いが続くままに。私どもキリスト者は、皆、この自足の生活、自由の生活ができるのです。そこに私どもが生きる秘訣があります。

パウロは、そこでこんな言葉を語り続けます。

貧しく暮らすすべも、豊かに暮らすすべも知っています。満腹していても、空腹であっても、物が有り余っていても不足していても、いついかなる場合にも対処する秘訣を授かっています（一二節）。

日本語でもリズムのある語調です。原文は詩の文章形式だと言われます。翻訳文も詩の形態で訳しているひともいます。パウロが、いつも口ずさんだ言葉なのかもしれません。メロディがついていて、歌うこともできたのでしょうか。それは分かりません。いずれにせよ、記憶しやすい文章です。私どもも、キリスト者としての人生訓として、こころに刻むことができる文章です。パウロのこころの中で息づいていた言葉であったに違いありません。私の友人でオランダの神学者であるイミンクさんという方が、『信仰論』（教文館、二〇一二年）という題の書物を書きました。私が日本語に翻訳しました。少々難しい神学論議をしている書物です。しかし、その最初に、信仰を生きるということは、日常生活を生きるということだと書いていたのが印象的でした。日曜日の生活とウィークデイの生活に切れ目がないということです。教会堂における礼拝と家庭や社会における生活とが分離していないということです。これは誰もが知っているはずのことです。知るべきことです。

私どもキリスト者は、いわゆるご利益信仰を批判します。私どもは、イエス・キリストを信じたら、富に恵まれる幸せを得るとは考えません。家内安全、商売繁盛の利益が約束されるとは思いません。しかし、日常生活とは無関係の信仰に生きているのではありません。パウロは獄に囚われてもいなくても、飲んだり食べたりする、ごく平凡な日常の生活においても、「主にあって」、つまり、主キリストのなかで、主とともに生きていました。主の恵みに生かされて生きていました。そこで「いついかなる場合にも対処する秘訣を授かっています」と言えるようになりました。これは、信仰の秘密、救いの秘密を教えていただく、というような使い方もする言葉です。いわゆる密儀宗教においても用いられた言葉です。そこでは、よほど神秘的な儀式をして、初めて明かされる秘密でもあったのです。そのような言葉を、あえて用いつつ、日常生活を生きる信仰者の秘訣を会得したというのです。しかも、それは「授かった」ものです。自分の力で会得したのではありません。主からいただいた知恵です。

そこで、いつも自分が口にしている、そのような生活の秘訣を歌う言葉に、更に、こんな文章を添えました。

わたしを強めてくださる方のお陰で、わたしにはすべてが可能です（一三節）。

「強める」という言葉は、ギリシア語ではデュナミスという言葉が元になって生まれた言葉です。

デュナミス、このギリシア語は、ダイナマイトなどという言葉の語源でもあります。力という意味の言葉です。力を与えるという言葉、それを「強める」と訳しているのです。その力で、このように生きることができるようになったと言うのです。言うまでもなく主イエスの話をしています。主が力を与えてくださるのです。ここでも主にある大きな喜びが語られています。貧しくても富んでいても、その境遇に振り回されない生活ができています。どんな境遇においても主の恵みを数え、その主に仕えることに一所懸命です。獄中にフィリピの教会から愛するエパフロディトが贈り物を持ってきてくれた時にも、ああ、これも主の恵みだと思ったでしょう。主がしてくださっていることだと思ったでしょう。贈り物の背後に、この花を咲かせてくださる主の恵みを痛感したでしょう。こうして生きる力を与えてくださったと喜んでしょう。

そこで、一四節の言葉が続きます。

それにしても、あなたがたは、よくわたしと苦しみを共にしてくれました(一四節)。

この言葉は、一五節以下に続く言葉でもあります。しかし、これまでのフィリピの教会とパウロとの親しく深い関わりを総括する言葉でもあることは明らかです。「共にする」という言葉は、たとえば第二章一〇節のその苦しみに「あずかり」という言葉を思い起こさせます。そこでの「あずかる」というのと、ここで「共にする」というのは、ギリシア語は、全く同じではありませんが、同類の意味を持つ言葉です。私どもが「交わり」と訳すコイノーニアという言葉とも同類です。同じことを思い、同じことをする、という意味を含みます。同志と言ってもいいでしょう。同じ主に生かされ、主に仕える仲間です。使徒となったパウロは、第二章九節、一〇節が明言したように、キリストを信じる信仰により義とされて生きています。それはキリストの甦りの力に生きる生活です。それが、どんな境遇にも自由に生きる力です。死の支配から自由ないのちに生きる生活です。そしてそれはキリストの苦しみを共有させていただく生活でもあるのです。パウロは、獄中にあり、権力の弾圧、迫害のもとにあり、解放されても同胞のユダヤ人からも迫害されるような苦しみを味わいつつ、主のなかに生きることを経験していたのです。主の苦しみを味わい、主と共有し、主キリストとの交わりに生きたのです。その苦しみのなかで孤立してはいません。孤独ではありません。伝道者は孤独ではありません。苦しみをともにし、苦しみを語り合える仲間がいます。

ついでのことのようですが、ここで「よく」と訳されている言葉は、美しい、とも訳せる言葉です。素敵だ、すばらしい、嬉しいことだ、という訳語も使えるような、高揚する喜びのこころを反映する言葉でもあります。

獄中で主の苦しみを思いつつ生きていたパウロのところに信仰の仲間から贈り物が届きました。嬉しかったに違いありません。すばらしい！　と叫んだかもしれません。最初に聴いた大きな喜びがあったのです。そして、このように、主の苦しみを共有して生きる信仰の仲間が与えられていることに感動しているのです。このような言葉を記すことができるしあわせを深く思っているのです。私どももまた、この恵みの感動に生かされているのです。祈りましょう！

フィリピの信徒への手紙第４章10－14節

教会のかしらであり、私どもの主である、キリスト・イエスの父である神よ、私どもを生かしてくださる、すばらしいみ言葉として、パウロの言葉を聴き取ることができ、こころから感謝します。私どもにも与えられている主の力を信じます。日々、いかなる境遇においても、満ち足りて生かされていることを感謝します。主のみ名によって祈ります。アーメン。

（未発表）

第四章一五—二三節

香ばしい香りといけにえとなる献げ物

武田真治

わたしは献げ物を携えて神殿に入り
満願の献げ物をささげます。
わたしが苦難の中で唇を開き
この口をもって誓ったように
肥えた獣をささげ、香りと共に雄羊を
雄山羊と共に雄牛を焼き尽くしてささげます。
神を畏れる人は皆、聞くがよい
わたしに成し遂げてくださったことを物語ろう。
神に向かってわたしの口は声をあげ
わたしは舌をもってあがめます。
わたしが心に悪事を見ているなら
主は聞いてくださらないでしょう。

〔セラ

フィリピの信徒への手紙第4章15－23節

しかし、神はわたしの祈る声に耳を傾け
聞き入れてくださいました。
神をたたえよ。
神はわたしの祈りを退けることなく
慈しみを拒まれませんでした。
(詩編第六六編一三―二〇節)

フィリピの人たち、あなたがたも知っているとおり、わたしが福音の宣教の初めにマケドニア州を出たとき、もののやり取りでわたしの働きに参加した教会はあなたがたのほかに一つもありませんでした。また、テサロニケにいたときにも、あなたがたはわたしの窮乏を救おうとして、何度も物を送ってくれました。贈り物を当てにして言うわけではありません。むしろ、あなたがたの益となる豊かな実を望んでいるのです。わたしはあらゆるものを受けており、豊かになっています。そちらからの贈り物をエパフロディトから受け取って満ち足りています。それは香ばしい香りであり、神が喜んで受けてくださるいけにえです。わたしの神は、御自分の栄光の富に応じて、キリスト・イエスによって、あなたがたに必要なものをすべて満たしてくださいます。わたしたちの父である神に、栄光が世々限りなくありますように、アーメン。キリスト・イエスに結ばれているすべての聖なる者たちに、よろしく伝えてください。わたしと一緒にいる兄弟たちも、あなたがたによろしくと言っています。すべての聖なる者たちから、特に皇帝の家の人たちからよろしくとのことです。主イエス・キリストの恵みが、あなたがたの霊と共にあるように。

（フィリピの信徒への手紙第四章一五―二三節）

伝道者パウロがフィリピにある教会へ送った手紙もいよいよ最後の言葉になりました。彼が書いて送ったどの手紙も最後は《挨拶と祝福を祈る言葉》で終わっています。この手紙も同じです。この手紙を続けて読まれてきた方なら、よくお分かりのことだと思いますが、フィリピの教会とパウロの関係はとても良い関係が保たれていました。そのような良い関係が築けている教会への手紙が《挨拶と祝福を祈る言葉》で終わるのは当然かもしれません。けれども、そうではない教会や個人とやり取りした手紙でも、彼は最後に必ず《挨拶と祝福を祈る言葉》で終わるのです。祝福の言葉などなくぶっきらぼうに終わっているということは一切ないのです。これはすごいことだと私などは思います。

実際、いくつかの手紙の中には、厳しい口調でその教会の問題点や信仰上の間違いが指摘されていたり、両者の間で口論になっていることを想像できるような箇所があります。そこまで言うのかと思うような言葉が述べられています。しかし、途中でどんなに対立をしたとしても、必ずそれらの手紙の最後にはその教会と教会に集う信仰者たちのことを覚えてパウロは祈っています。彼らに神様の御守りと御支えを祈り、最後には必ず祝福の言葉で閉じています。それは決して社会通念や一般常識に沿って為しているだけのことではありません。パウロは心からその教会のことを覚え、その教会に集う信仰者たちのために神様からの祝福を祈っているのです。そのことは、これらの手紙の最後にわざわざその教会に関わる人たち一人一人の名前を挙げて祈っていることが多いことからも分かります。おそらく、彼の毎日の祈りの中で、関係している教会と教会員たちのことを覚えて祈っていたのでは

フィリピの信徒への手紙第４章15－23節

ないかと思います。

たとえ自分に従わない、今は自分から離れてしまっているような教会の人たちでも、彼にとっては大事な仲間であり、信仰の友であり、愛する後輩たちでした。他の伝道者が入り込んで来て、パウロの言動を批判する声に耳を傾けてしまったり、彼の言葉に対する誤解や曲解が生じてしまうことがあったとしても、そのことでパウロがその教会を考えなくなったり、もはや祈らなくなるということはありませんでした。その教会に対して通じ合えない困難さをどんなに感じていたとしても、手紙の最後にはその教会のために祈り、祝福を与えたのでした。それは個人的な思いや感情を越えて、神様がその教会を支え、守り、導こうとされておられる《神の教会》であるということに立っていたからではないでしょうか。たとえパウロがその場所で伝道を開始し、開拓した教会であっても、彼の教会ではないのだと。それは同時に、他の伝道者や誰か信者の教会でもないのだと。その点をないがしろにしないパウロのあり方に、私はいつも感動を覚えます。この箇所からも同じような彼の思い、信仰が伝わってきます。

今日の箇所はこう始まります。

フィリピの人たち、あなたがたも知っているとおり、わたしが福音の宣教の初めにマケドニア州を出たとき、もののやり取りでわたしの働きに参加した教会はあなたがたのほかに一つもありませんでした（一五節）。

これは感謝の言葉であると同時に、フィリピの教会を高く評価している言葉です。

ここで「マケドニア州」という地名が出てきます。パウロの伝道はアンティオケから始まり、西方に拡がっていきましたが、最初はガラテヤ地方やエフェソの町があったいわゆるアジア地域がほとんどでした。しかしアジアを越えて、いよいよヨーロッパへと伝道を開始した時、その入り口がまさにマケドニア州でした。パウロはここで最初にフィリピで伝道し、次にテサロニケ、そしてベレアの町へ移って行ったのでした。やがてアテネやコリントの町があるアカイア州へと向かったのですが、おそらくこの一五節は、ヨーロッパ伝道の「初めにマケドニア州」に入り、そこを出て更に他の地域へと歩みを進めていく中で、そのパウロを経済的に支えようとフィリピの教会の人たちが献金や物資を集めて彼に送り届けたことを指しているのでしょう。その援助への感謝の言葉です。しかも、単に自分のことを経済的に支えてくれてありがとうと言っているのではなくて「わたしの働きに参加」してくれたと語っています。フィリピ教会からの具体的な援助は、パウロの伝道の働きを一緒に進展させる業であったと、まさに、あなたがたが為した行動は伝道そのものだと彼は言っているのです。

どうでしょう、皆様は「伝道」という言葉を聞くと何を思い浮かべられるでしょうか。

先週の長老会の議事の途中でひょいと伝道と宣教の言葉のニュアンスの違いについて話が及び、盛り上がりました。その中で、ある長老が「宣教と言われると自分たちはできない感じがする。しかし、伝道ならできる」と言われたことを面白いと思い、その意味をお聞きしました。すると「宣教は神様のみ言葉を宣べ伝えることで、伝道は家族や友人に信仰を伝えることだと思うから」と。なるほど、宣教という言葉をほぼ説教と考えておられるのだと分かりました。確かに牧師のことを「宣教長老」と呼ぶ場合があるからでしょう。それと同時にその長老の「伝道なら自分でもできる」という言葉に私は頼もしさを感じました。まさに今日のこの箇所にもよく表れているように、伝道はみ言葉の説教だけに留まりません。イエス様の名が崇められますようにと願って為すことはすべて伝道だと言い得るでしょう。経済的に伝道者を支えることもまさに伝道の業です。もしかしたら、フィリピの教会の人たちはこの行為が伝道だとは思っていなかったかもしれません。彼らはパウロ個人を支えたい、援助したいと思って為したことでしょう。けれども、この彼らの行動をパウロは「わたしの（伝道の）働きに」参加してくれたことなのだと、まさに私と一緒に伝道をしてくれている、同労者だと見做して感謝したのです。これはこの援助をしたフィリピ教会の人たちにとってうれしい言葉であったでしょうし、同時にそうなのだと改めて思い直す言葉であったとも言い得ます。このことで、パウロだけでなく、もしこれからも苦境にある伝道者が現れたならば何とか援助してあげたいという思いも新たに起こしたのではないかと思います。そのような新たな志を生むような導きをこのパウロの言葉から感じます。わたしたちもまた、誰かや何かを経済的に援助する際に、このような思いに立ちたいと思わされます。

更に、この後もパウロの感謝の言葉は続きます。

> また、テサロニケにいたときにも、あなたがたはわたしの窮乏を救おうとして、何度も物を送

ってくれました（一六節）。

本当にフィリピ教会はパウロを支えたのだなということを思わされます。同時にその援助がパウロにとってとてもありがたいものだったということもよく分かります。ただ、あまりにも手放しで喜び過ぎたとパウロは感じたのかもしれません。あるいは、ここまで言ってしまうとあるいは誤解を生むかもしれないと思ったかもしれません。付け加えるように「贈り物を当てにして言うわけではありません。あなたがたの益となる豊かな実を望んでいるのです」（一七節）と語っています。この言葉も大事な信仰を示してくれている言葉だと思います。

確かに、パウロの言うように、あまりにも贈り物への感謝ばかり言い過ぎると「もっと欲しいからそう言っている」と受け取られる危険性があります。その点で、もしかしたら伝道者が信徒との間で個人的に過度の「もののやり取り」をすることで問題が生じることがあるかもしれません。贈り物が欲しいために牧会や世話をしていると受け止められかねません。特にパウロにとっては、そのように受け取られることは本当に心外であったと思います。なぜなら、彼はもともと、誰かの世話にはならず自ら資金を稼いで伝道の旅を続けていたからです。いわゆる自給伝道をしていました。この地方では、ギリシアの哲学者たちが裕福な貴族の子供たちの家庭教師となってかなり高額の報酬を得ていた歴史があり、報酬をどれだけたくさん得ているかが教師や先生を評価する基準となっていました。それに便乗して高額な報酬を要求する者たちもいたのでした。そのような風潮や考えにむしろパウロは反対して自らテント造りの仕事をして生活費を稼ぎ出していました。それは主イエスの「ただで受けたのだから、ただで与えなさい」（マタ一〇・八）というみ言葉にも沿っている行動でした。ですから、決して自分の伝道活動に対して報酬を求めたり、代価を支払ってほしいと言ったことはなかったのです。せいぜいエルサレム教会の困窮している信徒たちを助けてあげてほしいという献金願いをする程度のことでした。ですから「贈り物を当てにする」などということは決してなかったのでした。そうであったのにフィリピの教会の人たちはパウロのことを思って自発的に献金や献品を贈ってくれたのでした。そこに彼の喜びがあるのです。まさに純粋に「わたしの（伝道の）働きに参加してくれた」と感謝しているのです。

そして、同時に彼らの行為こそ「あなたがたの益となる豊かな実」をならすことになるに違いない、そうなることを「望んでいる」と語りかけています。これは、フィリピ教会が為してくれたパウロへの援助が単にパウロの伝道を助けたというだけでなく、あなたがたにとっても利益にもなるにちがいないことだと言っているのです。

解説者によれば、この言葉は、何かに投資をしてそれが利子を生んで返ってくるという意味だと説明しています。そうであるなら、何が彼らの利益として返ってくるというのでしょうか。いろいろな解釈が為されていますが、一致していることは、天の神様がその行為を覚えてくださるということに行き着くということです。それはヘブライ人への手紙の六章一〇節にある「神は不義な方ではないので、あなたがたの働きや、あなたがたが聖なる者たちに以前も今も仕えることによって、神の名のために示したあの愛をお忘れになるようなことはありません」という言葉と同じものでしょう。もちろん、天の神様は私たちのすべてのことを分かっておられます。しかし、それらの中でも、特に私たちがあの人この人のためと為した行動を覚えてくださるのだと。しかも、それら行動を私たちの「愛」として見做して受け止めてくださっていると言われています。これはすばらしい言葉だと思います。

私たちが人のためにと思い、どんなに考え抜いて、一番良い方法だと思って為した言動でも、何の役にも立たなかったということを日常の生活では経験します。それどころか、かえって誤解を受けてしまったり、むしろ事態を悪くしてしまったのではないかとがっくりするようなことが起こります。しょせん、私たちは自分の狭い考えの中で愚かな業しかできない者です。しかし、天の父なる神様はその愚かかもしれないけれども、なんとかしたいと懸命に為したことをちゃんと分かってくださっているし、何よりそれを私たちの「愛」として受け止めてくださるのだと。だから、世の中の人には全く評価されないようなことも、神様が認めてくださる、それでいいではないかと思うことができるのです。

もちろん、神様に「お前は良い子だ」と思われたいために、そのような行為をすることは本末転倒です。自分が神様にほめられることだけを目的として勝手な行動を起こすことは、自分で自分を良しとしてしまう自己正当化、自己義認の罪に陥ってしまう危険があります。だから、少なくともこう考えることが良いのではないかと思います。それは、あの人この人のために良かれと思って為す行為が、自分の思っていた通りの効果や結果を生み出さなかったとしても、必ず神様はそれらを受け止めてくださって、何か神様のご用のために変えて用いてくださるはずだと。いろいろなことを懸命に考え、配慮し、愛を持って為したことであるならば、神様がきっと、その御手の中で良きものへと変えて用いてくださるはずだと、そう信じて、そのことを願い、祈りながら為していくことが大事なのではないかと思います。その際には、たとえ自分が思い描いた計画やシナリオ通りに運ばなくても、これも神様の導きだと受け止める信仰も同時に求められます。それこそここでパウロが、彼らにとって豊かな実となることを「望んでいるのです」と言っている彼の思いではないかと思います。神様が用いてくださってこそ、良き「実」となるのですから。私たちの心ばかりの愛の行為を主は受け止めてくださり、そしてご自身のみ心のままに良きものへと変えて使ってくださるのです。これこそ献げ物を献げる者たちの持つべき思いではないでしょうか。「どうぞこれらを用いてください」と献げるのです。

まさに私たちは礼拝の中で「神様、あなたにこれらのものをお献げします。どうぞご用のためにお使いください」と祈りながら献げ物をしています。パウロはこう続けます。

そちらからの贈り物をエパフロディトから受け取って満ち足りています。それは香ばしい香りであり、神が喜んで受けてくださるいけにえです（一八節）。

まさにこの礼拝での献げ物を念頭に置いて語っていると言い得るのです。それがここで神様への「贈り物」とは言わないで、神様への「香ばしい香り」であり「いけにえ」だとしている点です。これは明らかに《礼拝》での献げ物として考えていたと言い得ます。

今日はもう一箇所、旧約聖書の詩編六六編一三節から二〇節までを読んでいただきました。その一五節には「肥えた獣をささげ、香りと共に雄羊を、雄山羊と共に雄牛を焼き尽くしてささげます」とあります。当時の神殿礼拝での献げ物の様子が記されています。そこでは「香り」も重要な神様への献げ物であったことが分かります。その香りとは動物の脂肪を燃やした際に出る香りで、神様が何より喜んでくださる香りとされていたからでした。ここでパウロがわざわざ「香ばしい香り」と言っているのは、神様が何より喜んでくださっていることを示そうとしていると言い得ます。そして、それに加えて「いけにえ」だとも言い換えています。「いけにえ」という言葉には、犠牲を伴う神様への献げ物、供え物という意味が強く含まれています。おそらくフィリピ教会の信者たちが有り余っている中から献げたものではなく、それこそ自分たちの身を削るようにして集めてくれた献げ物であることを彼がよく分かっていたからでしょう。同時に、彼らの献身の志をそこに見ていたのではないかと思います。ローマの信徒への手紙一二章一節の彼の言葉「自分の体を神に喜ばれる聖なる生けるいけにえとして献げなさい。これこそ、あなたがたのなすべき礼拝です」を思い出します。私たちの体の処し方、生活全体が、神様への「献げ物」となっているか、献身の思いを持って生きているかが問われているように思います。それこそが私たちの日常の《礼拝》であり、神様へと自らを献げる信仰を持って生きていくことだと言い得ます。

以上のように読んできますと、最初はフィリピ教会からの援助への感謝であったものが、この援助はパウロの伝道に参加する、伝道の業そのものであると評価され、この行為が神様によってフィリピの信徒たち自身をも富ませるものへときっと用いられるだろうと、なぜなら、神様への献身のしるし、神様を礼拝する行為だからと言われていることが分かります。とても丁寧にかつ親しみを持ってフィリピの教会の志をありがたく受け止めながら、更に、献げ物をする時の信仰のあり方へと彼らを導こうとしているパウロの愛情を私は感じるのですが、いかがでしょうか。ただ、解説者の中には、ここでのパウロはもっと素直に感謝の言葉だけを言っても良かったのではないかとか、フィリピ教会と彼との親密な関係を考えれば少々他人行儀ではないかと言われる方もおられます。そんなことはないと思います。パウロは本当に感謝しているのだと思います。その上で「もののやり取り」や「贈り物」をする個人的に付き合いだけの関係に陥らないようにと願っているのではないでしょうか。そうでなければ、この後に語られている「わたしの神は、御自分の栄光の富に応じて、キリスト・イエスによって、あなたがたに必要なものをすべて満たしてくださいます」というような言葉にはならないと思います。パウロは何よりフィリピの教会に集う人たちの上に神様の祝福が注がれるように祈り願っていたのです。

そして最初に触れましたように、他の手紙と同じように《挨拶と祝福を祈る言葉》で終わります。

わたしたちの父である神に、栄光が世々限りなくありますように、アーメン。キリスト・イエスに結ばれているすべての聖なる者たちに、よろしく伝えてください。わたしと一緒にいる兄弟たちも、あなたがたによろしくと言っています。すべての聖なる者たちから、特に皇帝の家の人たちからよろしくとのことです。主イエス・キリストの恵みが、あなたがたの霊と共にあるように（二〇―二三節）。

この時、パウロはエフェソで牢獄に囚われていたと考えられます。獄中からこの手紙を書いていたのでした。それゆえ、ここで「わたしと一緒にいる兄弟たちから」もよろしくと言っているのはパウロと一緒に牢獄に囚われていた人たちのことでしょう。私はこの言葉の背後に、パウロと一緒に獄中で礼拝をしていた人たちの姿を思い浮かべます。ある解説者は「皇帝の家の人たちからよろしく」というのは、その牢獄の監視をしていた者たちのことだと言っています。そうであるなら、その獄中礼拝には牢獄の監視役も一緒に参加していたということになります。鉄格子を挟んで、向こうとこっちで一緒に賛美の声を合わせていたことになります。なんとすばらしい礼拝でしょうか。そして、おそらくその礼拝の中でパウロに対するフィリピ教会からの援助が紹介されたのではないでしょうか、だから彼らからもよろしくと言われているのだと。もっと想像をたくましくすれば、フィリピの教会からの贈り物をまず何より感謝をもって礼拝で献げたのではないでしょうか。神様への献げ物として「主よ、どうぞご用のためにお用いください。良きものとしてください」と祈ったのではないかと。その上で感謝を持って用いさせていただこうとしたのだと。だから「それは香ばしい香りであり、神様が喜んで受け入れてくださるいけにえです」と語っているのではないでしょうか。

かつて私が小さい頃、私の祖母が何かもらい物や食べ物が届くとまず仏壇に供えて、そしてそこから降ろしてきて家族の者に食べさせていたことを思い出しました。それは礼拝というよりは習慣であったと言った方が良いでしょう。しかし、私たちキリスト者こそ、何事でもまず神様に献げ、神様に感謝してから、食べたり用いたりすることをもっと為すべきだと思わされます。食前の感謝はしますが、いただいた物をすべてちゃんと神様に感謝してから用いているかと私も問われています。皆様の月給や給料、家計費やお小遣いなどは当然の報酬なのでしょうか。金額が大きいから感謝するけれども、そうでもない物や収入はいちいち神様にありがとうと言わないことが多くないでしょうか。私たちの神様への献身の思いはすべてそこから生まれてくるように思います。もう一度、ローマの信徒への手紙一二章一節のパウロの言葉を読んで終わりたいと思います。「自分の体を神に喜ばれる聖なる生けるいけにえとして献げなさい。これこそ、あなたがたのなすべき礼拝です」。

（未発表）

あとがき

この説教集を編集している二〇一八年、東京説教塾の例会では、塾生が第一の黙想から釈義、第二の黙想、説教を公開し学んでいます。

これまでは、説教批評をする時、語られた説教のみを扱ってきましたが、なかなか説教が上達しないことを嘆かれた八八歳（八九歳の誕生日を迎えられました）の加藤常昭先生のアイディアで始まりました。

すると、説教で見られる改善すべき点は、すべてと言っていいほど第一の黙想に現れていることが分かってきました。以前は、第二の黙想が急所だと言われていたこともあり、第二の黙想を集中的に学んだこともありましたが、やはり第一の黙想が説教を決定するのだと分かってきました。み言葉との出会いです。そこで、問われるのは黙想する力です。「黙想する」力は、どのように育まれるのでしょうか。

以前に、加藤先生におうかがいしたところ「総合力」という言葉が返ってきました。私は、加藤先生の黙想の深さ、広さ、高さに圧倒されることがあり、「加藤先生とは基本的な知識の量が違うので、同じような黙想はできないのではないか」と発言したことがありました。

先生から、「ただ私との差を知識の量としないでください。それを埋めるなどと考えないでください。それほど私は博識ではありません。特に年寄りの今は。もしなお違いがあり、時にもどかしく思うのは、福音とは何かをはっきりわきまえることと、そのことに養われる感覚（ボーレン先生の言葉で言えば、知覚でしょうか）を体得することです。この際、福音というのは、福音の事柄（ドイツ語でいうザッへ）と、それを語る言葉です。出来事としての福音であり、それを語る出来事の言葉です。説教塾でいつも学んでいることです。

いつも言っておりますように、真理に触れ続けることによって養われる感覚、福音の感触の体得が求められています。Ｅメール（説教塾のメーリングリスト）を書いたり読んだりすることでも養われることです」とのお返事をいただきました。

そう言われても知識の量で違いが出るのではないかと、私は問い続けましたが、しばらくして加藤先生のお返事の意味が分かってきました。それは、「たとえ知識が増えても」ということでしょう。

私が説教塾の公の講演に初めて出席したと記憶しているのは、二〇〇一年にルードルフ・ボーレン先生がキリスト品川教会で講演をされた時です。この講演の衝撃は今でもこころに残っています。本気で加藤先生から学びたいと思ったひとつの大きな理由は「加藤先生の書かれている（当時は書物でしか知りえませんでしたから）意味を、本当の意味を知りたい」という求めがあったからです。先生の書物に、いつどのように出会ったか覚えていません。しかし、先生の説教を読むたびに、なぜこれほどに神様の恵みを語れるのか、これほどに聴衆を知っているのかということに驚いたのです。それは、私には福音の言葉として、喜びの言葉として届いたからです。

そんな振り返りをする日々に、寄稿してくださった方々から説教が続々と届き、編集者の特権として最初に説教を読ませていただく恵みにあずかりました。感謝なことでした。

この説教集には、二八名の説教者の説教が収められています。説教塾全国委員会で検討され、より今日の教会に役立つ説教集をという視点から、エフェソの信徒への手紙とフィリピの信徒への手紙の講解説教としました。説教の担当箇所を事務局長の吉村和雄先生が決めてくださり、それぞれその箇所の説教が求められました。したがって未発表のものが多く収められていることがこの説教集の特徴と言えるかもしれません。ご多忙の中で、説教作成に取り組んでくださった方々にこころから感謝します。また、今回も教文館でこの出版を担っていただきました。編集の髙木誠一さんにこころから感謝します。

この説教集が、日本の宣教のために広く用いられることを祈りつつ。

小さい者が説教塾三〇年というお祝いの大切な説教集の編集にたずさわらせていただけた主の大きな憐れみを喜びつつ。

二〇一八年　加藤先生の八九歳のお祝いのあとで

三浦陽子

説教者一覧（五十音順）

相原　典之（あいはら・のりゆき）　日本神の教会連盟佐賀神の教会牧師
青木　　豊（あおき・ゆたか）　日本キリスト教会高知旭教会牧師
五十嵐成見（いからし・なるみ）　聖学院大学チャプレン
池田　慎平（いけだ・しんぺい）　日本基督教団津示路教会牧師
井ノ川　勝（いのかわ・まさる）　日本基督教団金沢教会牧師
加藤　常昭（かとう・つねあき）　説教塾主宰
金田佐久子（かねだ・さくこ）　日本基督教団西川口教会牧師
川崎　一路（かわさき・かずみち）　日本基督教団東舞鶴教会牧師
岸本　大樹（きしもと・だいき）　キリストの教会旭基督教会牧師
久下　倫生（くげ・ともお）　日本基督教団マラナ・タ教会牧師
楠原　博行（くすはら・ひろゆき）　日本基督教団浦賀教会牧師
香西　　信（こうざい・しん）　岡山聖書集会（無教会）主宰
郷家一二三（ごうや・ひふみ）　日本ホーリネス教団坂戸教会牧師
後藤　　弘（ごとう・ひろし）　日本同盟基督教団千葉キリスト教会牧師
佐藤　司郎（さとう・しろう）　日本基督教団仙台北三番丁教会牧師
平良　善郎（たいら・よしろう）　沖縄バプテスト連盟安慶名バプテスト教会牧師
高橋　　誠（たかはし・まこと）　日本ホーリネス教団八王子キリスト教会牧師
田口　博之（たぐち・ひろゆき）　日本基督教団名古屋教会牧師
武田　真治（たけだ・しんじ）　日本基督教団広島教会牧師
徳田　宣義（とくだ・のぶよし）　日本基督教団桜新町教会牧師
橋谷　英徳（はしたに・ひでのり）　日本キリスト改革派関キリスト教会牧師
平野　克己（ひらの・かつき）　日本基督教団代田教会牧師
古屋　治雄（ふるや・はるお）　日本基督教団阿佐ヶ谷教会牧師
本城　仰太（ほんじょう・こうた）　日本基督教団中渋谷教会牧師
三浦　陽子（みうら・ようこ）　日本同盟基督教団安中聖書教会牧師
森島　　豊（もりしま・ゆたか）　青山学院大学准教授
安井　　聖（やすい・きよし）　日本ホーリネス教団西落合教会牧師
吉村　和雄（よしむら・かずお）　単立キリスト品川教会牧師

いつも喜びをもって　エフェソの信徒への手紙・フィリピの信徒への手紙講解説教

2018年10月30日　初版発行

編　者　加藤常昭
発行者　渡部　満
発行所　株式会社　教文館
〒104-0061 東京都中央区銀座4-5-1　電話 03(3561)5549　FAX 03(5250)5107
URL http://www.kyobunkwan.co.jp/publishing/

印刷所　モリモト印刷株式会社

配給元　日キ販　〒162-0814　東京都新宿区新小川町9-1
電話 03(3260)5670　FAX 03(3260)5637

ISBN978-4-7642-6139-6　Printed in Japan